DILEMA

DILEMA

LA LUCHA DE UN SACERDOTE
ENTRE LA FE Y EL AMOR

PADRE ALBERTO CUTIÉ

A CELEBRA BOOK

CELEBRA

Published by New American Library, a division of
Penguin Group (USA) Inc., 375 Hudson Street,
New York, New York 10014, USA
Penguin Group (Canada), 90 Eglinton Avenue East, Suite 700, Toronto,
Ontario M4P 2Y3, Canada (a division of Pearson Penguin Canada Inc.)
Penguin Books Ltd., 80 Strand, London WC2R 0RL, England
Penguin Ireland, 25 St. Stephen's Green, Dublin 2,
Ireland (a division of Penguin Books Ltd.)
Penguin Group (Australia), 250 Camberwell Road, Camberwell, Victoria 3124,
Australia (a division of Pearson Australia Group Pty. Ltd.)
Penguin Books India Pvt. Ltd., 11 Community Centre, Panchsheel Park,
New Delhi - 110 017, India
Penguin Group (NZ), 67 Apollo Drive, Rosedale, North Shore 0632,
New Zealand (a division of Pearson New Zealand Ltd.)
Penguin Books (South Africa) (Pty.) Ltd., 24 Sturdee Avenue,
Rosebank, Johannesburg 2196, South Africa

Penguin Books Ltd., Registered Offices:
80 Strand, London WC2R 0RL, England

First published by Celebra,
a division of Penguin Group (USA) Inc.

First Printing (Spanish Edition), January 2011
10 9 8 7 6 5 4 3 2 1

Copyright © Reverend Father Albert Cutié, 2011

Translated by Santiago Ochoa

Translation copyright © Penguin Group (USA) Inc., 2011

All rights reserved

CELEBRA and logo are trademarks of Penguin Group (USA) Inc.

Celebra Spanish edition hardcover ISBN: 978-0-451-23202-1

The Library of Congress has catalogued the English-language hardcover of this title as follows:

Cutié, Albert.
    Dilemma: a priest's struggle with faith and love/Albert Cutié.
        p. cm.
    ISBN 978-0-451-23201-4
    1. Cutié, Albert. 2. Celibacy—Catholic Church. 3. Catholic ex-priests—United States—
Biography.
    4. Anglican converts—United States—Biography. 5. Episcopal ChurchClergy—Biography.
I. Title.
    BX4668.3.C88A3 2011
    248.2'44092—dc22   2010036618
    [B]

Set in Janson Text
Designed by Catherine Leonardo

Printed in the United States of America

Quiero dedicar este libro a mi esposa Ruhama:

gracias por tu gran amor y paciencia en el camino de la

vida. También dedico este libro a los muchos hombres

y mujeres en todo el mundo que se ven obligados

a ocultar su amor debido a las normas impuestas por

las sociedades y las instituciones, especialmente a quienes

tienen que elegir entre su amor y servicio a Dios

y la bendición natural de amar a otro ser humano

y de tener una familia.

CONTENIDO

PREFACIO

Hoy, mi esposa y yo asistimos a la cita con el doctor y descubrimos que nuestro bebé es una niña. En pocos meses, le daré a mi hija la bienvenida al mundo. Me siento verdaderamente bendecido.

Me imagino que todo hombre siente una mezcla similar de alegría, nerviosismo y agradecimiento mientras espera el nacimiento de su primer hijo. Yo, como sacerdote católico romano durante tanto tiempo, nunca imaginé que esto fuera una posibilidad real en mi vida, es un momento fantástico en un recorrido muy complicado.

Comencé a escribir este libro en medio de gran agitación: después de casarme con la mujer que amaba, de ser perseguido durante varios meses por los paparazzi y de tomar finalmente la decisión de retirarme de la Iglesia Católica Romana en la cual crecí para servir a Dios en paz como un sacerdote episcopal (anglicano) casado. Irónicamente, comencé a escribirlo en una hermosa casa de retiro, propiedad de la Iglesia Episcopal en Delray Beach, Florida, a sólo unos minutos del seminario y de la institucion católica romana de posgrado donde estudié Teología. Veo esto como una prueba más de que todo está conectado en el camino de la vida. A pesar de los obstáculos para llegar a este punto, estoy muy agradecido.

Hay una historia en particular que ilustra muy bien mi propia situación; la conté la primera vez que prediqué desde el púlpito en mi nueva parroquia, la Iglesia de la Resurrección en Biscayne Park, Florida. Se trata de un capitán que se perdió a pesar de haber navegado durante varias décadas por el mar y de conocerlo mejor que muchos. Quienes estaban a su cargo sentían un gran respeto por él. Sin embargo, de alguna manera y por primera vez en su vida, había calculado mal la duración de su viaje. El agua fresca para su tripulación se había agotado. Los hombres estaban empezando a deshidratarse y el viejo capitán empezó a perder toda esperanza.

De repente, en la distancia, vieron otro barco y de inmediato comenzaron a enviarle señales. Mientras el barco se aproximaba, el capitán y sus hombres escribieron carteles que decían: "Necesitamos agua. ¡Por favor, ayúdennos!".

La respuesta de la otra nave no se hizo esperar, pero fue completamente inesperada. Mostraron un cartel en letras grandes que decía: "Bajen los cubos".

El capitán quedó desolado. Estaban en alta mar, obviamente rodeados de agua salada. Volvió a pedir agua para beber, y una vez más, del otro barco le respondieron mostrándole el mismo mensaje: "Bajen los cubos".

Aunque había perdido toda esperanza, el capitán, desesperado y temiendo por la vida de su tripulación, finalmente dio la orden de bajar los cubos. Los marineros bebieron y todos se asombraron: ¡en realidad era agua dulce! Había estado allí todo el tiempo. La corriente y la potencia del río Amazonas era tan grande que, a pesar de estar tan lejos del mar, seguía arrojando una cantidad considerable de agua dulce y potable en el océano.

Esta historia ilustra cómo muchas veces olvidamos la importancia de esperar lo inesperado. O en palabras del gran filósofo Heráclito: "A menos que esperes lo inesperado, nunca encontrarás la verdad".

Como un hombre que durante mucho tiempo fue un sacerdote célibe, no esperaba enamorarme, y mucho menos involucrarme en una relación íntima que deshonrara mis promesas y ofendiera a la Iglesia, pero eso fue exactamente lo que sucedió. A pesar de estar enamorado del ministerio al que Dios me había llamado, a un nivel muy personal yo había luchado durante muchos años con la sensación de que me estaba perdiendo de algo fundamental en la experiencia humana: el amor y la intimidad con otra persona.

Durante mis veintidós años como seminarista y sacerdote católico, serví en varias parroquias, y más recientemente en San Francisco de Sales en Miami Beach, justo en medio del ruido y de la vida nocturna de lo que popularmente se conoce como "South Beach". Durante muchos años fui llamado el "Padre Oprah" por periodistas en los medios de comunicación, debido a mis varios programas de entrevistas en televisión y radio en español, transmitidos en todo el mundo. Además del trabajo parroquial, fui Presidente y Director General de Radio Paz y

Radio Peace, y escribía una columna de consejos en un periódico, denominada "Padre Alberto: Consejos de amigo". También escribí un libro titulado *Ama de verdad, vive de verdad: 7 caminos para lograr una relación sólida y duradera.*

Tuve la suerte de encontrar buenos amigos adondequiera que fui, desde los miembros de mi parroquia a los de otras congregaciones y religiones de todo el mundo, así como entre innumerables celebridades y personalidades de los medios. Sin embargo, a pesar de mi pasión por la difusión del amor de Dios en todo el mundo y de la profunda satisfacción que he encontrado en mi trabajo, muchas veces sentía un vacío inexplicable dentro de mí.

En calidad de presentador de un programa de entrevistas y de columnista, escuché a muchas personas que se sentían frustradas porque tenían dificultades para encontrar el amor en sus vidas. A menudo me preguntaban: "Padre, ¿cómo puedo encontrar a alguien que realmente pueda amar y con quien pueda pasar el resto de mi vida?".

Después de escuchar a tantas personas de diferentes orígenes y culturas, sabía muy bien que, aunque el amor es el poder más grande del mundo, es también el más incomprendido. El amor no es algo que podamos calcular o buscar activamente, sino algo que a menudo nos sorprende. Realmente nadie planea el amor. Lo llamamos "enamoramiento" porque para amar a alguien de verdad se necesita dejarse llevar; de hecho, es dejarse caer en los brazos del otro.

Con el tiempo, y al igual que el capitán en el mar, yo bajé mi cubo un buen día y descubrí que el amor, que siempre había pensado que estaba fuera de mi alcance, realmente había llegado a mi vida. El amor verdadero puede llegar cuando menos te lo esperas, y de las formas más sorprendentes.

Este libro es la historia de mis esfuerzos y luchas para

llegar a aceptar este amor en mi vida. En un sentido, es una historia sobre la Iglesia Católica Romana, las personas que sirven en ella y los dilemas que enfrentan cuando intentan conciliar su intenso amor por Dios con sus deseos muy naturales de amar a otro ser humano. Este dilema no puede reducirse a la lucha básica entre el bien y el mal porque no se trata de incumplirle una promesa a la Iglesia o de cometer un pecado. Se trata principalmente de las emociones reales y las luchas complejas que sufren las personas al servicio de la Iglesia mientras tratan de hacer lo que espera Dios, lo que espera la institución de la Iglesia, y lo que otros esperan de ellas, sin importar cuán poco realistas puedan ser sus expectativas.

Este es un aspecto importante de la historia, ya sea que te parezca triste u ofensiva, sorprendente o nada sorprendente; el hecho es que muchos sacerdotes terminan dejando su ministerio después de tener diferencias ideológicas con la Iglesia en la que crecieron amando y creyendo con tanta intensidad. Lo sé porque yo fui uno de ellos.

En la formación para el sacerdocio somos invitados a entender que toda decisión, actitud, comportamiento y palabra que pronunciamos debe estar relacionada de alguna manera con la vocación que hemos recibido de Dios. Lo que no nos aclaran muy bien es que estamos obligados a pasar por una serie de transformaciones y luchas personales como cualquier persona. Maduramos y crecemos, nuestras perspectivas evolucionan, y a veces, las ideas mismas de lo que con frecuencia consideramos tan sagrado, también cambian. Nadie puede permanecer detenido en el tiempo —nadie.

Esta lección —que cada uno debe ser lo suficientemente abierto para aceptar sus propias experiencias y aprender del viaje de su propia vida—, es otro aspecto importante de mi historia.

Este mensaje se aplica a todo ser humano, sin importar su religión o su relación con Dios. El cambio —y nuestra aceptación y aprendizaje de él— significa simplemente que estamos vivos.

Independientemente de lo que te presente el futuro, cuando estás realmente motivado por el amor y por lo que es bueno —sin importar lo que el mundo pueda decir o pensar sobre ti— realmente nunca te equivocas, aunque los demás crean que estás cometiendo un gran error. Es sólo cuando corremos riesgos que realmente empezamos a crecer. Todos los cambios, sin importar lo radicales que sean, pueden llevarte al lugar que siempre has querido. Es allí donde yo estoy ahora.

Espero que leas este libro como una historia de amor que es diferente. Es la historia de un hombre que se enamoró de la vida, del ministerio y de una mujer. Es la historia de alguien que decidió ir contra la corriente, aunque ésta presionara fuertemente en la dirección opuesta. Ante todo, es la historia de un hombre que ha llegado a entender que Dios nunca abandona a nadie, sin importar lo demás.

Siempre amaré a la Iglesia en la que nací y serví durante tantos años. Tengo una profunda gratitud en mi corazón por las innumerables personas que siguen viviendo y trabajando para ella, incluyendo aquellos que no pueden expresarse libremente por el cargo que ocupan dentro de la Iglesia oficial. Estoy seguro de que muchos de ellos estarían de acuerdo con un buen número de las opiniones controvertidas que expreso en este libro, pero sólo puedo relatar mi experiencia personal, o lo que me gusta llamar mi "evolución ideológica". La comparto con ustedes, abriendo mi corazón, con la esperanza de contribuir de alguna manera a la reforma que considero crucial para una de las instituciones más antiguas y más confiables del mundo: la Iglesia Católica Romana.

CAPÍTULO UNO

RESPONDIENDO A UN LLAMADO DIFERENTE

Durante mi infancia en Miami, Florida, mi iglesia estaba a sólo cinco minutos de casa. Jugó un papel bastante importante en la vida de mi familia, pero nunca imaginé que yo llegaría a ser sacerdote. Mi primer trabajo después de llegar a Miami fue arrancando maleza.

En el sur de la Florida, el césped crece rápido, y la maleza aun más. Mi vecina fue mi primera clienta. Era una dama algo frugal que le preguntó a mi madre si yo podía ir y arrancar lo que me pareció un campo interminable de maleza por sólo cinco dólares. Acepté el trabajo a pesar de todo lo que me esperaba porque en esos días algo más que un dólar se consideraba una fortuna.

Sólo cuando estás arrancando maleza de pies y manos bajo el sol caliente es que puedes entender el carácter tedioso del trabajo y la perseverancia que requiere. Al igual que tantas cosas en la vida, arrancar maleza te obliga a prestar mucha atención a lo que haces. A fin de erradicar la maleza con éxito, tienes que arrancarla de raíz. No la puedes halar demasiado rápido porque en ese caso la maleza volverá a crecer. Debes aprender a ablandar la tierra alrededor de las raíces y agitar la planta un poco antes de halar.

Llené varias bolsas grandes de basura con la maleza. Llenaba dos o tres bolsas pesadas en el lapso de unas pocas horas. Aunque hice todo lo que pude y me sentí satisfecho al ver lo hermoso que lucía el césped sin la maleza, yo sabía que crecería de nuevo. Arrancar maleza es un poco como nuestra lucha incesante entre el bien y el mal: no parece haber una victoria final, pero de todos modos sigues luchando con la esperanza de que el césped no sea invadido por la maleza.

Sólo mucho después comprendí que este trabajo de baja categoría fue el primer paso lógico en mi viaje hacia el ministerio. Sin embargo, y a pesar de mi corta edad, comencé a entender que cosechar cosas buenas es algo que requiere dedicación, sacrificio y paciencia. También descubrí que hagas lo que hagas, ya sea algo simple o extraordinario, tus actos tienen un impacto en el mundo.

LA PRIMERA VEZ QUE SENTÍ frío en mi vida fue cuando el clima cambió durante nuestro primer año en Miami. Yo era uno de los cinco o menos latinos de mi clase en la Olympia Heights Elementary School, y era la primera vez en mi vida que vivía en un clima que no fuera tropical. Me sorprendió ver niños con *jackets*.

Cómo terminó mi familia en Miami es una historia común a muchísimos cubanos. Mis padres, como tantas otras familias de la isla, huyeron de su tierra natal porque no estaban de acuerdo con la dictadura de Fidel Castro. Mi hermana mayor nació en Cuba, pero mi padre, un ingeniero mecánico, ya había decidido abandonar el país en aquel entonces. Fue detenido en dos ocasiones; una vez, simplemente por llevar unos planos en sus manos: los hombres de Castro creyeron que debía de estar tramando algo en contra de la Revolución.

En esa época ya Castro estaba decidido a evitar que los profesionales se fueran del país, así que era imposible huir de Cuba y venir directamente a los Estados Unidos. Entonces, mis padres viajaron a Madrid e hicieron lo que tantos inmigrantes y exiliados políticos se ven obligados a hacer aun en la actualidad cuando escapan de un régimen represivo: se bajaron del avión con poco más que la ropa que llevaban puesta, decididos a trabajar duro y a hacer una nueva vida. Con el tiempo, mis padres se mudaron a Puerto Rico porque gran parte de mi familia se había instalado en la isla, y fue allí donde nací y viví hasta los seis años.

Pocos años después, mi padre comenzó a viajar a Miami en busca de trabajo, con la esperanza de reunirse con el resto de nuestra familia, que ya se había establecido en el sur de la Florida. Incluso, recuerdo que cuando llegamos, mi padre consiguió empleo en una compañía de ingenieros que participó en la construcción de las instalaciones del primer transbordador espacial norteamericano. Ya casi toda la familia extendida se había trasladado a Miami y nosotros los seguimos. Nos instalamos en un modesto vecindario en el suroeste de Miami conformado en su mayoría por inmigrantes irlandeses e italianos; esto fue antes del boom hispano de los años setenta, ochenta y noventa. Todos los habitantes eran personas trabajadoras y de clase media. Mi madre todavía vive en ese barrio.

Yo hablaba muy poco inglés, pero fui a la escuela pública, tomé clases especiales de inglés como segunda lengua, y rápidamente me volví bilingüe. De hecho, mis hermanas y yo comenzamos a hablar tan fluidamente en inglés que nuestros padres tuvieron que obligarnos a seguir hablando español en casa para que no olvidáramos nuestra lengua materna.

Fuera de la escuela, la Iglesia también era una parte importante de mi vida. Cuando llegó la hora de hacer la primera comunión, una monja franciscana que hablaba muy poco español, pero que lo entendía porque había trabajado en Puerto Rico, me dijo:

—Alberto, vamos a ver si te sabes las oraciones.

Me puse un poco tímido porque yo sólo me las sabía en español. Sin embargo, la monja era muy amable y me dijo con una amplia sonrisa:

—Está bien, Alberto, dímelas en español y podrás hacer la primera comunión.

Y eso fue lo que hice. ¡Qué alivio! Yo siempre había querido a las monjas y no les creía a las personas que contaban "historias de horror" sobre monjas desagradables que golpeaban con reglas. Estudié básicamente en escuelas públicas en los años setenta, cuando las monjas ya eran más modernas. He pensado con frecuencia que haber estudiado en escuelas públicas pudo ser la salvación "de mi fe" porque no tuve ninguna de las experiencias traumáticas que cuentan muchos de mis amigos que estudiaron en escuelas católicas romanas.

Cuando estaba en la escuela media, ya era completamente bilingüe y me sentía muy familiarizado con nuestra nueva vida. Ya no trabajaba en los jardines. La música fue mi gran amor —era la década de los ochenta, la época disco, cuando Madonna y Michael Jackson eran las estrellas más grandes—, y algunos amigos y yo empezamos nuestra propia empresa de DJ's. Poníamos música para las quinceañeras, en bar mitzvahs, en todo tipo de fiestas, e incluso en varias bodas.

Yo no tenía especial inclinación por los deportes, salvo montar en bicicleta y algunos juegos esporádicos en el vecindario, y tampoco era muy apuesto. De hecho, yo tenía *braces* y espinillas, ¡muchas! Sin embargo, era muy confiado y sociable, tal vez porque mis padres y mis dos hermanas me querían mucho y siempre me sentí muy seguro de mí mismo. Yo era uno de los pocos adolescentes que tenía su propio programa de radio en una emisora pública local, y a mis amigos y a mí nos iba muy bien con nuestra empresa —casi todos los fines de semana teníamos trabajo tocando discos y animando fiestas.

De hecho, nos iba tan bien con la música que un día mis padres me dijeron:

—Este niño no puede interesarse únicamente en la música. Tiene que aprender que hay algo más en la vida.

Comenzaron a animarme a que fuera a un grupo juvenil de nuestra iglesia para que me ayudara a madurar y desarrollar valores sólidos. Al principio me resistí como cualquier adolescente, pero poco a poco comencé a experimentar una vida espiritual menos dependiente de mis padres y de su insistencia a que fuéramos a misa todos los domingos. Sentir tu propia conexión espiritual con Dios es algo grande para un joven, porque empiezas a tomarte en serio a Dios por tu propia voluntad, y no como una simple imposición por parte de tus padres. Comencé a conocer más sobre la misión de la Iglesia, a asistir a retiros y a encuentros con jóvenes de otras parroquias. Supongo que podría decirse que me volví un "incondicional" de la Iglesia.

Creo que mucha gente tiene la extraña impresión de que los sacerdotes no son personas reales. ¿Recuerdan en Star Trek cuando el capitán Kirk decía: "Elimínalos, Scotty"? En base a algunos comentarios sobre mi vocación, me imagino que mucha gente debe pensar que hay algún tipo de "Planeta Sacerdotal".

Las personas parecen tener dificultades para comprender por qué alguien tan joven como yo respondió a un llamado radical de Dios. Quizás sea porque nuestra sociedad hace mucho énfasis en la gratificación sexual inmediata y venera el poder de los objetos materiales. Es cierto que no hay muchos jóvenes dispuestos a renunciar al matrimonio y la familia, a la realización personal en el mundo empresarial y a las fantasías sobre autos nuevos y casas grandes por seguir el sacerdocio.

En mi caso, creo que otros reconocieron en mí la vocación sacerdotal, incluso antes que yo. Mi madre decía en broma que, gracias a mi personalidad extrovertida, "Alberto será un sacerdote o un político". Varias personas de nuestra parroquia me preguntaban: "Alberto, ¿has pensado en el sacerdocio?".

Y una vez, durante un retiro espiritual de fin de semana con un grupo de jóvenes líderes, estábamos esperando que uno de nuestros sacerdotes nos diera una charla sobre un tema espiritual o teológico. Después de una hora sin que apareciera, los jóvenes empezaron a gritar, "¡Alberto lo hará!".

Yo tenía apenas quince años, y me sorprendió su entusiasmo, especialmente porque no estaba acostumbrado a hablar en público. Sin embargo, sentí que Dios me estaba enviando un mensaje a través de esos jóvenes, así que me puse de pie y lo hice.

Este tipo de comentarios y experiencias me hicieron sentir que estaba preparándome para una vida de servicio y dedicación. Empecé a tener la sensación de que si no consideraba seriamente la opción de unirme al sacerdocio, no estaba siendo responsable. Era como una especie de interruptor activado dentro de mí; empecé a abrirme a Dios y a saber que Él me estaba pidiendo que le sirviera de un modo radical.

Saber que eres elegido por Dios es algo único para toda persona que siente el llamado. Lo único que tenemos en común es que nadie elige realmente el ministerio, sino que el ministerio te elige a ti. Cuando Dios te llama, es muy difícil oponerse.

Pero esta fue también la década de los ochenta, el apogeo de la generación del "mi", una época en la que salía con chicas y hacía música. Como la mayoría de mis amigos, yo me divertía tanto como podía en la escuela secundaria, pero la diferencia en mi caso estuvo en que combiné todas esas cosas divertidas con una gran cantidad de actividad en la iglesia. Era como si dos mundos se unieran, y el ruido de las fiestas y de la música a todo volumen intentara opacar la voz de Dios que hablaba en lo más profundo de mi corazón.

Finalmente, tomé la decisión de escuchar lo que Dios me estaba diciendo. Comencé a retirarme de algunas de mis actividades sociales, prefiriendo concentrarme en trabajar en la iglesia, asistiendo a retiros espirituales y pasando tiempo con otros jóvenes que compartían mi búsqueda espiritual. Mi relación personal con Dios se hizo más importante que todo lo que había aprendido en la instrucción religiosa formal o en mi casa.

A los dieciséis años, empecé a pensar seriamente en entrar al seminario local cuando terminara la escuela secundaria. Comenzaba a darme cuenta de que no sólo era importante vivir de acuerdo con lo que Alberto quería, sino con lo que Dios quería de mí. Quería ofrecerle mi vida a Dios sin importar el precio ni preocuparme por mis planes personales para el futuro.

Inicialmente le anuncié mi intención a mi madre durante una de las primeras veces que conduje un auto. Acababa de obtener mi licencia restringida de estudiante y estaba muy emocionado de poder conducir. Traté de recordar las palabras de mi padre mientras me esforzaba por dominar la caja de cambios: "embrague, cambio y embrague poco a poco, y mientras tanto, jugar con la gasolina".

De nada sirvió que mi madre no supiera cómo conducir un auto con cambios; se sentó a mi lado, soportando mi forma de conducir: frenando, arrancando y frenando de nuevo. Me decía, "No puedes manejar así", y "¡Nos vamos a matar!".

Finalmente, a medida que progresaba al volante, mi madre y yo empezamos a hablar de mis calificaciones y de la escuela. Cuando le dije que quería ir al seminario para ser sacerdote, su respuesta inmediata fue:

—¡Ay, Alberto, frena por favor!

Seguramente lo dijo en términos tanto metafóricos como literales, pero hice lo que me pidió. Conversamos un poco más, y cuando la convencí de que yo hablaba muy serio sobre el seminario, me respondió que debía orar y pedirle a Dios que me dijera si eso era lo que Él quería realmente para mí. Si la respuesta era afirmativa, ella me aseguraba que tendría todo su apoyo.

—Sólo queremos que seas feliz y que estés en paz —dijo.

—Pero, ¿y papá? —le pregunté. Como hijo único de una familia latina, y con un padre ingeniero, pensaba que tal vez no aprobaría el camino que yo había elegido.

—Él va a entender —me dijo mi madre.

Para mi asombro, así fue. Entré en la sala de estar esa noche y encontré a mi padre leyendo un libro, como hacía la mayoría de las noches; casi siempre de Matemáticas, Cálculo de Energía o de Física. Cuando me senté a su lado y le anuncié mi decisión, mi padre me dijo exactamente lo que me había dicho mi madre:

—Rézale a Dios y pregúntale si eso es lo que Él quiere para ti. Si es así, entonces deberás seguir el llamado. Sólo queremos que seas feliz.

En muchos países católicos, la decisión de hacerse sacerdote obedece con frecuencia a la presión ejercida por la familia. La mayoría lo considera un honor, incluso un símbolo de estatus, que uno de sus hijos estudie para ser sacerdote. Sin embargo, tuve la suerte de recibir mucho apoyo por parte de mi familia, y sin ninguna presión o resistencia.

Incluso mucho años más tarde, cuando mi padre fue diagnosticado con cáncer terminal a los cincuenta y dos años durante mi sexto año en el seminario, mi familia siguió apoyando mi decisión. La enfermedad de mi padre y los tratamientos tuvieron un costo enorme para mi familia, y como hijo único, sentí una enorme responsabilidad con nuestro hogar y su estabilidad. Ofrecí retirarme del seminario, volver a casa y buscar un trabajo.

A pesar de su enfermedad, mi padre se negó a considerar siquiera esa posibilidad.

—Hijo, tienes que seguir tu corazón —me dijo—. Continúa tu preparación para lo que Dios te ha llamado. Vamos a estar bien.

En cuanto a mis amigos, me molestaban al principio:

—Alberto, ¿realmente es eso lo que quieres? ¿Ser célibe y renunciar a las mujeres?

Y yo les respondía:

—¡Oigan, algún día se casarán; entonces sólo tendrán una esposa y también tendrán que renunciar a las mujeres!

Casi siempre eran bromas bien intencionadas porque nuestras familias eran católicas y respetaban las normas de la Iglesia Católica Romana. No era una idea tan extraña que uno de nosotros decidiera unirse al sacerdocio, y mis amigos en general aceptaron la idea. Por mi parte, cada vez me sentía más convencido de que ese era mi camino.

Entré al seminario dos años más tarde. Mientras tanto, seguí conociendo a la Iglesia Católica. Durante la escuela secundaria, trabajé muchísimas horas en la parroquia local y en otros lugares. Di clases en el catecismo y en la escuela dominical, dirigí programas pastorales juveniles, respondía los teléfonos de la casa parroquial, preparaba las instalaciones para actividades especiales en Navidad y Semana Santa y mucho más.

Estaba rodeado de muchos sacerdotes en aquella época —tanto jóvenes como mayores— muchos de los cuales eran líderes extraordinarios. Hablaban muy bien, sabían cómo motivar a otros a hacer la obra de Dios, eran buenos administradores, y por eso se convirtieron en mis mentores y modelos a seguir.

¿Todos estos sacerdotes eran perfectos? Por supuesto que no. Como cualquier familia, nuestra iglesia también tenía su parte disfuncional. Recuerdo, por ejemplo, a un sacerdote muy bueno que conducía un auto deportivo y era el director espiritual de nuestro programa juvenil. Era enérgico y carismático; yo realmente lo admiraba y fue uno de los primeros en preguntarme: "Alberto, ¿alguna vez has pensado en ser sacerdote?".

Años más tarde, descubrí que este hombre había llegado a los Estados Unidos en gran parte para ocultarle a su familia su orientación sexual y su vida doble y promiscua. Lamentablemente, murió de VIH/Sida. Me partió el corazón ver cómo terminó este hombre verdaderamente talentoso y bondadoso, y tuve la dicha de ser una de las pocas personas que asistió a su funeral, que fue bastante secreto.

También había un sacerdote que levantaba pesas y practicaba culturismo, quien solía decir que el uso del cuello clerical —y la forma en que la gente lo miraba cuando lo llevaba puesto— le hacía sentir náuseas. Siempre parecía enojado con algo o con alguien. Nunca olvidaré cómo un domingo, en medio del sermón, se acercó a la alarma de incendios y, literalmente, la arrancó de la pared porque se había disparado por sí misma. Otro sábado, a eso de las cinco de la mañana, unos cincuenta miembros de mi grupo juvenil se reunieron en el estacionamiento de la iglesia antes de viajar a Disney World. Este mismo sacerdote escogió ese momento para regresar de una larga noche de fiesta con pantalones vaqueros y camiseta, tambaleándose mientras se dirigía a la puerta trasera de la casa parroquial, como si nadie lo estuviera viendo.

También había un sacerdote recién ordenado que era muy delgado y ayunaba todos los días porque creía que era la única forma de ahuyentar sus deseos sexuales. En consecuencia, siempre tenía un aspecto enfermizo y débil, pero la gente decía que era un "santo". ¡Algunas personas en la Iglesia parecen tener una noción muy extraña de la santidad!

Después de haber pasado diez años en el seminario, ese joven sacerdote no duró más de tres años en el ministerio. Simplemente desapareció un día, diciendo: "No lo puedo soportar". A pesar de tantos años, simplemente nunca logró adaptarse a la vida sacerdotal, ni al celibato, de manera saludable.

Otro sacerdote, que visitaba nuestra parroquia de vez en cuando y decía misas dominicales, sostuvo un romance con la madre de uno de mis mejores amigos (una mujer casada y con cinco hijos), quien trabajaba como secretaria de la iglesia. Eso fue un golpe duro para todos, especialmente para la gente joven que tenía relación con esa familia y también con el sacerdote.

Esto parece ser una larga letanía de disfuncionalidad, sobre todo al tratarse de una parroquia típica de clase media. Pero yo nunca fui crítico, incluso cuando era adolescente. No consideraba los actos de estos sacerdotes con problemas como traiciones hacia mí o hacia la Iglesia. Por el contrario, yo muchas veces los defendía, incluso cuando el sacerdote que fue mi mentor reconoció que había abusado sexualmente de menores. Nunca había hecho algo inapropiado conmigo, y yo lo veía como un sacerdote serio, comprometido y trabajador. Desde muy temprano entendí lo bueno, lo malo y lo feo de la Iglesia, y acepté que todo ser humano —sin excepciones— tiene sus propias dificultades.

Hoy en día, después de años de trabajar y vivir en la Iglesia, veo las cosas con mayor claridad. Ahora creo que muchos de estos sacerdotes actuaron como lo hicieron debido a su falta de adaptación al estado del celibato y a la soledad que muchos sintieron debido a ello. En ese momento, sin embargo, los incidentes se produjeron justo durante mi enamoramiento con el sacerdocio y mi decisión de servir a Dios, así que no pensé en ello. A pesar de todo lo que vi en mi parroquia, tenía la certeza en mi corazón de que mi vida sería diferente. Tenía amigos de muchas denominaciones religiosas, y aunque fueran protestantes, judíos, católicos o de alguna iglesia de los nuevos cristianos sin denominación, los apreciaba porque siempre he creído que lo más importante es tener una fuerte conexión con Dios.

Vi que las personas que estaban conectadas con Dios casi siempre eran felices, más compasivas y menos materialistas; si yo podía llevarles la palabra de Dios a más personas, concluí que habría menos guerras, menos hambre y un mundo mejor para todos. Verdaderamente sentí que Dios me estaba llamando, y que tenía que hacer todo lo que estuviera a mi alcance para ser un sacerdote bueno y fiel. A veces llegué a pensar que, si hacía las cosas bien, podía ayudar a reparar de alguna manera el daño causado por tantos sacerdotes dentro de mi propia iglesia.

Durante los últimos dos años antes de entrar al seminario, me reunía con mi director espiritual una vez al mes. Él había entrado al seminario cuando tenía apenas doce años de edad, por lo que casi todo lo referente a la sexualidad era un gran tabú para él; tanto así, que a veces parecía demasiado curioso sobre mi vida personal y los detalles sobre las chicas con las que había salido.

Cuando traté de hablar con él sobre mi atracción por las mujeres y mi lucha por entregarme al celibato como mi camino futuro, el único consejo que pudo darme fue:

—Alberto, simplemente reza para que cada mujer que te guste encuentre un esposo bueno y cristiano porque Dios te está llamando para seguirle a Él.

Así que eso fue lo que empecé a hacer: simplemente oré para que las mujeres que me gustaban encontraran buenos maridos porque yo no estaba disponible. Parecía muy sencillo, pero nunca fue fácil.

Cuando pienso ahora en el joven que era en aquel entonces, veo a un joven idealista lleno de motivaciones y energía. Quería a toda costa ser uno de los sacerdotes que contribuyera a cambiar el mundo, un sacerdote que estuviera por encima de la corrupción y la política, mientras me entregaba a Dios y a la gente a quien servía. Tenía sueños de que el Vaticano pusiera todo lo material a un lado y fuera una fuerza totalmente espiritual. Supongo que era un adolescente rebelde a mi manera porque estaba en contra de todo lo que la sociedad me decía que debía ser. Nunca iba a conseguir mucho dinero, a tener varias mujeres, ni a conducir un BMW convertible. Mi corazón era puro. Yo no tenía ningún deseo o ambición personal de poder sobre otras personas. Todo lo que quería era ser un sacerdote de parroquia y ayudar a otras personas. Ese era realmente mi mayor deseo.

Y así, a los dieciocho años y justo después de graduarme de la secundaria Southwest de Miami, entré en el seminario —St. John Vianney College Seminary— decidido a convertirme en el mejor sacerdote posible. Estaba decidido a ser un seminarista modelo, que cumplía seriamente todas las prácticas y reglas de la institución eclesiástica.

Ese fuego espiritual ardía dentro de mí con tanta intensidad que no pude ver que estaba a punto de entrar a una especie de campamento de entrenamiento espiritual, y mucho menos entender cómo el sacerdocio iba a cambiar mi vida por completo.

CAPÍTULO DOS

ENAMORADO DEL SACERDOCIO

Una calurosa tarde de agosto, cuando tenía dieciocho años, pasé un par de horas empacando y tachando cuidadosamente cosas de la lista que me habían enviado del seminario St. John Vianney. Era la primera vez que salía de casa para vivir por mi cuenta, y en el seminario nos habían dado una lista específica de las cosas que los estudiantes podían llevar y las que no estaban permitidas. "Audífonos" estaba en la lista permitida y me alegró ver eso; después de seis años como DJ, mi posesión más preciada era mi colección de discos, y yo había logrado compilarla en casetes. Empaqué mi música, mi pequeño equipo de sonido, mis audífonos y mi ropa en el asiento trasero del auto, y salí de casa.

Era increíble que hubiera podido acomodar todas mis cosas en ese auto, ya que era el mismo Volkswagen escarabajo modelo 1969 en el que había aprendido a conducir. Había heredado el auto de mi padre cuando finalmente consiguió uno nuevo después de muchos años de soportar el calor del sur de la Florida sin aire acondicionado. Ahora, al salir de casa con mis cosas, sentí una oleada de emoción a pesar del hecho de que había dejado a mi madre en la cocina, llorando y secándose las lágrimas con sus manos mientras trapeaba el piso.

Creo que mis padres al igual que la mayoría de los padres sentían que tener un hijo que se entregaba a Dios significaba que lo iban a perder para siempre. Ellos sabían que, de ahora en adelante, yo pertenecería a la Iglesia y debería ir a dondequiera que me enviaran a servir, mientras ellos pasaban a un segundo plano en mi vida.

EL CAMINO AL SACERDOCIO REQUIERE un sinnúmero de entrevistas, exámenes psicológicos, retiros espirituales y una multitud de otras actividades diseñadas para ayudarte a tomar la decisión final y prepararte para ser aceptado por la Iglesia. Gran parte del proceso es tedioso, y se ha convertido en un proceso aun más complicado con el paso de los años, a medida que la psicología moderna ha abierto nuevos canales para decidir quién es "saludable" y quién no.

La capacidad de un candidato para el ministerio de hoy tiene que ver mucho más con la institución eclesiástica y menos con la espiritualidad de una persona o con la intervención divina. He visto a muchas personas buenas que no entraron a conventos ni a seminarios porque no fueron aprobados por la institución; sin embargo, han llevado una vida sana y espiritual.

A pesar del largo proceso para ser aceptado en el seminario, el rector me llamó a su oficina varias semanas antes de entrar a St. John Vianney. Era un fumador empedernido, por lo que entrar en su oficina era algo así como ingresar a un cenicero. Sin embargo, tenía una gran sonrisa, y rápidamente me tranquilizó con su cordialidad y su fuerte acento irlandés.

Conversamos durante varios minutos, y el único momento incómodo fue cuando me preguntó de buenas a primeras:

—Alberto, ¿te gustan las chicas o los chicos?

—Las chicas, padre —le respondí. Su pregunta me había sorprendido.

—Bien, Alberto, eso es muy bueno —me dijo el rector con una sonrisa aun más amplia que antes, y luego pasó al próximo tema. Eso era todo lo que él quería saber. Posteriormente, entendí por qué le hacía esa pregunta a cada seminarista nuevo que entrevistaba.

Esta fue la única nota fuera de tono en lo que fue un comienzo plácido durante mi primer año como seminarista, mientras estudiaba para obtener un título de licenciatura en Filosofía antes de estudiar Teología. En muchos aspectos, era muy similar a cualquier universidad, con clases, muchas horas en la biblioteca y las amistades forjadas a lo largo del camino. Simplemente era un poco más estricto; las oraciones comenzaban todos los días a las siete de la mañana y había un toque de queda que estipulaba que todos debíamos estar en el dormitorio a las once de la noche.

Durante mi estadía en el seminario había hombres de todas las edades. Hombres mayores de treinta, e incluso de la edad de mi padre, eran mis compañeros de clase. Ellos tenían más problemas con el toque de queda y con algunas normas que yo. A los dieciocho años, yo era como una esponja que todo lo absorbía, y disfrutaba de la estructura y de la disciplina. De todos modos, cada vez que necesitaba un descanso, podía ir a casa para visitar a mis amigos y familiares, ya que mi parroquia quedaba no muy lejos del seminario. Si por casualidad regresaba unos minutos después de las once, simplemente trepaba la puerta del seminario para entrar. Era un poco complicado, pero todos siempre encontrábamos la manera de entrar.

Mis padres siguieron dando su apoyo incondicional a mis estudios en el seminario, algo que no sucedía con algunos de mis compañeros de clase, cuyas familias se dedicaban a lo que yo describiría como peleas oficiales con Dios, la Iglesia, y cualquier cosa remotamente sagrada o santa. Por ejemplo, cuando uno de mis amigos entró al seminario, su madre descolgó todos los crucifijos y quitó la estatua de María que siempre había adornado su casa porque tomó la decisión de su hijo en términos personales; como si Dios se lo estuviera robando. Sin el apoyo de su familia, mi compañero no pudo resistir los rigores del proceso de discernimiento; finalmente se retiró y se casó, convirtiéndose en un teólogo brillante, y más tarde, en un consejero religioso y diplomático que trabaja en el Vaticano.

CUANDO ENTRÉ AL SEMINARIO, me consideraba un estudiante por debajo del promedio. Había pasado la mayor parte de mi adolescencia prestándole más atención a mi trabajo de fin de semana como DJ y a asistir a retiros juveniles que a dedicarme al estudio. Tener que leer cientos de páginas de tareas cada noche, sobre todo las obras clásicas de los filósofos griegos, fue algo muy nuevo para mí, pero rápidamente estuve a la altura del desafío. Esto se debió en gran medida a la inspiración y al trabajo intenso de la facultad, que era excelente.

Una de las primeras personas que realmente me animó a interesarme en mi desarrollo intelectual fue mi profesor de Filosofía del primer año. Era un hombre de letras que hablaba media docena de idiomas, generoso y profundamente espiritual, un hombre que había sido ateo antes de experimentar una conversión radical al cristianismo. También era completamente honesto y nos advertía con frecuencia sobre los problemas que él veía en la iglesia contemporánea, especialmente entre aquellos que estaban promoviendo agendas progresistas y desviándose de la tradición y de los valores conservadores.

—Alberto, eres un joven inteligente —me dijo una vez—, pero eres un estudiante de A que se conforma con una B.

De él y de otros profesores dedicados, aprendí rápidamente la importancia de la disciplina académica, el valor de pasar horas enteras leyendo e investigando, así como el poder que tienen la oración y el hecho de llevar una vida espiritual más intensa. El seminario era algo muy nuevo, y me pareció que encajaba con mi ardiente deseo de servir a Dios y a la humanidad.

La rigurosa disciplina académica no era el único aspecto nuevo para mí. Era también la primera vez que tenía que compartir una habitación con otros hombres. Crecí con dos hermanas, pero como era el único hijo hombre de la casa, nunca había tenido que compartir mi habitación. Mi primer compañero de cuarto en el seminario fue un hombre que tenía el doble de mi edad. Había vivido varios años en unión libre con su novia antes de tener una experiencia de conversión durante un retiro espiritual que lo llevó a decidir que el sacerdocio era su vocación. Acostumbraba hablarme como un padre dándole consejos a su hijo sin experiencia, y comencé a valorar su preocupación genuina por mí.

Una mañana, mi compañero de cuarto me vio afeitándome

en el lavamanos que compartíamos en nuestra habitación. Yo sólo llevaba puestos unos bóxers y creía que era natural afeitarse vestido de esa manera. Me dijo:

—¿Qué estás haciendo?

Me sorprendió la alarma de su voz.

—¿Por qué, pasa algo?

—Puedes vestirte así en este cuarto, pero no te acostumbres a ello —me advirtió—. Tienes que cuidarte en este ambiente.

En ese momento yo no tenía idea de lo que quería decir. Pero unos meses después comprendí que mi compañero de cuarto se refería a la presencia de un número de estudiantes homosexuales y promiscuos en el seminario.

La primera vez que oí a estos seminaristas gays utilizar modismos y expresiones de carácter homosexual, tuve que preguntar para saber lo que significaban. ¡Realmente no tenía ni idea! Pronto descubrí que le tenían nombres y apodos a todo y a todos, incluyendo a un obispo que estaba involucrado sexualmente con algunos de sus seminaristas. Años más tarde, a ese obispo lo retiraron y fue enviado a vivir tranquilamente a un monasterio, cuando los funcionarios de la Iglesia ya no pudieron ocultar más su conducta. En aquel entonces, eso fue muy extraño para mí.

Admito que me desconcertaron algunos de estos acontecimientos, pero me esforcé mucho por ignorarlos y por evitar que me desanimaran. Cuando entré al seminario, sinceramente pensaba que la mayoría de mis compañeros y colegas compartían las mismas dificultades que yo tenía. Con el tiempo, descubrí que no todo el mundo compartía los mismos intereses ni hacía los mismos sacrificios.

Los homosexuales no tienen dificultades para expresar su

sexualidad en los seminarios y en las casas religiosas. Por un lado, es fácil ocultar las relaciones en un ambiente exclusivamente masculino y, por el otro, siguen el ejemplo de sacerdotes que durante mucho tiempo se han salido con la suya, mientras que la institución se hace la de la vista gorda a todos los niveles.

Yo solía escuchar historias de sacerdotes y seminaristas y de su conducta sexual, tanto homosexual como heterosexual, pero realmente nunca creí en ellas, o quizá simplemente no quería creer que aquello era posible. Seguramente habría sido demasiado doloroso para mí, un joven idealista de dieciocho años, convencido de que era una institución que giraba completamente en torno a Dios, reconocer que la Iglesia podía participar o proteger semejante falta de honestidad. En esa etapa de mi vida, yo tenía un concepto muy romántico de la institución eclesiástica. Creía que estaba libre de pecado y que era prácticamente inmaculada. No creía que ninguna de "esas cosas inapropiadas" fuera realmente posible y desestimé todo aquello como rumores horribles propagados por enemigos de la Iglesia.

Sin embargo, con el paso del tiempo comencé a darme cuenta de que mucho de lo que yo no creía posible realmente era cierto. Un número de personas a las que conocía y en quienes confiaba, estaban muy involucradas en "esas cosas inapropiadas". Por ejemplo, tardé años en descubrir que uno de los seminaristas heterosexuales —que en varias ocasiones llevó el pan y el vino al altar durante nuestra misa con una chica que le había presentado a la comunidad del seminario entero como su "prima que estaba de visita", realmente estaba durmiendo con ella. No era de su familia; era simplemente su novia secreta.

Entre todas las cosas escandalosas que escuché en mi época de seminarista, jamás olvidaré el día en que nuestro rector levantó la vista de un artículo del periódico y le dijo a un grupo que estaba cerca de nosotros: "Me pregunto con qué cardenal se habrá acostado este tipo para llegar allá".

Estábamos frente a la cartelera de anuncios del pasillo principal del seminario, y estaba llena de todo tipo de información, noticias, y de las notas habituales de cada departamento con las respectivas notificaciones. Uno de los anuncios recientes se destacaba como un pulgar hinchado: anunciaba el nuevo cargo de un antiguo seminarista expulsado un par de años atrás por conducta sexual inapropiada. Había encontrado la manera de ser aceptado en un seminario de otro país, y ya se había ordenado. Ese joven se había convertido en un sacerdote, y en uno prominente.

¿Cómo es posible?, me pregunté. La información sobre los seminaristas rastrea su trayectoria de un lugar a otro, y los motivos del despido de un seminario son generalmente parte de un informe que se le exige si el candidato aplica a una nueva diócesis o seminario. En este caso, no sólo el candidato fue ordenado, sino que además fue nombrado para un cargo importante en los más altos niveles del Vaticano.

El rector parecía molesto, pero no sorprendido. Él sabía, mejor que el resto de nosotros, que las personas ambiciosas dentro de la Iglesia siempre encuentran una manera de salir adelante. ¿Estaba decepcionado? Sí ¿Impresionado? No. Él entendía el sistema, y sabía que hay personas que sabían desenvolverse en él.

Mientras tanto, yo estaba convencido de que Dios quería que fuera sacerdote. No estaba dispuesto a dejar que nada me disuadiera. Estaba allí por un propósito específico, porque Dios me había llamado y me necesitaba. Estaba seguro que nada podría alejarme de mi misión para servirle a Él.

Ver que todo esto sucedía dentro de las filas de los líderes actuales y futuros de la Iglesia no fue del todo malo para mí. Decidí que Dios estaba utilizando esta forma de abrirme de nuevo los ojos para bien: yo estaba sembrando las semillas que más tarde florecerían en mi comprensión de la humanidad. Cuando comencé a presenciar la ruptura y las dificultades entre mis compañeros de clase y los sacerdotes, me di cuenta que podía sentir compasión por ellos y por otras personas con problemas similares. En general, los años que pasé en el seminario me sirvieron como una especie de prueba de la realidad para un joven idealista como yo, lo que hacía que la experiencia fuera difícil, pero que también quisiera esforzarme más para ser el mejor sacerdote posible.

Aun así, una parte de mí comenzó a debatirse con respecto al mensaje que podría enviar este comportamiento sobre nuestra actitud con respecto a la sexualidad de los fieles comunes y corrientes. Si a los sacerdotes no parecía importarles obedecer las reglas de nuestra propia institución, ¿cómo podíamos esperar que los fieles las cumplieran?

COMO SEMINARISTA entablé una gran amistad con todo tipo de personas de diferentes orígenes y culturas. Sin embargo, puedo decir honestamente que nunca perdí mi centro: yo sabía que estaba allí para aprender a ser un instrumento de Dios para los demás. Me sentía motivado por el amor de Dios y por el deseo de difundir ese amor. Quería vivir el Evangelio y dárselo a conocer a todos.

Así como los estudiantes de medicina deben decidirse por una especialidad, los seminaristas también pueden elegir entre diferentes maneras de servir a Dios dentro del sacerdocio. Hay sacerdotes diocesanos o seculares, y yo siempre había querido ser uno de ellos. También hay sacerdotes religiosos que hacen votos de pobreza, castidad y obediencia, y pasan a ser parte de una orden o congregación religiosa. En cualquier caso, muchos sacerdotes se dedican a servir en los ministerios especializados; por ejemplo, podemos optar por trabajar en la educación, con los jóvenes, en los hospitales, o ayudando a los pobres.

Desde que era un seminarista muy joven e idealista, me pregunté si Dios podría llamarme para servir de un modo más radical, y por un tiempo pensé en ingresar a los Legionarios de Cristo, una congregación popular con un número de sacerdotes cada vez mayor. Veía que este grupo abordaba con mucha seriedad su misión de servir a Dios; me parecían casi como una especie de "Marines" de la Iglesia, y entonces pedí información.

El día que recibí el paquete en mi buzón del seminario, me reuní con un grupo de cinco o seis amigos para examinar los llamativos folletos y los materiales de reclutamiento; estos materiales impresos parecían muy costosos y produjeron un efecto asombroso en nosotros. Parte de la atracción se debía a su carismático fundador, el padre Marcial Maciel Degollado, un sacerdote mexicano y sobrino nieto de un santo.

A pesar de algunos rumores que comenzaban a circular en aquel entonces sobre el supuesto consumo de drogas, escándalos financieros y la mala conducta sexual del padre Maciel, lo cierto es que era muy admirado. Los seminaristas siempre se referían a él como "Nuestro Padre" y pensaban que tenía un aura especial. Su misión en la formación de su orden religiosa consistía en inspirar a los miembros laicos de la Iglesia Católica para cumplir un papel activo en la misión de la Iglesia. De lo que nadie se dio cuenta en aquel entonces fue que él dirigía su orden como un culto o una secta fanática. Sin embargo, la

Legión de Cristo y el Regnum Christi estuvieron detrás de la apertura de muchas escuelas y universidades, así como de un gran número de institutos de beneficencia que hicieron muy buenas obras. También contribuyeron en gran medida a promover la vocación por el sacerdocio en un momento en que los seminarios y las casas religiosas de todo el mundo se estaban cerrando por falta de inscripciones.

—¡Esto es fantástico! —exclamó uno de mis compañeros de clase mientras leíamos los folletos. Él y otro amigo fueron a visitar personalmente la orden. Y, de hecho, uno de ellos se unió a ella y actualmente es un sacerdote de esa congregación y una de las personas más *santas* y caritativas que conozco.

Nunca visité ni ingresé a esa orden de "Marines" sacerdotales. A medida que maduraba, cada vez comprendía mejor que vivir en una orden religiosa no era algo para mí. Yo quería vivir y trabajar en una comunidad normal, al igual que los sacerdotes de la parroquia de mi barrio, quienes habían sido mis mentores y eran las personas que más admiraba. Sin embargo, respetaba al padre Maciel y a sus seguidores desde la distancia por su sentido de la misión y la lealtad a Cristo. El padre Maciel había sido llamado para acompañar al papa Juan Pablo II en muchas de sus visitas a México, y fue nombrado por el Papa a la Asamblea Ordinaria del Sínodo de Obispos, sólo uno de los diversos cargos influyentes que ocupó en el Vaticano. Por supuesto, yo no tenía manera de saber la cantidad de revelaciones terribles sobre el comportamiento perverso de este hombre que pocos años después saldrían a la luz pública.

CON MI MENTE CADA VEZ más fija en ser el tipo de sacerdote que trabaja activamente para marcar una diferencia en el mundo, pasaba los veranos y las vacaciones de mis estudios en el seminario, trabajando en los programas juveniles de mi parroquia, enseñando y dirijiendo la Escuela Bíblica o ayudando a los trabajadores migrantes. Estaba convencido y creía que Dios me había dado mi personalidad y mi forma de ser para ayudar a difundir su mensaje de amor, sobre todo a los adolescentes y jóvenes desilusionados con la Iglesia Católica Romana. Desde que era un joven seminarista, me ha emocionado inspirar a la gente a conectarse con Dios. Sentía que estaba haciendo exactamente lo que quería hacer.

Naturalmente, también conocía chicas atractivas todos los veranos, y me hacían preguntarme si realmente había elegido el camino correcto. Me encontré a mí mismo jugando de vez en cuando el juego de "¿y qué tal si?", preguntándome qué sería de mi vida en caso de no continuar en el seminario y de escoger otra profesión. Sin embargo, la verdad era que la mayoría de las chicas que conocí, percibían de inmediato que yo estaba totalmente comprometido con ser sacerdote. Eso siempre estaba muy claro.

Por ejemplo, nunca bailé en ninguna fiesta, ni siquiera en las bodas de mis amigos. Yo no quería estar en situaciones que pudieran hacerme sentir incómodo. Muchos de mis compañeros sacerdotes bailaban con mujeres solteras y casadas, pero yo me mantenía al margen con el fin de evitar tentaciones.

Cuanto más profundicé en mis estudios de Teología, más comencé a valorar las tradiciones y prácticas del catolicismo romano. Quería saber todo lo que había que saber sobre la Iglesia. Y si era algo del Vaticano, lo leía. Debí haber devorado cientos de documentos oficiales de la Iglesia durante los ocho años que pasé en el seminario, mientras me esforzaba por estar al corriente de todos los acontecimientos. De hecho, era tan devoto y conservador, que muchas veces se burlaban de mí durante los concursos de talento en el seminario, por ser el estudiante que pasaba la mayor parte del tiempo leyendo documentos de la Iglesia y encíclicas papales.

Pero nada de eso me desilusionó. Como un hombre joven y obediente en esa etapa de mi vida, estaba convencido de que nuestra institución sagrada siempre tenía la razón y que las personas estaban equivocadas. Recuerdo a un sacerdote de nuestro seminario que me dijo: "Alberto, lo que tú quieres es frotar tu cara en las tetas de la Madre Iglesia". A pesar de la imagen vulgar, sabía que él tenía razón. Yo tenía un interés obsesivo en la Iglesia Católica Romana como institución y en muchos de los ideales que fomentaba. Tal vez mucho de esto venía del hecho que había sido formado en una cultura que veía esta como la única "Iglesia verdadera".

En consecuencia, era visto por muchos de mis profesores y por algunos de los sacerdotes en el seminario como un conservador. Algunos discrepaban de mí porque estaban en desacuerdo con la dirección que el papa Juan Pablo II le estaba dando la Iglesia a mediados de los años ochenta. Ellos creían que la Iglesia se estaba alejando claramente de las reformas del Concilio Vaticano II y adoptando políticas del pasado como una forma de mantener el control, un movimiento que un número de teólogos conservadores llamaba "restauración".

Al igual que muchos jóvenes de mi época, el carisma personal y el entusiasmo de Juan Pablo II me motivaron a enamorarme de la misión de la Iglesia. Mi deseo de difundir el mensaje del Evangelio aumentaba cada día. No tenía la capacidad de ver que las políticas de Juan Pablo II no eran realistas, o incluso muy poco prácticas para la mayoría de la gente. Me molestaba que algunos de mis colegas sintieran lo que a mí me parecía una especie de animosidad por la Iglesia oficial. Sin embargo, y a pesar de estas actitudes negativas a mi alrededor, seguí convencido de que mi misión provenía de Dios y de que tenía que mantenerme fiel a ella.

JESÚS DIJO: "Vayan por todo el mundo y proclamen la Buena Nueva". Nunca dijo: "Ve a tu casa parroquial y lleva una vida tranquila y protegida". Yo estaba decidido a seguir su ejemplo. Entre las edades de dieciocho y veinticinco años, obtuve mi licenciatura en Filosofía en el Seminario St. John Vianney College, e inmediatamente comencé mi maestría en Teología en 1994, y mi maestría en Divinidad en 1995, en el Seminario Regional San Vicente de Paul en Boynton Beach, Florida.

Como parte de mi educación y formación sacerdotal, buscaba participar activamente en todo tipo de ministerios para confirmar mi llamado al sacerdocio. Trabajé con los trabajadores agrícolas migrantes y en un ministerio de prisiones, consolé a enfermos y visité ancianos en residencias geriátricas. Disfrutaba mucho de la enseñanza y dediqué bastante tiempo a la educación cristiana de adultos y jóvenes.

También trabajé en el Hospital Infantil de Miami bajo la dirección de un pastor luterano que era el capellán del hospital, quien nos ayudó supervisando el programa pastoral de verano de nuestro seminario. Era muy progresista, un hombre de mente abierta, y aunque no estábamos de acuerdo en ciertos temas, valoraba sus ideas y me gustaba escuchar sus opiniones sobre el mundo.

Una tarde, estaba en la sala de emergencias del hospital cuando una mujer entró con un bebé muerto en sus brazos. El bebé ya tenía un color negro azulado, y era obvio que no reviviría. La madre era latina y católica, y como yo no me había ordenado y no podía impartirle al niño los santos óleos o la extrema unción, llamé a un sacerdote de una parroquia cercana encargado de visitar los católicos en ese hospital.

Yo estaba en la habitación con la madre y el niño cuando el sacerdote entró, miró a la madre afligida a los ojos y le dijo: "Tienes que aceptar que esta es la voluntad de Dios".

No podía creer lo que acababa de escuchar. Era como si me hubieran dado un golpe en el estómago. ¿Cómo pudo ser tan desconsiderado ese sacerdote al decir que se trataba de la voluntad de Dios, en lugar de ofrecerle a esa pobre mujer un abrazo o unas palabras de consuelo? Posteriormente me quejé ante el capellán luterano, pues me sentía muy molesto. Él también se indignó, y estuvo de acuerdo conmigo cuando le dije que creía que lo que había dicho y hecho aquel sacerdote era una especie de mala práctica espiritual.

—¿Y qué le habrías dicho tú? —quiso saber él.

Pensé en esto y en un principio consideré que lo mejor sería no decir nada y simplemente escuchar el dolor de aquella madre. Finalmente, el capellán insistió en que diera una respuesta, así que le dije lo que le hubiera dicho a la madre:

—La vida es frágil, un don que Dios nos ha dado. Tu hijo fue un regalo. Te puedo ofrecer amor y compasión y estar contigo en tu dolor, pero no hay respuestas fáciles.

Esta dura lección me ayudó a decidir desde muy temprano que no quería que mi ministerio fuera en blanco y negro. Ya estaba dejando de creer, contrario a lo que hice cuando era un seminarista joven, que la Iglesia tenía todas las respuestas, siempre. Yo no creía que Dios estuviera sentado en el cielo con una especie de control remoto, diciéndoles a los sacerdotes lo que debían decirle a la gente, como si todas las respuestas a las muchas dificultades de la vida estuvieran en una especie de manual de soluciones. Me había comprometido a cumplir la voluntad de Dios, pero también estaba decidido a tratar de entender toda la variedad y la riqueza de la experiencia humana. No fue fácil encontrar respuestas a algunas de las preguntas más importantes de la vida, pero estaba decidido a ayudar a las personas en sus viajes espirituales individuales.

DESPUÉS DE OCHO AÑOS de estudios de Filosofía y Teología, finalmente llegó el momento de mi internado como diácono. Cuando el sacerdote a cargo de los internados me preguntó dónde quería ir, le respondí:

—Quiero ir a un lugar diferente y desafiante.

En respuesta, me asignó a Cayo Hueso, que es lo más lejos que puede enviarse a alguien en la Arquidiócesis de Miami y el punto más meridional de los Estados Unidos de América. De hecho, estaba más cerca de La Habana que de Miami. Conducir 440 millas del seminario a la parroquia y luego de regreso, se convirtió en una rutina para mí durante los últimos meses de mi vida en el seminario. Yo era el primer joven en ser asignado a esa comunidad en muchos años.

Aunque había pasado la mayor parte de mi vida en el sur de la Florida, nunca había recorrido todos los cayos. De hecho, la primera y única vez que fui allá, tenía unos nueve años y nos quedamos atrapados con mis padres y hermanas a mitad de camino a Cayo Hueso, cuando nuestro auto se rompió cerca de Cayo Maratón.

Pero yo tenía ya veinticinco años y sentía cierta curiosidad sobre como sería manejar todo el camino hasta Cayo Hueso en esta nueva y solitaria aventura. Crucé los cuarenta y dos puentes que conectan a más de cien pequeñas islas o "cayos". En Cayo Hueso, vi un campanario e inmediatamente me detuve. Cayo Hueso es una ciudad tan pequeña que estaba seguro de que la parroquia católica debía ser una de las únicas iglesias en la ciudad.

Cuando llamé a la puerta, me abrió una mujer sonriente de unos cincuenta y cinco años.

—¿Está el pastor? —le pregunté.

—No —dijo ella—. Pero, ¿te puedo ayudar? Soy su esposa.

Me di cuenta que esa no debía ser a la iglesia católica romana, pero todavía no podía creerlo. A fin de estar seguro, le pregunté:

—¿Ésta es Santa María?

Ella se rió y me respondió:

—No, ésta es la Iglesia Luterana Gracia —y amablemente señaló el camino hacia el lugar de mi misión al otro lado de la isla.

A medida que me fui acercando a mi nueva iglesia, pasé por la "ciudad antigua", donde las calles se estrechan y los viejos faroles negros de las aceras dan la sensación de que has retrocedido en el tiempo. Santa María Estrella del Mar, la iglesia católica de Cayo Hueso, era una construcción igualmente histórica: la iglesia católica más antigua del sur de Florida y la segunda iglesia católica más antigua de todo el estado. Rodeada por el océano Atlántico y el Golfo de México, Santa María fue también una de las primeras iglesias católicas de la Florida en haber recibido tanto a negros como a blancos en su congregación.

Cuando llegué, admiré la belleza de Santa María Estrella del Mar. Construida en estilo gótico victoriano, los hermosos bloques de piedra de su construcción eran de roca de coral, y posteriormente supe que habían sido extraídos de debajo de la iglesia. La casa parroquial, en cambio, era una edificación de concreto de aspecto sólido. Esto era inusual porque no hay muchos edificios de concreto en Cayo Hueso; la mayoría son pintorescas casas de madera estilo Bahamas. Era una construcción impactante, grande y sólida a la que los nativos llamaban "el Hilton jesuita", en referencia a la orden religiosa que la construyó.

Respiré profundo para calmar mis nervios y toqué el timbre. Eran casi las 4:55 de la tarde y yo debía llegar a las 5:00.

El pastor abrió la puerta y me dijo:

—¡Bienvenido! Te estábamos esperando. Te mostraré tu habitación y luego cenaremos.

El pastor era muy puntual y yo era un latino relajado que no estaba acostumbrado a cenar tan temprano, a esas horas de la tarde. Sin embargo, este pastor fue un gran mentor y un amigo muy querido. Siempre se esforzó para hacer que mi experiencia allí fuera positiva, y me enseñó mucho sobre la administración, el manejo adecuado y el funcionamiento interno de la vida parroquial. Aunque a veces era demasiado estricto y rígido para mi gusto, especialmente con los católicos no practicantes que querían recibir los sacramentos, era muy amable y hacía todo lo posible para motivar a las personas en su fe.

Los fieles de la parroquia de Cayo Hueso también eran muy agradables. En mi labor como diácono interno enseñé en la escuela parroquial, preparé y prediqué sermones los domingos, visité a los enfermos, enterré a los muertos, trabajé con algunas de las familias en la Base Naval y ayudé en casi todas las actividades diarias de la iglesia.

Como estábamos en Cayo Hueso —conocido por sus bares y su vida nocturna— comencé un pequeño ministerio que chistosamente llamábamos "bar ministry" o "miniserio de bar".

Nos reuníamos con los jóvenes adultos de la parroquia y los profesores de la escuela en un bar local para tomarnos unas copas mientras hablábamos sobre la vida, la espiritualidad, y todo lo que hubiera bajo el sol. Una de las profesoras de la escuela me atraía mucho, pero siempre me mantuve alejado —a veces haciendo un gran esfuerzo por evitarla— para asegurarme de que sólo fuéramos amigos. Además, ya estaba en los últimos meses de preparación para el sacerdocio y estaba deseoso de entregarle mi vida sólo a Dios.

Ese internado fue un año especial para mí y jugó un papel muy importante en mi desarrollo como sacerdote. Uno de los aspectos del tiempo que pasé allí que realmente tuvo un impacto en mi corazón y en mi alma fue mi trabajo con los cubanos que llegan diariamente a nuestras costas. En 1994, llegó al pico el número de cubanos que se lanzaron al Estrecho de la Florida en balsas caseras, algo que requiere de un verdadero milagro para mantenerse a flote. El año que pasé en Santa María, el número de cubanos que se escapaban a la Florida ascendía a más de dos mil personas al día, sin contar a las muchas personas que perecieron mientras intentaban alcanzar la libertad.

Para mí personalmente, fue una experiencia devastadora ver a familias enteras poniendo sus vidas en grave peligro a fin de escapar del régimen comunista de Fidel Castro. Naturalmente, este fenómeno me resultaba particularmente conmovedor, pues mis padres también habían salido de Cuba, aunque en circunstancias muy diferentes, en busca de la misma libertad fuera de ese sistema terrible, y en busca de un futuro mejor para sus hijos.

Durante mi infancia, todas las conversaciones que escuchaba durante las visitas familiares entre mi padre y mis tíos siempre giraban en torno a que el régimen de Castro terminaría pronto y todos regresaríamos a Cuba. Pero cuando estaba en Cayo Hueso, mi padre ya había muerto sin ver ese sueño cumplido, y muchos de los cubanoamericanos más jóvenes que yo conocía, sentían esa misma nostalgia por la patria que tenían y aún deseaban retomar nuestros padres. Nuestra familia, al igual que miles y miles de cubanos, nos considerábamos exiliados políticos que no podríamos regresar hasta que se acabara el régimen totalitario.

Mis padres estuvieron entre los primeros exiliados de Cuba; la oleada inicial de los que salieron de la isla hace cuarenta años o más. La última oleada de inmigrantes cubanos era más diversa en términos socioeconómicos, e incluía un mayor porcentaje de personas menos motivadas por sus diferencias políticas con el régimen que por sus circunstancias económicas. Eran menos bienvenidos a los Estados Unidos y, desgraciadamente, incluso en nuestra propia comunidad cubanoamericana. En 1994, las autoridades estadounidenses interceptaron a 36.791 balseros.

Yo viajaba durante quince minutos de Santa María a Stock Island, donde solía visitar a *los balseros*, como los llamaban, en un tráiler improvisado por exiliados cubanos voluntarios llamado "La casa del balsero". Mi función era brindarles apoyo espiritual a estas familias después de sus traumáticas odiseas, mientras que otros voluntarios les suministraban los primeros auxilios y les daban comida caliente. Yo tenía un pequeño Honda Civic de cuatro cilindros en el que realmente sólo cabían cuatro personas, pero muchas veces hacía todo lo posible para que se acomodaran dos familias —unas nueve personas— y pudieran ir a la iglesia, decir una oración y saludar a Nuestra Señora de la Caridad (del Cobre), la Patrona de Cuba.

Nunca olvidaré las lágrimas ni las expresiones en las caras

de los balseros, muchos de ellos tan jóvenes como yo, después de alcanzar su tan anhelada libertad. Era particularmente doloroso cuando se daban cuenta de que aunque ellos habían sobrevivido, algunos de sus familiares estaban desaparecidos o se habían quedado en un país donde la vida se parecía más a la de un campo de prisioneros que al paraíso que una vez fue. Toda esta experiencia sólo contribuyó a aumentar mi amor por Cuba y por los millones de exiliados políticos que han abandonado su patria y anhelan el día en que puedan regresar a una Cuba libre de la dictadura comunista. También sirvió para renovar en mí la convicción de que los líderes espirituales tienen que estar al lado de los que sufren; independientemente de que sea políticamente correcto o no. Como cubanoamericano, yo ya había vivido y escuchado las historias de los presos políticos, condenados sin ningún tipo de juicio, y de tantas familias divididas y destruidas por ese régimen terrible. Mi trabajo con los balseros me ayudó a afianzar muchas de esas ideas. Estas convicciones seguirían siendo parte de mí e influyeron profundamente en mi ministerio.

Otra experiencia nueva para mí en Santa María fue la de tener parejas abiertamente homosexuales que participaban decididamente en actividades de la iglesia y asistían a los servicios. Esto no me sorprendió, pero me vi obligado a examinar mis sentimientos acerca de lo que era en ese entonces —y sigue siendo hoy día— un tema muy controversial. Después de un tiempo, comprendí que como guía espiritual tenía la obligación de darles la bienvenida a ellos y a todos; sin excepciones. Estos hombres y mujeres eran personas dedicadas y estaban llenos de amor, y me preocupaba que, según las enseñanzas de la Iglesia Católica Romana, debiéramos decirles que su estilo de vida era malo e "intrínsecamente desordenado". Yo estaba firmemente convencido de que todas las personas pueden acudir a sus sacerdotes para recibir perdón y orientación, y no críticas ni comentarios que afecten su autoestima.

Había permanecido en una iglesia "burbuja" durante la mayor parte de mis años en el seminario —una iglesia teórica, lejos de la realidad del pueblo. Poco a poco, cuando comencé a salir de esa burbuja, empecé a ver que muchas veces había una brecha enorme entre las realidades de las personas y las normas de la institución eclesiástica. Me pregunté si tal vez mi misión, como un sacerdote joven, extrovertido y de mentalidad un poco más abierta, podría ser la de servir de puente entre una Iglesia que no siempre quiere oír hablar de la pluralidad de la sociedad y lo que realmente sucedía en el mundo.

DESPUÉS DE OCHO AÑOS EN el seminario y de mi internado lleno de acontecimientos en Cayo Hueso, finalmente llegó el día de mi ordenación. La ordenación es mucho más que una graduación. Es el día en que eres comisionado oficialmente por Dios y por la Iglesia para emprender una misión espiritual y llevarle al mundo las Buenas Nuevas de la salvación. Realmente es un día que te marca la vida para siempre porque es el momento en que entregas toda tu vida y prometes dedicarla a servir a Dios.

Si esto suena como pedirle demasiado a un ser humano, tal vez sea porque así es. Creo que hay personas especiales que son llamadas a abandonar el mundo y olvidarse de los asuntos de la vida secular para dedicarse a Dios; por eso existen los monasterios y conventos para religiosos. Sin embargo, la mayoría de los sacerdotes del siglo XXI no son llamados a ese "olvido" ni a esa distancia de la vida cotidiana. Estaba a punto de ser ordenado como sacerdote secular o diocesano, un sacerdote que no se supone que vive como un monje en un claustro alejado del mundo, sino entre aquellos que va a servir. Esta es una distinción que no entienden la mayoría de las personas porque tienden a incluir a todos los sacerdotes en la misma categoría, sin saber muy bien lo que nos hace diferentes.

El sacerdote secular hace dos promesas el día de la ordenación: la promesa de celibato (el día de su ordenación como diácono) y la promesa de la obediencia (que se realiza en las dos ordenaciones como diácono y sacerdote). A diferencia de los seculares, los religiosos hacen votos de castidad, pobreza y obediencia, casi siempre en etapas y lo hacen desde que entran en la orden o congregación religiosa. Momentos antes de mi ordenación, recuerdo que nuestro obispo nos llamó con nuestras familias a una sala de conferencias. Fue un momento agradable para saludar al obispo y una oportunidad para tomar fotos antes de la celebración solemne y sagrada. Nunca olvidaré las palabras que les dijo el arzobispo a mi madre y a los padres de los otros dos hombres que serían ordenados: "Vamos a cuidar muy bien de ellos". Años más tarde, y al pensar en ese momento, me pregunté con frecuencia qué significaba realmente ese "cuidar muy bien".

Como mencioné anteriormente, en mi época de seminarista era común escuchar los enfrentamientos entre obispos partidarios del Concilio Vaticano II contra obispos partidarios de Juan Pablo II. Los que estaban del lado del Vaticano II eran considerados progresistas y dispuestos a seguir adelante, mientras que los nombrados por Juan Pablo II se consideraban mucho más conservadores, o por lo menos, dispuestos a desempeñar ese papel para complacer a Roma y seguir ascendiendo en la escala jerárquica.

El arzobispo que me ordenó como diácono en 1994, Edward A. McCarthy, era definitivamente un obispo del Vaticano II. Era conocido por promover el diálogo ecuménico, favorecía la causa de las mujeres en el ministerio, una mayor participación de los laicos, los programas pastorales para personas de diferentes grupos culturales, los medios de comunicación y la labor evangelizadora. Además, era un hombre de una gran humildad.

Sólo cinco días después de hacer mi promesa de celibato, el arzobispo McCarthy apareció en la televisión, y el entrevistador le preguntó sobre posibles cambios en la Iglesia Católica Romana. Sin dudarlo, lo primero que dijo fue: "Creo que a los sacerdotes se les permitirá casarse en un futuro cercano".

Yo, que tenía veinticinco años y acababa de hacer una promesa de celibato para toda la vida, me sorprendí al borde de la incredulidad. Simplemente no podía entender cómo el mismo obispo que acababa de celebrar mi ordenación como diácono y que recibió mi promesa de celibato, podía admitir públicamente que el celibato no era un aspecto esencial del sacerdocio.

¿Qué acabo de hacer?, pensé, dividido entre la confusión y la desesperación. *¡Hasta los mismos obispos creen que esto del celibato no es muy importante!*

Después de haber decidido entregar mi vida a servir a la Iglesia y a todo lo que ésta representaba, me sentí profundamente molesto. A fin de cuentas, allí estaba este obispo que me tuvo de rodillas delante de él mientras yo hacía promesas de celibato y obediencia, y luego, de su misma boca, un hombre que había sido sacerdote durante cincuenta años, escucho decirle que el celibato probablemente no era necesario en la vida y en la disciplina de un sacerdote.

De repente, tuve que preguntarme, tal como lo sugerían

algunas de mis lecturas y estudios sobre la historia de la Iglesia, si acaso el celibato era una forma de vida diseñada para la conveniencia de la institución, y no algo que la Iglesia valorara de verdad. ¿Me había comprometido realmente con una institución en la que había creído toda mi vida sólo para descubrir que ese compromiso no era tan permanente como yo esperaba? ¿Cuál posición era la correcta en el tema del celibato: la de mi arzobispo o la del Vaticano?

Yo estaba decidido a ser un buen soldado de la Iglesia. Por lo tanto, decidí creer, con todo mi corazón, que todo lo que el Vaticano decía tenía que ser cierto.

CAPÍTULO TRES

MI VIDA COMO SACERDOTE
DE PARROQUIA

Pocos días antes de la ordenación, el obispo nos informó a mis compañeros y a mí que cada uno sería asignado a un pastor (o párroco), alguien que nos orientaría durante nuestros primeros años en el ministerio. Estaba emocionado por esta noticia, e imaginé con entusiasmo que existía un programa de mentores y un guía que me podría ayudar a adaptarme a mi nueva vida en el ministerio y como sacerdote de parroquia.

Minutos más tarde, nos dieron nuestras cartas de asignación. Los pastores que se harían cargo de nosotros estaban parados frente a la puerta, y cuando cada sacerdote recién ordenado recibía su carta de asignación, salía de la sala y conocía a su nuevo jefe.

El mío estaba sentado en una silla de ruedas; tenía un aspecto serio, y una mujer de mediana edad estaba de pie detrás de él empujando la silla. Aunque a mi pastor le habían amputado la pierna como consecuencia de su diabetes, parecía un hombre feliz. Tenía las mejillas sonrosadas y un marcado acento irlandés. Brevemente me dio la bienvenida, y me dio la fecha de mi primer día en su parroquia. Este hombre, muy respetado, tenía fama de ser un "sacerdote de sacerdotes" —alguien que ayudaba a los sacerdotes con problemas— y también tenía el gesto de dedicar una gran parte de su propio tiempo libre a ayudar a los sacerdotes alcohólicos a dejar su adicción.

Yo no veía la hora de empezar. Después de ocho años de entrenamiento en el seminario, de las evaluaciones, los trabajos académicos y de escribir una tesis, estaba muy emocionado de dejar a un lado la academia y comenzar lo que yo pensaba que sería el "verdadero trabajo" que Dios quería que yo hiciera.

UNO DE LOS ASPECTOS más difíciles del sacerdocio es adaptarse a la vida parroquial. La casa parroquial (o rectoría) es un lugar donde los sacerdotes viven juntos. Actualmente, la mayoría son casas independientes y localizadas en otros barrios; pero en aquellos días, generalmente eran casas enormes, impersonales y de aspecto "institucional", ubicadas en la propiedad de la iglesia.

En ellas, cada sacerdote tiene normalmente su propio dormitorio y, si tiene suerte, una sala de estar. Otras áreas —los baños, la cocina, el comedor y la sala de estar— son compartidas. Si el pastor te trata con respeto, tu vida puede ser agradable. Sin embargo, si vives con un jefe dictatorial o con sacerdotes que tienen personalidades desagradables o problemas más graves, terminarás viviendo una especie de infierno. Muchos sacerdotes tienen historias terroríficas sobre la vida en una casa parroquial, especialmente debido a los pastores que los trataban como huéspedes de "su" casa.

Yo tenía veintiséis años, y me encontré viviendo con mi pastor irlandés y con otro sacerdote de la India. Ambos tenían más de sesenta años y un fuerte acento. Créanme, esas eran las únicas dos características que tenían en común.

En ese momento, pensé que era muy afortunado de vivir con dos sacerdotes tan experimentados. Durante mi adolescencia y mis años en el seminario, había aprendido mucho de los sacerdotes mayores. Sin embargo, esta era la primera vez que me encontraba atrapado entre dos sacerdotes diametralmente opuestos en casi todos los aspectos eclesiásticos.

Mi primera cena en la casa parroquial reveló esto con claridad, mientras el pastor irlandés comenzaba a hablar sobre la ordenación de mujeres y sostenía que ya era hora de que el Papa abriera los ojos y permitiera a las mujeres en el sacerdocio; el sacerdote de la India no discutió, pero pude ver claramente el desacuerdo y la decepción en sus ojos. De hecho, creo que él sintió un poco de malestar estomacal debido a la naturaleza de la discusión porque incluso, ya en esa época, yo sabía que el sacerdote de la India era el tipo de sacerdote que nunca diría nada que pudiera ser considerado contrario a las posiciones oficiales de la Iglesia, sin importar lo que él pensara. Fue una cena llena de acontecimientos, por decir lo menos.

Esa noche, mientras desempacaba mis cosas, me sentí un poco desilusionado, incluso molesto, por algunas de las opiniones extremadamente liberales de mi pastor. En esa etapa de mi ministerio, yo creía que era imposible que las mujeres fueran ordenadas como sacerdotes; la posición de la Iglesia era clara,

¿quién era yo para ir en contra? El Papa había rechazado incluso la discusión del tema en varias ocasiones. Juan Pablo II había dejado bastante claro que estaba interesado en hacer que la Iglesia fuera de nuevo como era antes del Concilio Vaticano II, y lamento decir ahora que yo también tenía esa misma posición. Hay demasiados puntos de vista sobre el mundo contemporáneo que son "sospechosos" para la Iglesia oficial. Además, muchas personas, incluido yo, amábamos las tradiciones de la Iglesia, especialmente las prácticas devocionales antiguas que muchos líderes más progresistas buscaban eliminar. Queríamos mantener las cosas como estaban, o incluso volver a los días retratados en la popular película de 1945, *Las campanas de Santa María*. No pude evitar preguntarme qué más diría mi nuevo párroco durante mis próximos tres años en esa parroquia.

Sin embargo, me gustó el ambiente familiar. A veces nos reuníamos para cenar o ver la televisión cuando mi pastor no estaba de viaje o tenía problemas de salud. Me gustaba especialmente almorzar con el personal —en su mayoría, mujeres casadas— y escuchar las historias de sus matrimonios y sus hijos. En mis días libres, iba a casa a cenar con mi madre y mis hermanas.

Mi primer destino como vicario parroquial fue San Clemente, una iglesia en un barrio predominantemente irlandés-americano de clase trabajadora en Fort Lauderdale, Florida. Después de oficiar mi primera misa dominical, la primera mujer que se acercó a darme la mano, me dijo:

—Padre, ¿de qué parte de Irlanda es usted?

Me eché a reír.

—Vengo de otra isla diferente —le dije, en referencia a Cuba.

—Bueno, quiero felicitarlo —respondió ella—. Usted es

el primer sacerdote en venir a esta iglesia en años a quien realmente puedo escuchar y entender al mismo tiempo.

En ese momento, yo no estaba seguro de si ella bromeaba en referencia a los deficientes sistemas de sonido que solía haber en las iglesias o al fuerte acento de varios sacerdotes. Con la grave escasez de sacerdotes que hay en los Estados Unidos, la Iglesia había comenzado a traer a un buen número de ellos de países extranjeros como la India y África —una práctica que continúa hoy día y que ha cambiado, de forma radical, la etnicidad de la población sacerdotal, más que nada porque muy pocos jóvenes nacidos en los Estados Unidos están interesados en ser sacerdotes.

También sabía que, a un nivel más profundo, los sermones incomprensibles y muchas veces *desconectados de la realidad* tenían algo que ver con esto. El verdadero problema era —y sigue siendo— la incapacidad de la Iglesia para comunicar sus mensajes de forma clara y efectiva.

Tal como lo había visto de primera mano en tantos lugares, la mediocridad se impone cuando se trata de los sermones. Muchos sacerdotes, incluso si su lengua materna es el inglés, tienen dificultades para ofrecer aplicaciones prácticas e interesantes al mensaje del Evangelio y que también sean accesibles a todos. Otros se dedican a sermonear de cualquier tema que ellos consideren importante, aunque no tenga mucho que ver con el mensaje bíblico. Sin embargo, la prédica es quizás la labor semanal más importante de cualquier sacerdote o líder espiritual.

Recuerdo que una vez me quejé con un sacerdote amigo sobre esta mediocridad y sobre la pobre calidad de los sermones que veía entre tantos clérigos. Él se echó a reír.

—Alberto, no critiques la mediocridad —me dijo—. Para la mayoría de nosotros, la mediocridad es un gran logro.

Quedé atónito. Era así como los estándares disminuían en vez de mejorar, pensé, y entonces decidí esforzarme al máximo para hablar en público, y dedicar todo el tiempo que fuera necesario a preparar sermones que los fieles de mi parroquia no sólo entendieran, sino en los que también pudieran encontrar una inspiración para sus vidas cotidianas.

Me confundí aún más cuando el pastor me invitó a su oficina después de la misa matinal, y las primeras palabras que salieron de su boca fueron:

—Alberto, no sé por qué te han enviado aquí. Esta es una parroquia moribunda. Además, tú eres bilingüe y casi no hay latinos aquí.

¡Imaginen mi sorpresa! Yo había estado pensando que este sacerdote mayor sería un mentor del cual podría aprender, alguien que apoyaría sinceramente mis esfuerzos por ayudar e inspirar a las personas de mi parroquia, y resulta que ya me estaba desanimando abiertamente. Yo había llegado a San Clemente como un joven sacerdote dispuesto a cambiar el mundo. ¡Y ahora mi nuevo jefe me estaba preguntando si yo tendría algo que hacer allí!

—De todos modos tendré que dar lo mejor de mí —le dije.

Luego regresé a mi habitación y empecé a rezar. Recuerdo que me puse de rodillas y le pregunté a Dios cuáles eran sus intenciones al traerme aquí y se me ocurrió mirar hacia arriba. Pude ver la parte posterior de San Clemente desde mi ventana. La iglesia se veía un poco descuidada, por decir lo menos, era indudable que el edificio necesitaba una mano de pintura. Pero era una construcción muy bella y la escuela y la maravillosa gente de la parroquia tenían mucho entusiasmo. ¿Cómo podría estar muriendo esta parroquia?

Mientras pasaban las semanas y yo exploraba el barrio y

me reunía con las personas de mi parroquia, comprendí que las declaraciones de mi pastor no eran realmente una crítica hacia mí —ni a su parroquia— sino la expresión de sus propios sentimientos. Se sentía cansado, se enfermaba con frecuencia y tal vez se estaba muriendo en un sentido. Hacía unos esfuerzos extraordinarios para decir misa, a menudo se sentaba en una silla alta detrás del altar. A causa de su diabetes y su pierna amputada y otras enfermedades, tenía poca movilidad y ya no podía ser el de antes aunque todavía trabajaba muy duro todos los días y yo lo admiraba por su gran sacrificio y su dedicación. Sin embargo, ir siquiera al supermercado local le habría permitido ver lo que yo vi con mis propios ojos: los cambios demográficos en el sur de la Florida debido al crecimiento de los inmigrantes y de las minorías, especialmente de la explosiva presencia latina. Honestamente, él no era el único, muy pocos sacerdotes —en su mayoría irlandeses— en aquella área, estaban dispuestos a aceptar esa realidad. Algunos aún rechazan la posibilidad de ofrecer una misa en español y a una hora a la que pueda asistir el pueblo.

En la cena, mi pastor solía expresar opiniones que me llevaron a entender que él cuestionaba si la Iglesia, a la que él le había dado su vida, podría tener sentido para las personas de la parroquia. Como uno de los sacerdotes más progresistas que habían trabajado a favor del cambio dentro de la Iglesia después del Concilio Vaticano II, parecía estar desilusionado por la posición retrógrada de la Iglesia, y consternado por la forma en que los clérigos más jóvenes parecían más interesados en alinearse con Roma que en calidad de agentes de un cambio en el mundo.

Puede sonar extraño ahora, pero los sacerdotes más jóvenes —como yo— tendíamos a alegrarnos de saber que esa Iglesia tan progresista estaba desapareciendo. Anhelábamos el retorno a una Iglesia más conservadora. Estábamos, creo yo, enamorados de los elementos románticos de lo que parecía ser la Iglesia Católica Romana "ideal", sobre todo porque parecía que el Papa y la jerarquía de esa época estaban promulgando fuertemente una fe tan tradicional y conservadora como la de antes. Con el tiempo, comenzaría a darme cuenta de que muchos de esos ideales y enfoques sólo servían para excluir y alienar a todo tipo de personas que se preguntaban por qué la Iglesia se negaba a avanzar y cambiar de acuerdo a las necesidades de hoy.

En cualquier caso, me dediqué a mi trabajo parroquial y traté de no pensar demasiado en las luchas personales ni en las decepciones de mi párroco. Estaba allí para servir al pueblo, y estaba decidido a hacerlo con visión y energía. Al margen de cuáles fueran mis propios puntos de vista en aquella época, nadie sería rechazado por la Iglesia mientras yo estuviera al frente.

CUANDO UN SACERDOTE VA a una nueva parroquia, necesita tiempo para familiarizarse con su carácter único, su ambiente, su política, su historia y su gente. La mayoría de las personas son amables; unas te mandan tarjetas de bienvenida, mientras que otras sonríen simplemente en silencio cuando salen de la iglesia o te dan la mano. Varias personas también salen corriendo por la puerta lateral y entran a sus autos lo más rápido posible, entonces nunca tienes la oportunidad de conocerlos.

Como sacerdote de parroquia, no tardé en aprender a aceptar la "montaña rusa emocional" que entraña el ministerio y la vida del sacerdote cada día. Oficié los servicios religiosos en bodas y funerales, celebré misas diarias, confesé, visité enfermos, enseñé en la escuela parroquial, coordiné programas especiales para jóvenes y adultos y preparé a los nuevos conversos a la fe católica. Realmente disfrutaba de todos los aspectos del ministerio.

Durante los funerales, aprendí a llevar consuelo y paz a las familias y amigos que estaban de duelo, ayudándoles a encontrar un sentido a la muerte mientras recordábamos juntos las características más especiales de los fallecidos, y nos recordábamos a nosotros mismos que su ser querido aún era una parte muy importante de sus vidas. Una persona puede fallecer, pero la vida espiritual continúa.

Una de las muertes más trágicas durante mis primeros años como sacerdote en San Clemente fue la de un feligrés de cuarenta años que sufrió un ataque masivo al corazón. Su hijo y su hija eran monaguillos y yo les había dado clases en la escuela parroquial. Había un nuevo bebé en la familia que había sido bautizado recientemente. Esta familia devota y hermosa se conmovió profundamente por la muerte del padre. A pesar de su fuerte relación con Dios, me hicieron la misma pregunta que todos nos planteamos cuando sufrimos la pérdida de un ser querido: "¿Por qué Dios permitió que sucediera esto?".

Esa fue una pregunta que me impactó una y otra vez en mi labor como sacerdote de parroquia. Muchas veces la escuché por parte de ricos y pobres, latinos, anglosajones y negros. No importa cuál fuera la cultura o situación económica de una persona, me di cuenta de que todos sufrimos en esta vida; el sufrimiento no perdona a nadie. Todos, incluso los más exitosos y fuertes, nos volvemos más débiles y vulnerables cuando nos enfrentamos a la enfermedad o a la muerte de un ser querido.

Quizás era joven para estar reconfortando a familias devastadas, pero creo que siempre me esforcé por hacerlo con gran compasión y comprensión porque ya en carne propia había sufrido muchas pérdidas: durante los ocho años de mi vida como un joven seminarista, había perdido a ocho familiares cercanos, incluyendo a mi propio padre, a una prima de veintidós años de edad que fue diagnosticada con un tumor cerebral a los doce años y también a otro primo en sus veintes que murió en un accidente trágico de barco. Después de tantas muertes prematuras en mi familia, yo ya había aceptado que algunas personas simplemente no llegan a viejas y que la muerte es simplemente parte de la vida.

Una cosa que me afectó profundamente, fue que varios de los amigos de mi padre se alejaron durante su enfermedad. No pudieron afrontar el hecho de que su amigo estaba en su lecho de muerte; habían estado con él en las fiestas y las buenas épocas, pero no pudieron hacerle frente a la oscuridad al final de su vida. Me imagino que fue muy doloroso para ellos. Al ser testigo de su retirada, aprendí que lo más importante que cualquier persona puede hacer durante una tragedia —sin importar si eres sacerdote o no—, es estar junto a los que sufren, sostener sus manos y rezar con ellos recordándoles que Dios nunca está muy lejos.

Para la esposa y los niños afligidos por esa muerte temprana y trágica de su amado esposo y padre, y para otros que han sufrido pérdidas durante mi labor sacerdotal, siempre he tratado de transmitir el mensaje de que la verdadera paz y la alegría definitivamente nacen en nuestro interior. Les enseño a las personas que Dios está con ellas durante las épocas buenas y malas. Esta es una lección importante porque muchas personas en nuestra cultura tienden a creer que Dios sólo está con ellas cuando están sonriendo y son felices. Cuando sabes que Dios está todos los días contigo, y que tu vida no está en tus manos, sino en las Suyas, hay un gran sentido de paz y de estabilidad que te puede sostener, incluso en los peores momentos.

Muchos sacerdotes dicen que prefieren los funerales a las bodas, principalmente porque las novias pueden ser difíciles de tratar, pero yo siempre he preferido las bodas. De alguna manera, siempre vi una semejanza entre los funerales y las bodas: en ambas se invita a la gente a dejar atrás su vida pasada para asumir una nueva vida. Durante las bodas, trataba de expresar que el matrimonio era una vida que exigía sacrificio y comunicación, mientras los cónyuges aprendían a vivir juntos.

Incluso durante mis primeros días como sacerdote en la parroquia, yo era realista en el asesoramiento a parejas que se preparaban para el matrimonio, especialmente con la gran cantidad que ya vivían juntas. A veces les decía: "Miren, yo sé que muchos de ustedes seguramente ya están viviendo juntos, y quiero decirles que si tienen problemas en sus relaciones sexuales o en cualquier otro aspecto, casarse no va a solucionar esas cosas por arte de magia". Siempre he pensado que si les dejamos saber a las parejas que entendemos su realidad, seríamos más eficaces en ayudarles a buscar la felicidad verdadera y duradera. Lo mínimo que yo podía hacer era animarlos a que se prepararan para el matrimonio y buscaran ayuda si la necesitaban, antes de comprometerse para toda la vida.

Mientras que muchos sacerdotes no habrían tocado siquiera este tema, y aunque yo no tenía conocimiento de primera mano sobre la intimidad física, pues era un sacerdote célibe, luego de escuchar parejas a las que aconsejaba en la parroquia, supe la importancia que tiene la sexualidad en el matrimonio. A menudo, los matrimonios con dificultades y amarguras tienen problemas de intimidad. La verdad fundamental es que somos cuerpo y alma. Si una pareja está conectada emocionalmente, físicamente, así como espiritualmente, tendrá más posibilidades de supervivencia.

En la confesión, mucha gente acudía a mí con dificultades en su sexualidad. Esto no debería haber sido una sorpresa para mí, ya que la Iglesia Católica Romana enseña que todo, desde la masturbación hasta tener pensamientos "impuros", es pecado "mortal" o algo muy grave. Incluso cuando no estaba de acuerdo con las enseñanzas e imposiciones de la Iglesia —cosa que sucedía cada vez con mayor frecuencia a medida que pasaba el tiempo— yo sólo trataba de escuchar y decir: "Entiendo tu dificultad. Quiero que busques en tu interior y descubras lo que Dios está tratando de decirte y lo que te está pidiendo que hagas como individuo". Es lamentable cuando las personas no le dan crédito a su propia conciencia y se preocupan excesivamente por complejos de todo tipo —especialmente de tipo sexual. La culpa asociada con los pecados sexuales puede ser abrumadora. Había personas que creían que era su deber confesarse casi a diario a causa de algún pecado sexual. Nunca le negué la confesión a nadie, sin importar cuándo me la pidieran, porque yo sabía que algunas personas no podían irse en paz consigo mismas sintiendo tanta culpa.

Muchas de las quejas que los sacerdotes escuchan sobre la sexualidad por parte de las parejas casadas, es que la mujer pierde el interés después de tener hijos o con otros cambios en distintas etapas de la vida, mientras tanto, el hombre se desespera, y con demasiada frecuencia sucumbe a la infidelidad, haciendo que esto ponga fin a su matrimonio en medio de esa transición. En algunas culturas, como la latina, a las mujeres se les enseña que deben prestar más atención a ser madres que a ser esposas. Este es un error muy común. El hecho es que muchos de esos matrimonios se podrían haber salvado con el asesoramiento y la orientación adecuados. Sin embargo, encontré que la mayoría de los sacerdotes evitaban hablar honestamente sobre temas sexuales, incluso dentro del contexto del matrimonio, y descubrí que quienes se divorciaban se casaban de nuevo y tenían sin embargo los mismos problemas. Siempre he pensado que si un sacerdote no se siente calificado para hablar sobre estos temas, lo menos que puede hacer es escuchar a la pareja, y luego remitirla a un asesor calificado que pueda hacerles un seguimiento y seguir apoyándolos con terapia profesional.

Una actividad que me produjo mucha alegría fue el trabajo con inmigrantes recién llegados de América Latina. Cada vez eran más numerosos, y muchos tenían dificultades para aprender inglés y conseguir empleo. Cuando estaba en el seminario, pasé el verano entre mi segundo y tercer año al lado de los trabajadores migrantes mexicanos que recogían tomates en los cultivos del centro de la Florida. Como cubanoamericano, comprendí que quienes habían venido de la tierra de mis padres tenían un estatus especial y podían convertirse fácilmente en residentes y ciudadanos estadounidenses, mientras que las personas de otros países alrededor del mundo no tenían este mismo privilegio. Yo quería saber más sobre su forma de vida, así que me fui a vivir y a trabajar con ellos en la Iglesia de Santa Ana, en Ruskin, Florida.

Dos monjas jóvenes procedentes de México se dedicaban de tiempo completo a lo que se llamaba "El ministerio del inmigrante". Rezábamos juntos el rosario y les enseñábamos el catecismo a los trabajadores que regresaban por la noche de los cultivos, así como a sus familias. En ese tipo de ministerio, uno escucha historias de personas que realmente tienen dificultades emocionales y financieras. Recuerdo una noche en particular en que una familia nos invitó a su casa. Tenían cinco hijos y vivían en una casa muy pequeña con piso de tierra. Nunca olvidaré que esta familia gastó una parte de su dinero tan duramente ganado en tres botellas de Coca-Cola; tampoco olvidaré la generosidad de los niños, quienes al ver a sus huéspedes —a las monjas y al seminarista—, nos ofrecieron el refresco, a pesar de que tenían tan poco para compartir. Lo que me pareció increíble fue que esos chicos nunca se quejaron.

Después de aprender más sobre la vida de los nuevos inmigrantes, hice la promesa —que he mantenido hasta el día de hoy— de defender siempre a los trabajadores migrantes y sus causas. Dondequiera que esté, sigo participando en el debate sobre la inmigración, dejando claro mi convicción de que los inmigrantes vienen a este país a trabajar y a contribuir a nuestro progreso. Si se realizaba una marcha por los derechos de los inmigrantes en una ciudad donde yo asistía a una conferencia o estaba promocionando mi libro, aprovechaba para participar en ella. Gracias a mis propias raíces, esta fue una causa que siempre mantuve cerca de mi corazón.

Otra causa con la que me involucré profundamente desde el comienzo de mi labor como sacerdote parroquial fue la pastoral juvenil. Trabajé especialmente duro para desarrollar el ministerio de jóvenes en San Clemente. Cuando llegué, sólo había cuatro adolescentes en ese grupo, y cuando me fui, y con la ayuda de varios padres de familia y adultos comprometidos, había más de setenta.

Algunos sacerdotes evitan la pastoral juvenil, ya que requiere de mucha energía: debes trabajar no sólo con los jóvenes, sino también con sus padres en la coordinación de acompañantes para retiros y en el trabajo de servicio. Tienes que ser flexible y de mente abierta porque los adolescentes nunca dejan de cuestionar por qué la Iglesia hace las cosas de la manera en que lo hace.

Una de las primeras cosas que dicen un buen número de los jóvenes cuando están rebeldes es que son ateos, una declaración que hace que una gran cantidad de sacerdotes se enfaden y digan "si no es como yo digo, que se vayan", lo cual es una manera segura de alejar a cualquier joven, especialmente a un adolescente. Yo sabía que estas declaraciones sobre el ateísmo eran simplemente la forma que tenían los adolescentes de iniciar un diálogo sobre Dios y la fe, y a mí me encantaban estos debates difíciles. Creo que los jóvenes y adolescentes siempre han encontrado en mí a alguien con quien ellos pueden hablar, y por eso regresaban siempre. También recluté a un número de adultos —hombres y mujeres equilibrados— que fueron mis mejores colaboradores durante la labor en ese importante ministerio.

En San Clemente había un hermoso campo de juego y una pista, y otras instalaciones maravillosas, incluyendo un escenario al aire libre, una biblioteca y un centro de medios. Yo no podía entender por qué no había más jóvenes que disfrutaran de estos recursos. Comenzando con aquellos pocos adolescentes, empezamos a atraer a otros a la iglesia. Ellos trajeron a sus amigos, a quienes les pareció divertido, y éstos trajeron más amigos. Utilizamos música, parodias y juegos para atraer a los jóvenes, pero también logré entusiasmarlos por su fe mediante la oración, la reflexión y la meditación. Sentí que mi misión era la de motivar a la juventud a orar con creatividad, por lo que frecuentemente dirigí meditaciones y traté de hacerlos reflexionar sobre su relación personal con Dios y sobre toda su vida.

Uno de los retos era animar a los jóvenes de nuestras

parroquias a colaborar con otros grupos juveniles y aprender a respetar las diversas tradiciones religiosas. Por ejemplo, cuando un joven de dieciséis años de nuestro barrio fue asesinado por un conductor ebrio en Miami Beach, utilizamos esta tragedia para que nuestro grupo de jóvenes se uniera al de una sinagoga judía cercana. Juntos, hicimos vigilias de oración para crear conciencia sobre los peligros de conducir embriagado, así como para apoyar el duelo de nuestra comunidad durante esta tragedia compartida. Esto ayudó a los adolescentes cristianos y judíos a saber que realmente pueden orar juntos.

Mi ministerio entre los jóvenes fue una etapa muy feliz de mi sacerdocio, y me encantó tener la oportunidad de aportar algo nuevo a la Iglesia. Después de todo, me había convertido en sacerdote gracias a los buenos oficios de la pastoral juvenil, y por eso estaba allí: para inspirar a otros a conocer y difundir el amor de Dios.

UNAS SEMANAS DESPUÉS DE HABER sido asignado a San Clemente, recibí un par de sorpresas. La primera fue cuando el pastor irlandés que supuestamente sería mi mentor durante tres años, fue transferido abruptamente. La Iglesia le pidió reemplazar a un pastor de otra parroquia que estaba siendo investigado por malversación de dinero de fieles y ancianos. Fue una historia muy triste, ya que todo indicaba que el sacerdote implicado estaba exigiendo a los ancianos que dieran lo que no tenían, hasta el punto de que algunos se quedaban sin nada para sobrevivir.

Además, descubrí que había un sacerdote casi fantasma en San Clemente. Yo le decía así porque sólo iba a celebrar la misa en ciertas ocasiones —y todos hablaban como si su vida fuera un de gran misterio. Al igual que yo, él tenía una habitación en la casa parroquial y recibía su correo allí, pero rara vez lo vi.

Si alguien hubiera preguntado sobre el cuarto vacío de arriba, donde la puerta siempre estaba abierta, la gente hubiera dicho, "Ah, ese es el cuarto del padre Fulano de Tal". Miré hacia adentro y vi que efectivamente había unos cuantos libros en los estantes y que la cama estaba bien tendida, como si alguien fuera a dormir de nuevo en ella.

Todos hablaban sobre este sacerdote como si viviera con nosotros, pero en los tres años que pasé en la casa parroquial, nunca durmió allí. ¿Cuál era el problema?, me pregunté. ¿Por qué todos teníamos que andar de puntillas alrededor y fingir que el sacerdote fantasma estaba entre nosotros, cuando era obvio que vivía en otro lugar? Muchos sacerdotes tenían apartamento, pues no era obligatorio vivir en una casa parroquial.

Sin embargo, posteriormente escuché rumores de algunos feligreses que decían que el sacerdote fantasma vivía con otro hombre en un apartamento a varias millas de distancia. El otro hombre era supuestamente su amante y compañero de vida. Cuando me lo decían, yo lo negaba rotundamente, pero realmente no sabía si era verdad o no. Mi deseo era defender a la Iglesia.

Deseché este chisme en un comienzo. A los veintiséis años, con mi celo por la Iglesia y el sacerdocio, simplemente no podía creer que estos rumores fueran ciertos.

Entonces, un día triste, el sacerdote fantasma vino a almorzar con nosotros, e informó al personal de la casa parroquial que tenía VIH/Sida. Él era muy apreciado por quienes lo conocían desde hacía tiempo, y el personal quedó devastado. Todos le ofrecieron su amistad, oraciones y apoyo. Nadie especuló ni mencionó nunca cómo contrajo la enfermedad. Eso nunca fue un tema que discutimos.

No pude dejar de preguntarme si su vida podría haberse salvado si él hubiera podido hablar abiertamente sobre su sexualidad en el seminario —o incluso— ya siendo sacerdote. Gracias a mis experiencias en Cayo Hueso con parejas abiertamente homosexuales, había llegado a entender que la homosexualidad no era necesariamente un estado "desordenado", como enseña la Iglesia, sino uno donde la gente podía dar y recibir amor. Si personas como este sacerdote fantasma no tuvieran que mantener su vida tan en secreto, tal vez no correrían el riesgo de contraer enfermedades o llevar una vida que muchas veces llega a la promiscuidad. ¿Por qué la institución eclesiástica no permitía homosexuales bien adaptados en el sacerdocio cuando sabía muy bien que muchos clérigos eran realmente homosexuales y a menudo promiscuos? Pero nadie en la Iglesia oficial, ni los mismos sacerdotes homosexuales, quieren tratar el tema con sinceridad. La agenda homofóbica continúa.

EN 1996, DURANTE MIS PRIMERAS vacaciones de verano en mi trabajo como sacerdote en San Clemente, por fin tuve la oportunidad de conocer a la figura que había venerado toda mi vida: al papa Juan Pablo II. Como joven seminarista y sacerdote, había venerado a este hombre como un gigante espiritual, y tenía muchas fotos de él por toda mi habitación. La Madre Teresa y Juan Pablo II siempre fueron como dos faros de esperanza para mí.

Fui invitado a Roma por un sacerdote de una parroquia vecina. Fue espectacular y sorprendente caminar por las calles de la antigua Roma y ver el Vaticano, el centro de operaciones de la Iglesia. Pasé la mayor parte del tiempo escuchando y contemplando todo: ¡La Basílica de San Pedro, los jardines vaticanos, las múltiples y bellas capillas en casi cada cuadra y los impresionantes museos!

Cuando llegó el momento de nuestra audiencia privada, le estreché la mano al Papa. Ya había sido diagnosticado secretamente con la enfermedad de Parkinson, pero nadie lo sabía. Se especulaba que sufría una enfermedad neurológica, pero eso no fue confirmado por el Vaticano sino hasta varios años después; todavía caminaba muy firme y erguido. Yo escasamente pude hablar, y su presencia me impactó profundamente —después de todo, él era mi héroe—, pero tuve la osadía de decirle:

—Ore por la libertad de Cuba.

El Papa se detuvo brevemente, se volvió para mirarme realmente a los ojos, y me dijo:

—Todos los días ruego por Cuba.

Ese es un momento que siempre recordaré. Más tarde, en mi segunda visita a Roma, y cuando ya sabía de todos los escándalos de la Iglesia, yo ya era más escéptico, y veía que el Papa —que ya estaba muy avanzado en su enfermedad— era un funcionario de la Iglesia, un líder espiritual, pero a fin de cuentas un ser muy humano, y parte de una institución muy imperfecta. En aquel momento de mi vida, sin embargo, aún sentí que la presencia del Papa irradiaba bondad y autoridad espiritual. No cabía duda que era un hombre de Dios en una situación difícil —físicamente y espiritualmente. Al verlo tan acabado, muy a menudo pensaba, ¿qué peso tendrá la cruz que este hombre lleva a cuestas?

• • •

COMO HOMBRE DE FE siempre he tratado de ver la intervención de Dios en mi vida. Esto se aplica a lo bueno, lo malo y lo feo de los acontecimientos. Realmente creía en aquel entonces —y aun más ahora— que Dios siempre tiene un propósito cuando pone ciertos obstáculos en tu camino. Sólo que en ese momento no podemos entender fácilmente cuál es el verdadero propósito.

A medida que me sentía más cómodo en mis diversas funciones como sacerdote parroquial, desarrollé mi propio estilo de ministerio. No pasó mucho tiempo antes de ser conocido como el sacerdote del "sí" porque era más flexible y quizás más acogedor en mi estilo que un buen número de mis colegas. Demasiados sacerdotes pasan mucho tiempo repitiendo una lista de reglas e imposiciones inventadas por los hombres a sus congregaciones, como si fueran bíblicas. Además, muchos de los sacerdotes ni siquiera escuchan a los laicos, sobre todo en asuntos de gobernación de la Iglesia. A menudo he pensado que la mayoría de los problemas que vemos en la Iglesia de hoy se podrían resolver si los laicos tuvieran más participación en las decisiones que se toman, incluyendo la manera en que se escogen pastores y obispos, al igual que se hizo en los comienzos del cristianismo —y durante siglos en la Iglesia primitiva.

No se encuentra mucha flexibilidad dentro de la Iglesia —de hecho, se podría decir que la Iglesia tiene un problema de control y centralización de poder— y esto crea una actitud negativa. Con el tiempo, muchos sacerdotes se vuelven arrogantes, irritables e inaccesibles, debido a que viven como lo que son: unos solteros de edad avanzada. La gente, especialmente los jóvenes, no encuentran muchos sacerdotes que sean accesibles.

En lugar de congregar a las personas en el rebaño, hay sacerdotes que las alejan porque viven en el confinamiento propio de las reglas de la Iglesia, muy alejados de las normas y de la lógica por las que suelen regirse las personas comunes y corrientes. Cuando les preguntaba a las personas en la televisión o en la radio por qué habían abandonado la Iglesia Católica Romana para irse a otra denominación o por qué habían renunciado a ella, escuchaba decir con mucha frecuencia, "el cura fue desagradable" o "el padre tal me maltrató".

En la actualidad, a pesar de los tiempos en los que vivimos, hay demasiados sacerdotes que son vistos como distantes o inaccesibles. Muchos son puritanos e inflexibles que sólo celebran bodas en determinadas fechas y horarios; algunos incluso exigen que las personas les pidan una cita previa para confesarse. Si hay que consolar a un moribundo o asistir a un funeral, muchas veces la primera pregunta que se hacen algunos es, "¿Es un miembro inscrito que contribuye a esta parroquia o que vive en esta zona?".

Las parejas jóvenes también tienen dificultades con muchos sacerdotes cuando llaman para solicitar una boda. En lugar de una cordial bienvenida, lo que escuchan son reglas, requisitos y restricciones. La triste consecuencia es que son muchas más las personas que se alejan de la Iglesia que las que reciben una bienvenida y son aceptadas tal como son. En un mundo tan pluralista y diverso como el nuestro, esta actitud legalista es quizás el motivo principal por el cual la mayoría de las personas se alejan de la religión organizada.

Yo no soportaba ser visto como este tipo de sacerdote gruñón y lejano, así que me esforcé bastante en ser más tolerante y satisfacer las necesidades de las personas a las que servía, así como en responder a sus necesidades siempre que pudiera. Me encantaban las liturgias y costumbres de la Iglesia, pero también sentía que era esencial ser flexible con algunas de las normas secundarias en la medida de lo posible.

Un día, un electricista estaba instalando las luces exteriores en mi parroquia y se veía visiblemente alterado. Cuando le pregunté qué le pasaba, me dijo que su abuela se estaba muriendo en un hospital situado cerca de una parroquia que estaba a unas 40 millas de distancia de la mía.

—Padre —me dijo—, llevamos tres días llamando al sacerdote y nadie ha ido a verla.

Cuando supe el nombre de la parroquia, entendí exactamente a cuál sacerdote se refería: yo también sabía que él acostumbraba ignorar las peticiones del hospital, a pesar de ser el único que estaba a cargo de ese hospital y de una parroquia muy pequeña.

Con el fin de defender a mi hermano sacerdote, le dije al electricista atribulado:

—Debe ser un error. Llamemos de nuevo. Si no responden o envían un sacerdote, iré yo.

Ese día dije en mi oficina que lo llamaran tres veces, pero el sacerdote nunca apareció. Cuando terminé mi trabajo a las 10:30 pm, conduje cuarenta minutos para darle la extremaunción a la abuela del electricista. Ella murió esa noche.

Estaba decidido a difundir el amor de Dios a todos y hacer de mi ministerio una iglesia de puertas abiertas.

CAPÍTULO CUATRO

ABANDONADOS POR
LA IGLESIA
A NUESTRA PROPIA SUERTE

Poco después de llegar a San Clemente, recibí una nota de bienvenida "a nuestra área" por parte de un hermano sacerdote que trabajaba en una parroquia a unas cinco millas al sur de la mía. Me invitó a almorzar, y enseguida nos hicimos amigos.

"Rob" era un pastor lleno de energía y me ofreció su amistad incondicional. Yo estaba profundamente agradecido de que se hubiera acercado a mí porque como sacerdote realmente necesitas interactuar con otros que compartan tu vida y tu ministerio. Ambos teníamos la misma visión y trabajábamos para crear una iglesia y una atmósfera más acogedora y juvenil en nuestras parroquias. Además, Rob era el único pastor que tenía menos de sesenta y cinco años en diez millas a la redonda, y me sentía inmensamente bendecido por su amistad.

En 1998, sin embargo, me entristeció profundamente saber que había sido acusado de un incidente de mala conducta sexual, un hecho desgarrador y doloroso para toda su parroquia, su familia y para quienes éramos sus amigos más cercanos. Cuando Rob llamó para contarme la noticia, fui a verlo de inmediato y para ayudarle a decir la misa la próxima mañana. El pobre temblaba tanto, que ni siquiera podía levantar la mano a la altura de la frente para hacer la señal de la cruz. Le dije que no se preocupara, que yo la celebraría hasta que se resolvieran las cosas.

Celebré la misa durante los días siguientes en reemplazo de Rob, y permanecí en su casa parroquial para evitar que lo acosaran los medios de comunicación. La situación era confusa y caótica, y no obstante, ningún miembro "oficial" de la Iglesia fue a ayudar a Rob durante los primeros días. Era como si estuviera "allí por su propia cuenta" y nadie se molestó en llamar y preguntarme, "¿Cómo está él?". Ni una palabra. Por el contrario, parecían estar tan alejados como fuera posible. Esto me enfureció y me dolió en nombre de mi amigo, mientras que al mismo tiempo me hizo preguntarme a qué clase de iglesia le había entregado mi vida. Sí, quizás Rob había cometido un grave error. Pero, ¿no debería ser ése el momento más importante en que la Iglesia —la institución a la que él había dedicado su vida— se acercara a él?

Al parecer, la Iglesia pensaba diferente. Esto se hizo cada vez más evidente, pues los escándalos de abuso sexual por parte de sacerdotes católicos, y de los que yo había sido vagamente consciente —las primeras historias comenzaron a salir a la luz mientras yo estaba todavía en el seminario—, produjeron una decepción pública con respecto a la Iglesia Católica Romana, e hizo que muchos cuestionaran la institución en la que habían confiado desde la infancia. El caso de Rob era el primero del que yo era testigo de primera mano en mis primeros años como sacerdote, y demostró claramente que los sacerdotes estaban realmente "ahí" por su propia cuenta. A la institución y a sus líderes les importaba muy poco si sobrevivías o te ahogabas.

Esta lección se repitió una y otra vez durante los años siguientes mientras continuaba mi labor sacerdotal en varias áreas. De hecho, aún sucede. En 1998, el año en que mi amigo Rob fue retirado de su parroquia, las víctimas de abuso sexual del padre Rudy Kos en Dallas, llegaron a un acuerdo financiero reducido de 23,4 millones de dolares con la Diócesis de Dallas, después que un jurado les otorgara más de 100 millones. Al año siguiente, el padre John Geoghan, un sacerdote del área de Boston, fue acusado por cargos de violación de menores; en 2002, el cardenal Bernard Law reconoció que había trasladado a Geoghan de una parroquia a otra a pesar de la evidencia de que el sacerdote había abusado de niños.

El cardenal Law se disculpó con las víctimas de Geoghan y se comprometió a retirar a cualquier abusador de su ministerio. También afirmó que nunca renunciaría como arzobispo, y señaló: "Uno no se va cuando hay problemas en la familia". Estoy seguro de que creía firmemente en eso, pero finalmente se vio obligado a renunciar.

Ese mismo año, fue divulgado un archivo personal de ochocientas páginas sobre el padre Paul Shanley. El archivo señalaba que Shanley había abusado de niños y defendía públicamente las relaciones sexuales entre adultos y menores de edad. Sin embargo, Shanley siguió recibiendo apoyo de la arquidiócesis, y el papa Juan Pablo II tuvo que organizar una cumbre de emergencia en Roma con cardenales de Estados Unidos y otros líderes de la Iglesia sobre la crisis de abuso sexual. A finales de 2002, miles de archivos fueron sacados a la luz pública luego de una orden judicial, y revelaron que muchos sacerdotes en la Arquidiócesis de Boston habían sido acusados de abusar de mujeres y niñas y de consumir drogas. Law presentó finalmente su renuncia "simbólica" como arzobispo de Boston. Hasta el día de hoy, siempre he creído que el cardenal Law sólo fue un "chivo expiatorio" o la forma en que la Iglesia respondió al desmoronamiento de su imagen pública para dar la impresión de un arrepentimiento genuino. El hecho es que el cardenal Law no hizo nada muy diferente del resto de los obispos de los Estados Unidos y de muchos otros países, pero ninguno de ellos fue obligado a renunciar en ese momento. Pienso que la renuncia de Law fue simbólica, y no un compromiso real por parte de la Iglesia para cambiar su manejo de los casos de abuso.

Al igual que muchas personas, me indignó mucho que durante varios años la Iglesia hubiera transferido sacerdotes de un lugar a otro después de estas denuncias, tratando de ocultar la mala conducta entre sus propios miembros, y que no manejara esto con transparencia. También me irritó mucho que la Iglesia destituyera a varios sacerdotes buenos y dedicados sin el debido proceso, lo que significaba que la jerarquía nunca examinaba las acusaciones con seriedad ni se responsabilizaba por el bienestar de sacerdotes que quizás eran inocentes. Muchas veces era más fácil resolver las acusaciones con los abogados fuera de los tribunales, que establecer la verdad o las falsedades en muchos de los casos. Estoy convencido de que muchos sacerdotes fueron "lanzados al fuego" por sus propios obispos con el fin de proteger la imagen de la Iglesia.

Aunque con el tiempo me convertí en un sacerdote de los

"medios de comunicación", no me tomó mucho tiempo darme cuenta de que a la Iglesia realmente le asustaban los medios, y que estaba mal equipada para afrontar las crisis, tanto a nivel interno como externo. Por ejemplo, un par de años después de que Rob fuera destituido, otro pastor amigo, muy prominente, fue retirado por más de dos meses y su obispo no le dijo ni una sola palabra en todo ese tiempo. Creo que mi amigo quedó literalmente con el corazón destrozado, y pocos meses después fue encontrado muerto la víspera de Navidad. Esa noche, hablé varias horas por teléfono con el sacerdote que encontró su cuerpo, quien también había sido removido de su cargo por acusaciones similares.

De inmediato, oficié y presidí mi primera Misa de Gallo de Navidad. ¡Qué cambio! Durante toda la misa, lo único que podía ver en mi cabeza era la cara de aquel sacerdote que había sido encontrado muerto. Estaba seguro que murió de angustia porque los funcionarios de la cancillería —los que trabajaban con el arzobispo— le dijeron que tenía que abandonar su parroquia y su casa en cuestión de horas, a pesar de haber servido a la Iglesia durante casi treinta años en varios cargos de alto perfil. Una vez más, es probable que haya sido o no culpable, pero yo veía que la jerarquía de la Iglesia estaba más preocupada por las demandas y discutiendo con abogados, que de las ovejas a ambos lados del altar que sufrían y se desangraban por tanto dolor.

Además, los Legionarios de Cristo, la orden de la que yo había considerado ser miembro cuando era un joven seminarista, estaba una vez más en el centro de la atención. Desde los años setenta, abundaban rumores acerca de que el padre Marcial Maciel utilizaba sus conexiones en el Vaticano y el dinero recibido de los acaudalados benefactores de sus diferentes movimientos para comprar su ascenso en los círculos más altos de la Iglesia. Los Legionarios de Cristo habían llegado a ser conocidos como "Los Millonarios de Cristo", incluso por sus propios colegas y partidarios en el Vaticano. Muchos clérigos los criticaban por tener lujosos autobuses con aire acondicionado y por llevar inmaculados trajes cruzados, lo que probablemente los convirtió en la orden religiosa mejor vestida del planeta.

Por desgracia, su líder, el padre Maciel, no sólo era ambicioso y tenía sed de dinero. También se descubrió que era un hombre muy enfermo que consumía drogas, había abusado sexualmente y atormentado a decenas de jóvenes seminaristas, sostenido romances secretos con mujeres y tenido varios hijos, algunos de los cuales también fueron víctimas de sus abusos sexuales.

Muchas de estas historias fueron negadas durante varias décadas por líderes del Vaticano y por los Legionarios, a pesar de que varias fuentes fidedignas, incluidos antiguos seminaristas y sacerdotes legionarios, intentaron llevar estos casos de mala conducta ante el Vaticano. En 1997, sin embargo, algunas de esas personas se cansaron de la apatía y la indiferencia que vieron dentro del Vaticano y otros círculos eclesiásticos y organizaron y presentaron la documentación de sus acusaciones concretas. Aunque la Iglesia los siguió ignorando, ellos llamaron la atención de los medios de comunicación y entonces fue que explotó la bomba.

Como siempre, la reacción inmediata de los funcionarios de la Iglesia fue negar estos rumores como falsos y maliciosos. A los acusadores, que estaban preocupados por el bienestar de su Iglesia, así como por la aparición de posibles nuevas víctimas, se les dijo que se fueran y guardaran silencio "por el bien de la Iglesia". Los funcionarios dijeron en repetidas ocasiones que no se podía hacer nada porque "el Papa tenía en alta estima al padre Maciel".

¿Por qué la institución no ayudó no sólo a las muchas víctimas del padre Maciel, sino también a los laicos, seminaristas y sacerdotes de esta orden y movimiento internacional que querían continuar haciendo buenas obras, a pesar del estigma de su fundador enfermo? ¿Por qué alguien dentro de la institución no abordó al padre Maciel para hablar sobre sus adicciones y sobre sus otros problemas y así tratar de ayudarlo a llegar a un acuerdo con todos esos asuntos de una manera más sana y transparente?

Comenzaba a darme cuenta de que, cuando se trataba de la Iglesia, el silencio era la estrategia para afrontar las cosas. Además, los Legionarios eran conocidos por recaudar fondos y promover el sacerdocio, y el Vaticano siempre necesita más dinero y más sacerdotes. ¡Parecía una combinación ganadora!

Quedé tan horrorizado como todo el mundo cuando supe la verdad sobre el padre Maciel. Temblé al recordar que había estado a un paso de unirme a su grupo, y aún conocía a algunos legionarios, a quienes sigo admirando profundamente. Muchos de estos hombres tenían un fuerte sentido de su misión y lealtad a Cristo. Sin embargo, desde mi punto de vista, se habían convertido en víctimas de una institución que se paralizó cuando debió haber reaccionado frente a un sistema que se había vuelto muy corrupto, pero no lo admitía.

Cuando las acusaciones sobre el padre Maciel salieron a la luz, animé a todos los sacerdotes legionarios a que mantuvieran la cabeza en alto. Sentí una gran compasión por ellos; yo sabía que la Iglesia les había lavado el cerebro a muchos desde hacía varios años para que creyeran que las acusaciones contra su fundador eran "ataques de los enemigos de la Iglesia" y de "los medios de comunicación anticatólicos". Debe haber sido muy difícil para estos jóvenes mantener su amor a Dios después de descubrir que las enseñanzas de un hombre al que habían admirado tanto, realmente eran las enseñanzas de una mente retorcida. Pero por la gracia de Dios, yo, que podría haber estado entre ellos, no lo estuve.

A MEDIDA QUE FUE AUMENTANDO el conocimiento del público sobre los escándalos de abuso sexual por parte del clero, me preguntaba qué pensaría la gente de mí cuando me veían caminando por las calles con el cuello clerical. Había oído historias escabrosas de amigos sacerdotes que fueron insultados en tiendas y centros comerciales y ahora tenían miedo de llevar su cuello sacerdotal en público. Pero, como yo era un sacerdote muy público, pensé que mi obligación era seguir usando el cuello clerical aun más y mostrarle al mundo que a pesar de todas las malas noticias, todavía estaba orgulloso de ser un sacerdote y de representar a la Iglesia en público. ¡No era el momento de tener miedo!

También pensé que era importante que las personas supieran que los sacerdotes eran seres humanos y que se sentían muy orgullosos de la vocación que habían elegido. Me molestaba cada vez que una mujer devota de mi parroquia me decía: "Ay, padre, cómo me gustaría que mi hijo fuera un sacerdote como usted". Pero enseguida agregaba, "¡Pero le gustan demasiado las mujeres!". Siempre consideré eso como una especie de insulto. Además, era una forma de separar radicalmente a los sacerdotes del resto de la humanidad, como si no nos gustaran las mismas cosas que al resto de los mortales, casi como si hubiera un gran abismo entre la "gente común y corriente" y nosotros. Quizás ese abismo ha sido creado y proyectado por la Iglesia, pero no es para nada real: los sacerdotes son seres humanos.

Una y otra vez, me recordé a mí mismo que servir a Dios como sacerdote no era algo que yo hubiera elegido, sino que hacía parte del plan de Dios para mi vida. Valía la pena esforzarme al máximo por ser un buen sacerdote —sin importar lo difícil que fuera. Estaba convencido de que el sacerdocio necesitaba proyectarse como una ocupación sana y feliz, y como una buena opción para aquellos que realmente recibían el llamado. Por lo tanto, decidí llevar mi cuello clerical a todas partes y con orgullo. Para mí, el sacerdocio giraba en torno a Dios y a la misión espiritual que yo había recibido para ayudar a todas las personas —sin límites. Quizás esta fue mi mayor motivación al aceptar el llamado para trabajar en los medios de comunicación. Siempre he creído que la Iglesia debe ser más visible y que "las personas religiosas" o los líderes espirituales no deben limitarse a un púlpito los domingos por la mañana.

De hecho, descubrí que el uso del cuello clerical, incluso durante aquellos años tumultuosos, me sirvió para abrirles siempre las puertas a quienes se habían retirado de la Iglesia y esperaban que alguien los invitara a regresar. También me ayudó a poner a mis parroquias en el mapa, porque las personas se me acercaban en la calle o en el supermercado y me preguntaban: "Padre, ¿dónde está su iglesia?". Esto casi nunca sucedía si no llevaba el cuello clerical.

Seguramente, pensé que yo podía seguir adelante con la obra de Dios a pesar de los defectos de la institución a la que pertenecía. Estaba convencido de que las actitudes negativas que tenían muchas personas hacia la Iglesia no me afectaban; tardé muchísimos años en reconocerlo. Ahora, me permito reconocer que me dolió mucho el nivel de disfunción y la falta de responsabilidad de quienes tenían el poder de hacer las cosas de un modo diferente y decidieron no hacerlo. Supongo que sería justo decir que la mejor manera de describirme a mí mismo en esa etapa de mi vida —y a muchos dentro de la institución que había llegado a querer tanto— es usando el proverbio español: "No hay peor ciego que el que no quiere ver...".

CAPÍTULO CINCO

LOS MEDIOS DE COMUNICACIÓN Y EL PADRE OPRAH

En mayo de 1998 me asignaron a una nueva parroquia: la Iglesia Católica de San Patricio, en Miami Beach. En junio, después de terminar mi segunda misa dominical, estaba hablando con varias personas en las escalinatas al frente de la iglesia cuando una mujer llamó mi atención. Era hermosa, con una figura impresionante, cabello largo y oscuro y ojos color de miel profundos; pero la atracción fue más que física. Cuando nuestros ojos se encontraron, fue sencillamente magnético. Algo hizo clic, nos conectamos, y tuve dificultades para mirar hacia otro lado. ¡Estaba seguro de estar viendo a la mujer de mis sueños!

Toda mi vida me había sentido atraído por las mujeres,

pero nunca de esta manera. Muchas personas me decían que se habían enamorado a primera vista, y las películas románticas y las novelas estaban llenas de historias de amantes frustrados porque están alejados el uno del otro, pero yo siempre había considerado esas historias como tonterías.

Mis propios padres y abuelos estuvieron profundamente enamorados y sus matrimonios fueron sólidos. Yo sabía —o creía saber— que dos personas sólo pueden amarse realmente si pasan juntos el tiempo suficiente para establecer una relación sólida y superan los altibajos que son parte normal en cualquier relación de pareja. Y eso era lo que yo trataba de transmitirles a las parejas jóvenes que casaba en mi Iglesia.

Sin embargo, me sentí completamente sacudido ante esta situación. Cuando estaba en el seminario, e incluso siendo un joven sacerdote, algunas veces la gente me preguntaba:

—¿Qué pasa si te enamoras cuando te ordenes como sacerdote? ¿Qué harías?

Yo siempre respondía: —No creo que me vaya a pasar. Pero, si sucediera, simplemente tendría que enfrentarme a eso.

Me sentía un poco como Tomás el incrédulo, que no vio a Jesús después de la Resurrección y dijo: "¡Ver para creer!", porque allí estaba yo, sintiendo el "amor a primera vista" como algo muy real.

No sabía nada de ella, ni siquiera su nombre. Sólo sabía que esa mujer encantadora iba a la iglesia con un niño, que en un primer momento creí que era su hermano, pues ella parecía tener escasamente veinte años y casi siempre asistía a la iglesia con dos mujeres mayores.

La busqué todos los domingos después de esa primera visita, y cada vez me sucedía lo mismo: la mirada de sus ojos me enloquecía. Incluso mientras predicaba y estaba muy concentrado en mi mensaje y mi misión, no podía dejar de mirarla. Era imposible mantener mis ojos alejados de ella por unos pocos minutos, sin importar cuánto me esforzara.

A veces, era casi como un tira y afloja: cuando yo la miraba, ella bajaba su mirada; luego ella me devolvía la mirada y yo tenía que apartar la vista. Mientras más me decía a mí mismo que mirara hacia otro lado, a cualquier otro lugar, más deseos sentía de mirarla. Entonces sucumbía, y la danza ocular se repetía de nuevo. Había tanta atracción y energía en el aire que yo casi esperaba ver chispas volando desde el púlpito hasta los bancos.

Poco a poco fui sabiendo un poco más sobre ella. El niño, que tenía sólo cinco o seis años en aquel entonces, era muy amistoso. Casi siempre se acercaba después de los servicios del domingo para saludarme. Gracias a esas conversaciones, supe que la joven era su madre y que las mujeres mayores eran su abuela y su tía abuela. Su madre me evitaba y salía por una puerta lateral mientras yo saludaba a todo el mundo después de la misa.

Finalmente, no pude resistir más.

—¿Por qué tu mamá no viene contigo a saludar? —le pregunté al niño, y entonces vino con ella.

Ella se presentó y hablamos pocos minutos. Se llamaba Ruhama y me pareció muy tímida. También me pareció aún más atractiva ahora que estaba frente a mí.

Inmediatamente sentí que había una atracción mutua muy fuerte entre nosotros. Todo en ella era hermoso, y yo nunca había deseado tanto a nadie.

Tampoco me había sentido tan culpable en toda mi vida. Jamás pensé estar en esa situación. Siempre había tenido una gran capacidad de control, y nunca permití caer en tentación de esa manera. Como joven seminarista y sacerdote, me sentía

muy bien preparado para ignorar mis deseos y orar para alejarlos de mí. Había vivido el celibato durante mucho tiempo y no
quería acabar con eso ahora.

—Está bien, Alberto —me dije, respirando profundamente—. Esto también pasará.

Sin embargo, la seguí buscando todos los domingos, y
nuestras conversaciones breves después de los servicios eran la
única oportunidad que yo tenía de conocerla. Nuestro contacto
se hizo más fácil por la reserva natural de Ruhama y —como
descubrí posteriormente—, por su naturaleza devota y su determinación de no ser el tipo de mujer que podría tentar a un
sacerdote. Mientras la mayoría de las mujeres de la iglesia me
daban un beso en la mejilla a modo de saludo, una costumbre
muy común entre los latinos, Ruhama sólo me daba la mano.
Sin embargo, aquello era más que suficiente, porque el simple
acto de sentirla me debilitaba un poco las rodillas.

Nuestra primera conversación real sucedió sólo después
de que Ruhama me escribiera una carta en la que me decía que
quería que fuéramos más amigos. Luché con esta idea por un
tiempo antes de responder. ¿Realmente podríamos entablar una
amistad a pesar de nuestra intensa atracción? Porque yo tenía
muy pocas dudas de que ella no sintiera las mismas chispas que
sentía yo.

Finalmente, decidí que debía enfrentar la situación. Tal
vez pudiera calmar mi deseo de verla con más frecuencia.

—Reunámonos y hablemos —le dije finalmente.

Empezamos a hablar, simplemente como amigos, por lo
general durante los eventos de la iglesia o los retiros espirituales. Supe que Ruhama tenía varios empleos, uno de los cuales
era como fotógrafa de turistas alrededor de Miami Beach. Ella
era mitad griega y mitad guatemalteca, lo que explica su as-

pecto único y exótico. Puedo decir honestamente que nunca había visto a ninguna persona que me pareciera tan hermosa.

Más tarde supe que Ruhama vivía sola con su hijo, Christian. Se había divorciado cuando tenía poco más de veinte años y el niño tenía sólo seis meses de edad; ahora luchaba para sostenerse como una madre soltera con un hijo. Sin embargo, era muy caritativa, y siempre sacaba tiempo para participar en actividades de la Iglesia, como por ejemplo, en un grupo de oración semanal que ella y algunos amigos conformaron para personas de diferentes denominaciones cristianas. Vi una profunda espiritualidad en ella, y creo que eso explica en gran parte por qué nos conectamos: los dos estábamos comprometidos a servir a Dios y teníamos una verdadera afinidad espiritual. Nuestra amistad fue cada vez más profunda, al igual que mi deseo por ella.

Entonces, después de varios años en San Patricio, fui reasignado a otra iglesia para reemplazar a un sacerdote que había sido removido abruptamente. Aunque interiormente me decepcionó estar lejos de ella, pensaba que era lo mejor para los dos. Desde el primer momento en que me sentí llamado a ser un sacerdote, tuve la certeza que era un compromiso de por vida. Dios se estaba asegurando de que yo no tuviera que permanecer en una situación que pudiera poner en peligro la promesa del celibato.

EN OCTUBRE DE 1998, mientras entablaba lentamente mi amistad con Ruhama, recibí una llamada telefónica de la directora de talento de Telemundo, una cadena de televisión estadounidense que produce programas en español. Alguien en la Arquidiócesis de Miami le había dado los nombres de varios sacerdotes en nuestra área. Esta cadena era la segunda más grande en español después de Univisión, y cada semana llegaba a los hogares de millones de espectadores en Estados Unidos. Además, esta cadena tenía una impactante presencia en toda América Latina. Sin embargo, en ese momento yo no sabía nada de televisión. Tenía veintinueve años y me había ordenado hacía poco más de tres años. Las oficinas se encontraban en Hialeah, un popular barrio latino de Miami, y la directora de talento me pidió que fuera para hablar sobre mi participación en un programa de entrevistas. Esa era toda la información que tenía cuando alguien de la arquidiócesis me informó que habían dado mi nombre y que yo debería hacerlo.

—Tienes que estar bromeando —le dije—. ¿Quién va a hacer mi trabajo en la parroquia?

Mientras iba a la entrevista, reflexioné una vez más sobre lo que siempre había pensado desde mi ordenación sacerdotal, que mi misión era crear un puente entre la Iglesia tradicional y una sociedad contemporánea que evolucionaba constantemente y con mucha más rapidez que en el pasado. Aún tenía la intención original de cambiar el mundo y de hacer que fuera un lugar mejor. Aunque todas las semanas celebraba muchas misas en inglés y en español, dirigía el grupo juvenil de la parroquia, enseñaba Teología en una escuela secundaria y en la escuela parroquial, oficiaba bodas, funerales y bautizos, yo sabía que sólo estaba llegando a una pequeña fracción de la gente a la cual podía llegar a través de la televisión, especialmente por medio de un programa transmitido por una cadena internacional que sería visto no sólo en los Estados Unidos sino en toda América Latina.

No sabía qué esperar cuando llegué a las oficinas de la cadena televisiva, pero de alguna manera tuve la impresión de que sería una reunión breve donde hablaríamos de hacer un programa o dos. Sin embargo, encontré salones con ejecutivos de diferentes departamentos, y fui llevado a una audición de televisión donde me hicieron todo tipo de preguntas ante las cámaras. Todo eso era muy nuevo para mí. Según me enteré después, Nely Galán, presidenta de Entertainment Telemundo, estaba buscando a un sacerdote para presentar un programa de entrevistas que fuera algo diferente a los programas tradicionales. Ella quería un sacerdote que fuera joven y actual, de modo que el programa atrajera una audiencia de jóvenes latinos en busca de orientación práctica y con cierto enfoque espiritual. Pasó un buen tiempo haciendo audiciones a unos quinientos sacerdotes latinos de Estados Unidos y América Latina para el trabajo. ¡Siempre he pensado que el hecho de que ella me eligiera a mí demuestra que no buscó muy bien! En medio de la audición, una mujer con traje de ejecutiva, se acercó y me dijo:

—Padre, usted es el que va a hacer esto.

Nely, que era una latina batalladora, agresiva e inteligente para los negocios, sacudió la cabeza en señal de duda.

—No lo sé, padre. Se ve demasiado blanco y tiene ojos azules. ¿Cuántos latinos tienen los ojos azules? Además, es joven y no tiene canas. Esto va a ser un programa sobre todo tipo de dilemas y problemas que tienen las personas comunes y corrientes.

Me pregunté qué estaba pasando, y más tarde me enteré de que el *New York Times* había dicho que Nely Galán era un "tifón tropical"; esa fue exactamente mi sensación. Francamente, me sentí aliviado en parte por su evidente desaprobación.

—Está bien si no quieres que yo lo haga —le dije—. Me siento muy feliz de ser un sacerdote de parroquia y tengo mucho trabajo que hacer. Realmente no estoy tan interesado en esto. Pero debes saber que los latinos somos de todos los colores.

Ella me miró detenidamente una vez más y me dijo:

—Está bien. Te llamaremos cuando decidamos.

—Bueno, pero primero tendré que rezar —le respondí—. Si Dios lo quiere, yo también. Pero si Él no quiere, yo lo querré aun menos...

Me miró como si creyera que yo estaba loco porque todas las personas con las que ella tenía contacto querían desesperadamente tener la oportunidad de presentar programas en la televisión, y allí estaba yo, diciéndole que necesitaba hablar con Dios al respecto. Pasaron un par de meses y yo estaba muy a gusto con mis cosas y ocupado con mi ministerio parroquial, tanto así que no había pensado más ni en la posibilidad de hacer ese programa de televisión.

La llamada se produjo en enero de 1999: resulté ser el escogido para el programa. No sabía que los productores de televisión habían asistido en secreto a mis sermones dominicales y les habían llevado información a los ejecutivos de la cadena. Realmente no tenía idea en qué me estaba metiendo. Y la Iglesia tampoco. Sin embargo, pronto me encontré sentado frente a una mesa con ejecutivos de televisión, repasando un contrato legal muy grueso junto a los abogados de la arquidiócesis que nunca en sus vidas habían visto algo semejante, pues casi siempre se ocupaban de casos de señoras mayores que se resbalaban en el piso de alguna iglesia.

El arzobispo, sin embargo, me dio su bendición.

—Si Jesús estuviera hoy aquí, probablemente necesitaría un programa de televisión para llegar a la gente —señaló.

Semanas antes de que el programa saliera por primera vez al aire, fui a cuatro de las ciudades más importantes de Estados Unidos a fin de participar en las presentaciones más importantes sobre la nueva programación de la cadena televisiva. En Los Ángeles, me hospedé en el Hollywood Roosevelt Hotel, un hotel histórico de estilo español que sirvió como sede de la primera ceremonia de los Oscar en 1929. El hotel estaba en pleno Hollywood Boulevard y en él se habían hospedado luminarias como Marilyn Monroe, que vivió allí dos años, cuando despegó su carrera de modelo. Otras estrellas notables que habían dormido allí eran Judy Garland, Cary Grant, Courtney Love, Will Smith, Gloria Swanson, Elizabeth Taylor, Shirley Temple, Bruce Willis y muchos más.

Cuando llegué a mi habitación, la "Shirley Temple Suite", abrí las cortinas de una pared y vi el famoso letrero blanco de "Hollywood" en la parte superior de la colina.

—¿Qué estoy haciendo aquí? —pregunté en voz alta.

Luego abrí las cortinas del otro lado y vi la torre de una iglesia.

—Alberto —me dije—, este es un hotel encantador, pero lo que realmente necesitas hacer es orar.

Observé el campanario de la iglesia para calcular qué tan lejos podría estar del hotel. Treinta segundos después, estaba de nuevo en el vestíbulo del hotel pidiéndole al conserje que me dijera cómo llegar allá.

Me indicó que fuera una cuadra más allá de Sunset Boulevard, que no es tan elegante como la gente podría pensar, dada su ubicación y renombre. En realidad, Sunset Boulevard parecía un poco abandonado para ser las tres de la tarde. Seguí caminando y llegué a la entrada del Santísimo Sacramento, una iglesia hermosa y tradicional de los jesuitas en medio del glamour de Hollywood.

Para mi sorpresa, la iglesia estaba cerrada con llave y no

había un alma a la vista. Tuve que caminar en busca de la oficina, donde le rogué a la secretaria que me dejara entrar a la capilla para rezar. Ella vaciló, aunque llevaba mi traje negro de sacerdote y cuello clerical, pero yo seguí insistiendo hasta que finalmente me dejó pasar.

Una vez estuve dentro del santuario fresco y tranquilo, me arrodillé y le hablé a Dios.

—No quiero ser famoso —empecé a decir—, y mi programa no es sobre la predicación. Por favor, dime lo que quieres que haga y lo haré.

Dios me aclaró en ese mismo instante que mi misión era llevar un mensaje reconfortante y no sectario a todos, independientemente de sus tradiciones o convicciones religiosas. No había dudas en mi mente de que sería una batalla cuesta arriba. Las cadenas de televisión ciertamente no reconfortaban a las personas, y muchos latinos conservadores no esperarían que un sacerdote condujera un programa de entrevistas. Pero ahora yo ya sabía lo que tenía que hacer.

PADRE ALBERTO COMENZÓ A TRANSMITIRSE de lunes a viernes a las cuatro de la tarde, el horario de mayor audiencia para los programas de entrevistas de la tarde. Yo tenía la plena convicción de que este programa sería cancelado al cabo de pocas semanas, sobre todo porque rivalizaba con un programa muy popular en español conducido por una mujer que llevaba más de una decada en televisión.

Sin embargo, *Padre Alberto* fue un éxito instantáneo que atrajo a muchos espectadores y le ganó mucho reconocimiento a la cadena. Un artículo de la revista *Newsweek* resumió que nuestro objetivo era ofrecer un programa de autoayuda para el mundo internacional de habla hispana, y eso era bastante exacto. (Yo me sentí mucho menos cómodo con la descripción que la revista *Newsweek* hizo de mí: "es más un personaje del *Central Casting* que de la arquidiócesis del Sur de la Florida: mide seis pies, es atlético y guapo. Que su apellido sea Cutie[1] sólo le suma al excelente paquete".) Con frecuencia, las descripciones un poco exageradas eran un conflicto para mí, especialmente en mi papel como líder espiritual y sacerdote.

El programa era realmente un concepto único, y rápidamente llamó la atención de los latinos que vivían en los Estados Unidos y en toda América Latina. Es más, mi programa pronto comenzó a generar más ingresos por concepto de publicidad que la mayoría de los programas de la cadena. Recibimos numerosos premios nacionales e internacionales; *Padre Alberto* fue el primer programa en español en recibir el Premio Christopher a la excelencia en el año 2000.

Como era la primera vez que un sacerdote presentaba un programa diario de entrevistas en la televisión secular, muchos televidentes escribieron a la cadena para preguntar: "¿Es un sacerdote de verdad o un actor vestido de cura?".

Aunque me molestó escuchar esto, era una pregunta razonable. La mayoría de las telenovelas latinas tienen personajes que interpretan a sacerdotes. Una vez que la gente descubrió que yo era un sacerdote de verdad, pasé de ser un sacerdote de parroquia a ser un sacerdote famoso en lo que pareció ser un abrir y cerrar de ojos. Sin embargo, nunca me sentí como una celebridad y procuré no actuar como una. Casi de inmediato fui apodado el "Padre Oprah" por algunos medios de comu-

---

1 Cutie, un derivado en inglés de "cute": guapo, apuesto, buen mozo (N. del T.).

nicación norteamericanos, debido al formato de mi programa, el cual fue diseñado para conversar con personas comunes y corrientes, así como con celebridades, sobre todos los temas que hubiera bajo el sol: desde la juventud y las drogas hasta el divorcio, problemas matrimoniales, mentiras, problemas de dinero y la homosexualidad. Muchos de los temas de mi programa aún eran tabúes para el público latino, y les hicieron levantar las cejas a los espectadores conservadores y a algunos líderes de la Iglesia.

Yo no ganaba mucho dinero con el programa, pero me sentía satisfecho de causar un impacto positivo en el mundo latino; llegaba a muchísimas personas. Sentí que mi presencia en los medios de comunicación era una forma de abrirles las puertas a quienes querían llevar una vida espiritual sin hacerles sentir que trataba de inculcarles la religión a la fuerza.

Fui criticado con frecuencia porque era considerado demasiado conservador por algunos y demasiado liberal por otros, especialmente por muchos miembros de la Iglesia —incluyendo sacerdotes latinos que decían cosas negativas de mí y de mi presencia en la televisión a mis espaldas, sin nunca haberme conocido. Incluso ciertas personas de los medios de comunicación criticaron mi forma de ofrecer una perspectiva equilibrada y compasiva.

Por ejemplo, nunca olvidaré una ocasión en la que estaba en la sala de maquillaje de la cadena con una experimentada presentadora de noticias. En uno de los monitores de televisión que colgaban del techo, se transmitía el equivalente en español de *El show de Jerry Springer*. La presentadora les gritaba a sus invitados, resaltando su miseria, a pesar de que muchos venían de los sectores más pobres de América Latina.

La presentadora que estaba conmigo señaló el monitor de televisión y me dijo:

—Padre, usted debería mover el dedo como ella y decirle a la gente que todos son pecadores. ¡Eso sería un éxito!

Me reí, y luego le respondí:

—No, yo no podría hacer eso. No es mi estilo y no voy a juzgar el comportamiento de nadie.

En realidad, me disgustaba ese tipo de programas y muchas veces expresé la opinión que tenía de ellos. ¿Cómo podía una presentadora de televisión educada y aparentemente inteligente explotar a los pobres de esa manera y salirse con la suya? Finalmente, después de varios años al aire, ese programa fue retirado, ya que muchos periodistas y otras personas comenzaron a quejarse de la manera en que eran tratados y explotados los niños y los pobres, y sobre todo, la forma en que se mostraba el país natal de la presentadora.

Los ejecutivos de la cadena no tomaron bien mi discrepancia, aunque nunca hablé de ella ni de su programa en términos negativos. Era evidente que consideraban a esa presentadora de televisión como una buena fuente de ingresos y a su programa como uno de los pocos que superaban a la competencia, aunque su calidad y su contenido fueran de tan baja calidad. También era un programa de muy poco valor; aunque sus niveles de audiencia eran extraordinarios, y eso era lo que realmente les importaba a los ejecutivos. Se emocionaron cuando esa presentadora llegó a ser tan exitosa que su competencia directa, un programa diario de entrevistas que llevaba mucho tiempo en la cadena más prestigiosa en español, fue reducido a una emisión semanal y pasado a otro horario debido a la competencia tan despiadada. Ella adquirió tanto poder dentro de la cadena que incluso influyó para que algunos de sus colegas fueran despedidos.

Sin importar el tiempo que durara mi programa o cuáles fueran los niveles de audiencia, yo estaba decidido a crear un espacio que tuviera un impacto positivo en la vida de las personas. Hubo momentos en que esto parecía imposible en medio de toda la controversia y las políticas que había a mi alrededor. A veces tenía que sentarme solo en el estudio, me quedaba mirando las paredes en un momento de reflexión personal, y pensaba: *Alberto, ¿qué estás haciendo realmente aquí? Ya tienes bastantes problemas lidiando con las políticas de la Iglesia, y ahora te estás metiendo con las políticas de la televisión.* ¡Tengo que decir que muchas veces no sabía cuál de las dos situaciones era peor o más burocrática!

Pero yo sabía que Dios me había puesto allí por una razón: especialmente para conectarme con personas de diferentes culturas, tradiciones religiosas e ideologías. Yo no estaba allí sólo para conducir un programa. Tenía una misión, y los medios de comunicación eran el espacio para llevarla a cabo entre personas que no eran muy amigas de la religión organizada ni de ninguno de sus representantes. Millones de personas veían y escuchaban lo que decía el Padrecito (como tienden a decirle los latinos a un sacerdote joven o a un seminarista).

Aunque me esforcé al máximo para ofrecer una versión equilibrada de ciertos temas candentes en la televisión —como por ejemplo, la homosexualidad y el control de la natalidad—, se trataba del mundo real, y los temas polémicos saldrían a la superficie una y otra vez. Yo creía que era mejor dejar que mis invitados hablaran mientras yo los escuchaba sin emitir juicios, aunque siempre ofrecía mi opinión al término del debate o de la controversia. En esos comentarios a menudo intentaba encontrar los puntos de encuentro entre las realidades de hoy en día y las posiciones oficiales de la Iglesia. Nunca fue fácil.

Por ejemplo, si entrevistaba a un personaje famoso que decía: "Padre, yo me cuido", refiriéndose al hecho de que utilizaba métodos anticonceptivos artificiales, yo sabía que si hacía un comentario al respecto, estaría en serios problemas. Entonces, seguía adelante con la pregunta, "¿Le has enseñado a tus hijos el valor de la abstinencia?".

Yo decía esto, sabiendo en mi corazón que ya estaba empezando a tener mis propias ideas sobre algunas de las imposiciones de la Iglesia sobre este tema, así como en tantos otros. ¿Cómo iba a decirle a alguien, especialmente a una mujer casada que estaba criando a varios niños y que trabajaba fuera del hogar, que utilizar métodos anticonceptivos era un pecado mortal? Dentro de mi corazón, yo sabía que muchas personas no tenían más remedio que utilizar un método anticonceptivo y que Dios no las condenaría por ello. Es más, ¿cómo podría la Iglesia Católica Romana seguir condenando el uso de preservativos para combatir el sida, cuando salva tantas vidas en todo el mundo, sobre todo en los paises más pobres?

A fin de cuentas, ¿en qué siglo vivía la Iglesia? Pensaba en esta pregunta una y otra vez mientras seguía escuchando a la gente, aconsejándola y abordando sus problemas en mi programa. La Iglesia le da a entender a sus fieles que "el mundo" es un lugar corrupto que necesita ser salvado y que vive en el pecado. Pero en realidad, empecé a ver poco a poco que el mundo estaba lleno de gente buena que tenía dificultades para buscar a Dios y necesitaba consejeros espirituales que les dieran respuesta a sus problemas reales. ¿Cómo podía yo rechazar a una persona porque no estaba de acuerdo con la Iglesia?

Comencé a pensar que quizás era un sacerdote más adecuado para las ovejas descarriadas que se habían desconectado de la Iglesia o estaban atrapados entre sus grietas, que para quienes eran seguidores devotos de sus doctrinas. Y así fue.

DESPUÉS DE VARIOS MESES EN la televisión, una de las cosas poco convencionales que hice fue visitar a mi competidora directa en su propia casa. En el mundo latino, la competencia es muy fuerte y las personas de una cadena nunca van a la otra, sin importar lo que pase. Esto nunca tuvo sentido para mí, pero así es como funciona. Desde la primera vez que mi programa salió al aire, los tabloides hispanos trataron de enfrentarnos.

Yo estaba decidido a no tomarme eso como algo personal. Realmente no conocía a mi competencia, y nunca había tenido la oportunidad de prestarle atención a sus programas, aunque yo era muy consciente de su notoriedad. Quería hablar con ella cara a cara, especialmente porque no quería que hubiese el menor indicio de la animosidad y la tensión que los tabloides intentaban crear entre nosotros. Así que tomé el teléfono y llamé a un amigo muy querido que conocía a casi todo el mundo en la industria del entretenimiento.

—Quiero reunirme con mi competidora —le dije.

Dudó un instante.

—¿Estás seguro de que no tendrás problemas con tu cadena?

—Realmente no me importa. Dios ha puesto esta idea en mi corazón y la voy a seguir.

Inmediatamente me consiguió su número telefónico.

Unos días más tarde, nos reunimos en su bella casa frente al mar.

—No estoy aquí como tu competencia, ni siquiera como un sacerdote —le dije tan pronto tuvimos tiempo de conversar a solas—. Estoy aquí como un ser humano que quiere que sepas que siempre puedes contar con mi amistad.

Nos hicimos amigos casi de inmediato. Con el tiempo, dejamos de salir al aire a la misma hora, y ella pasó a un programa semanal por las noches que tuvo mucho éxito, donde varias veces estuve como invitado. Nuestra amistad continuó, y más adelante, fui yo quien bendijo sus estudios, enterró a sus padres y bautizó a su nieto.

Una vez concluyó mi contrato con el canal de televisión secular, continué mi trabajo en televisión, en la radio y en la prensa con la intención de hacer algún bien y poder seguir llegando a los hogares latinos. Pero la presencia de un sacerdote en los medios siempre es controversial y atraje críticas de muchos sectores. Si era compasivo, algunos grupos conservadores me atacaban por ser demasiado "liberal" y no lo suficientemente duro. Si era severo y defendía posiciones tradicionales, era atacado por ser el típico "sacerdote criticón" que no tiene problemas para condenar a la gente. Cuando se trata de los sacerdotes, la gente prefiere clasificarte según sus estereotipos y rara vez te considera como un ser humano con ideas y criterio propio.

Muchas personas se molestaron porque yo me negaba a utilizar mi plataforma televisiva para moralizar o predicar, ya que eso es lo que casi todas las personas esperan de los hombres con sotana. Sin embargo, a medida que transcurrían los meses y los años y me convertía en una presencia más asidua en los medios, seguía sintiendo intensamente que mi misión más amplia era ayudar a los demás a través de sus dificultades. No permitiría que mi programa se convirtiera en una serie de sermones o lecciones de Teología: en eso consistía mi trabajo en la parroquia y varios programas que conduje en medios religiosos. Pero estoy convencido que mi estrategia "abierta" sí funcionó y me permitió llegar a personas de todas las denominaciones e incluso de las tradiciones religiosas más diversas.

Desde un principio, mi objetivo en este trabajo con los medios de comunicación fue crear oportunidades para tener un diálogo abierto y una nueva forma de ayudar a las personas a llevar una vida mejor, ofreciendo consejos prácticos sobre asuntos actuales y complejos. Esto fue lo que hizo que mi presencia televisiva fuera diferente, incluso innovadora, y que mi programa fuera amado y comprendido por muchos, mientras que al mismo tiempo era temido y despreciado por otros.

Cuando mis invitados al programa decían algo totalmente contrario a mis creencias, muchos espectadores se sorprendían de que yo no les gritara o los regañara. Pero yo estaba convencido de que mi papel en los medios no consistía en juzgar a los demás. Por el contrario: yo también era un ser humano común y corriente, un sacerdote dispuesto a escuchar abiertamente los dilemas de los demás, sin preocuparse de si las ideas que oía eran contrarias a la doctrina oficial de la Iglesia. Ahora entiendo que mi evolución ideológica ya estaba en marcha; aunque aún no sabía qué tan amplia terminaría siendo.

DESPUÉS DE MI PROGRAMA DIARIO, el canal me pidió que presentara uno semanal de entrevistas llamado *América en Vivo*. Fue un alivio para mí concluir el programa diario porque me dio más tiempo para disfrutar de mi trabajo parroquial y empezar a concentrarme en el ministerio radial que me había asignado la Arquidiócesis de Miami, un proyecto que exigía recaudar una gran cantidad de fondos para poder existir. Al mismo tiempo, yo escribía columnas de consejos para *El Nuevo Herald* de Miami, que también se publicaban en otros periódicos de los Estados Unidos y de América Latina.

Comencé a presentar programas de radio como *Al Día* y *Línea Directa*, y en 2001 fui nombrado Director General de *Radio Paz* y de *Radio Peace*, la primera emisora católica hispana en Estados Unidos que funcionaba las veinticuatro horas en español. Parte del trabajo también era estar a cargo de las operaciones diarias de Pax Catholic Communications, Inc., un ministerio multimedia de la Arquidiócesis de Miami, cargo que ocupé hasta mayo del 2009. Durante esos años también fui presidente de esa misma organización. Cuando miro mi agenda en términos retrospectivos, no sé cómo lo logré, aunque puedo decir que estaba plenamente comprometido con todas y cada una de mis funciones, y recibí una gran ayuda de Dios. Nunca grababa un programa sin antes orar; normalmente, comenzaba todos mis días rezando en privado y luego celebraba la misa. La parroquia era un oasis espiritual para mí, y la oración una parte importante de cada día.

Después de orar, cruzaba el puente de Miami Beach para participar en un programa de radio al lado de otros presentadores en Miami. Acompañado por hombres y mujeres seculares, yo hablaba sobre las noticias del día, ofreciendo una perspectiva sobre los acontecimientos desde el punto de vista de la fe. Realizábamos programas en inglés, español y haitiano, que se transmitían a nivel internacional por radio satelital, así como programas juveniles por Internet. Como presidente y director general de la emisora católica de Miami, comencé con un presupuesto de 2,5 millones de dólares, pero con la ayuda de la comunidad llegamos a aumentar el presupuesto a casi 5 millones de dólares durante mi estancia, siempre con el objetivo de tener un balance favorable. La mayoría de los sacerdotes no suelen tener que cortar presupuestos. Pero yo sí, porque el ministerio de la radio y los demás medios no podía pagarle al número de empleados que habían contratado antes de mi llegada.

Comenzaba mis horas al aire con una taza de café en una mano y un periódico en la otra, comentando las noticias del día. Después, desayunaba en unos quince minutos antes de comenzar a preocuparme por los detalles de los presupuestos y los demás asuntos administrativos. Alrededor del mediodía, cruzaba de nuevo el puente a Miami Beach para trabajar en la parroquia, donde me esperaban personas que buscaban orientación espiritual, me ocupaba de aspectos relacionados con la pastoral de mi parroquia y hacía arreglos para bodas y funerales. Luego trataba de sacar tiempo para hacer ejercicio y aclarar mi mente.

Cruzaba el puente unas tres veces por semana para presentar el programa de entrevistas en directo por televisión. Más adelante me convertiría en el conductor de un show semanal internacional con un formato más de noticias. En un día cualquiera, conversaba con una madre cuya hija no quería dejar a su novio delincuente, con un psicólogo que hablaba de la violencia doméstica o con un médico que anunciaba las últimas investigaciones sobre enfermedades del corazón.

Uno de mis invitados más memorables fue monseñor Leo Frade, obispo episcopal del sureste de la Florida, y quien actualmente es mi obispo. Él y yo nos habíamos hecho amigos años atrás, cuando lo invité a un programa de televisión para discutir el celibato y me dio su tarjeta.

—Llámame cuando estés listo para casarte —bromeó.

Años más tarde lo invité a mi programa cuándo la Iglesia

Episcopal permitió a Eugene Robinson convertirse en el primer obispo abiertamente homosexual, consagrado en el 2003.

—Quiero que explique lo que esta decisión polémica significa para la Iglesia Episcopal —le dije.

Yo había conocido al obispo Robinson poco después de su consagración. Los dos estábamos caminando rápidamente por el aeropuerto Ronald Reagan en Washington, D.C. y yo llevaba mi traje negro con el cuello romano. Cuando lo vi, me acerqué y le dije:

—Felicitaciones. En nuestra Iglesia, a los hombres que están en su misma situación los encierran y no pueden decir o hacer lo que usted ha dicho y hecho. ¡Lo felicito por eso! Toda esta controversia terminará con el tiempo.

Él sonrió y me miró como si no estuviera muy convencido de que la tormenta terminaría pronto, aunque parecía estar en paz y me dio las gracias antes de seguir su camino.

El obispo Frade presentó su visión de la sexualidad humana en mi programa, que sin duda alguna, era mucho más amplia de lo que la mayoría de los católicos romanos suelen escuchar. Después de ese programa, recibí muchas llamadas y correos electrónicos protestando por su participación, diciendo que el obispo era demasiado progresista. Sin embargo, también recibí muchos comentarios llenos de compasión y comprensión por parte de católicos romanos que también veían una necesidad de ciertos cambios en su propia Iglesia.

Estaba comenzando a entender que yo no era el único en tener ciertas opiniones propias y una mentalidad más abierta; simplemente me había convertido en uno de los pocos dispuestos a expresarlas. En cualquier caso, estaba más decidido que nunca a crear una presencia católica que fuera positiva en los medios, particularmente cuando los escándalos de abuso sexual salieron a la luz y comprendí con mucha claridad que la institución eclesiástica estaba rezagada y era incompetente en los asuntos referentes a los medios de comunicación.

Tanto en Estados Unidos como en América Latina, los medios de comunicación religiosos eran básicamente una actividad limitada a los grupos fundamentalistas y a los cristianos más agresivos en cuanto a sus creencias; las principales religiones parecían estar totalmente ausentes y no tenían predicadores en la televisión. Como tantas personas —especialmente jóvenes— dicen haberse alejado de la religión organizada, yo sabía que la presencia de un sacerdote o de varios —y no sólo la mía—, era importante. Sin embargo, nunca sentí que la Iglesia oficial valorara de verdad esa presencia.

Desafortunadamente, los predicadores de las mega-iglesias que salen en la televisión y atraen a miles de personas cada semana y son vistos por millones de televidentes en los hogares, muchas veces no tienen gran formación teológica. Sin embargo, son ellos los que parecen dominar los medios de comunicación. En vez de criticarlos, yo asumí todo eso como un reto personal, convencido de que la mayoría de las personas tendrían una mejor relación con los líderes espirituales que tuvieran una perspectiva más amplia.

El único aspecto negativo de mi misión en los medios de comunicación —y se trataba de uno grande— era la agenda tan agitada. Combinar mi trabajo en los medios con mi compromiso parroquial implicaba estar siempre disponible para cualquier persona que fuera a la iglesia —muchas veces con una grabadora o una cámara filmando—, así como para quienes me enviaban correos electrónicos de emergencia solicitando mi orientación debido a una crisis familiar.

Además, las personas parecían cada vez más convencidas

de que como salía en la televisión, yo era el sacerdote que tenía respuestas para todo, y cada vez me buscaban más. Al mismo tiempo, yo trataba con celebridades, personalidades de los medios, con políticos, líderes comunitarios y otras personas que empezaron a asistir a mis servicios dominicales porque me habían visto en la televisión. Comencé a sentir que no había un refugio para mí.

Aunque la mayoría de los sacerdotes podían vestir una camiseta en sus días libres y pasar desapercibidos en las calles, a mí siempre me reconocían, y tenía que estar listo para una fotografía o para escuchar a una persona necesitada en el acto, sin importar dónde estuviera. Yo escuchaba confesiones en los aeropuertos, en las aceras públicas de la ciudad, en los centros comerciales, y en otros lugares no convencionales. En mi tiempo libre, intentaba relajarme yendo al cine, leyendo o reuniéndome ocasionalmente con uno o dos sacerdotes amigos.

A veces era una bendición y otras veces una gran carga, pero en su mayor parte, me sentía satisfecho con el rumbo que había tomado mi vida porque lo veía como la misión de Dios, no la mía. Después de todo, ¿no había decidido que mi misión fuera ofrecer consuelo y poder orientar a todos los que me necesitaran? Además, toda esta actividad era una distracción que me alejaba de pensar en mis vacíos, especialmente en Ruhama. Ella lo sabía y me preguntaba con frecuencia: "¿Por qué trabajas tanto?".

CAPÍTULO SEIS

LOS ESCÁNDALOS DE LA IGLESIA, LA POLÍTICA Y LA DESILUSIÓN

Entre 2001 y 2002, la comunidad católica romana en los Estados Unidos vio a muchos de sus sacerdotes más talentosos y dinámicos ser expulsados y removidos sin el uso de un debido proceso; estipulado por las leyes de la misma Iglesia. Yo me vi afectado directamente por los escándalos de abuso sexual, ya que fui asignado para sustituir a varios sacerdotes acusados y también conocía a varios de los que fueron acusados.

Algunos de ellos eran hombres que había llegado a respetar e incluso considerado mis mentores, incluyendo a mi pastor en la iglesia de Cayo Hueso, y el párroco de la parroquia donde crecí. Además, mi trabajo con los medios de comunicación me puso en el centro de la atención, ya que me pedían entrevistas en programas televisivos latinos y en inglés que cubrían el tema del abuso sexual entre los sacerdotes. Hice lo que pude para que la Iglesia oficial saliera bien librada en medio de acusaciones muy desagradables. Sin embargo, muchas veces mi única respuesta a las preguntas de los entrevistadores fue: "Debemos rezar".

En medio de toda esta turbulencia, me asignaron para reemplazar a quien yo consideraba uno de los sacerdotes más talentosos de Estados Unidos. Este hombre, ordenado por el Papa después de estudiar varios años en Roma, era brillante y tenía buenas conexiones. Era amigo de cardenales, tenía un contacto estrecho con varios de los colaboradores más cercanos del Papa y con sus asistentes, y estaba completamente dedicado a su trabajo. Su labor evangelizadora en nombre de la Iglesia Católica había tenido un impacto sorprendente a nivel internacional; era casi como una versión católica de Billy Graham. Su parroquia, la Iglesia Católica de San Isidro en Pompano Beach, Florida, era una mega iglesia en pleno auge, que también servía como un estudio de televisión improvisado, donde él difundía todos los domingos sus misas por la televisión internacional en español, así como sus populares prédicas en inglés y en español.

Cuando yo era un seminarista de dieciocho años, había oído a otros sacerdotes criticar abiertamente y muchas veces con hostilidad a la mega iglesia de San Isidro y a sus múltiples ministerios en los medios de comunicación.

"¿Quién lo va a reemplazar cuando se jubile o fallezca?", preguntaban. "Nadie podrá continuar con su labor".

¿Qué había hecho este sacerdote para despertar su ira? Se había convertido en el director general de un ministerio televisivo internacional, transformando lo que una vez fue una misión pobre, pequeña y en decadencia, en una mega iglesia y en una parroquia con más de cien ministerios, todos ellos muy bien administrados, mayormente por líderes laicos.

El 7 de mayo de 2002, me encontraba en Santo Domingo, asistiendo a una conferencia sobre medios de comunicación católicos, cuando el escándalo de este sacerdote de San Isidro apareció en los periódicos. Llamé a mi emisora esa misma mañana. Todos los empleados lloraban devastados, pues conocían muy bien el ministerio de este sacerdote tan talentoso. Como si fuera poco, su programa era transmitido todos los días por nuestra emisora radial. El sacerdote había casado a algunos de los empleados y bautizado a muchos de sus hijos; todos ellos se sintieron heridos, confundidos y tristes por la noticia. Aunque otros sacerdotes también fueron retirados ese mismo día, este hombre era, de lejos, el más popular.

No tuve más remedio que llamar al obispo para saber qué hacía con el programa de este sacerdote, que debía salir al aire un par de horas después. Cuando llamé a la oficina del obispo, no había nadie: ni la directora de comunicaciones, ni el canciller; absolutamente nadie.

Finalmente, una secretaria pasó al teléfono y me dijo:

—Ay, padre Cutié, estamos muy contentos de que haya llamado. El arzobispo lo está buscando.

Me sorprendí bastante porque nunca me había llamado en todos mis años de ministerio por ningún motivo, ya fuera bueno o malo. Cuando se puso al teléfono, pude sentir la tensión en su voz.

—Tu vida va a cambiar hoy —anunció.

En primer lugar, me informó que yo no podía volver a emitir los programas del sacerdote acusado. Luego agregó:

—Y tengo que decirte algo más: te he nombrado administrador de la Iglesia Católica San Isidro, comenzarás de inmediato. Necesito que estés mudado y listo para comenzar el viernes en Pompano Beach.

Si analizo este caso en términos retrospectivos, supongo que, desde el punto de vista del arzobispo, su decisión tenía sentido: yo ya era conocido internacionalmente como un sacerdote que se sentía cómodo trabajando con los medios de comunicación. Sin embargo, quedé tan sorprendido en ese momento que tuve que arrodillarme. Recé a Dios con los ojos cerrados mientras el arzobispo continuó hablando.

—Alberto —me dijo—, con estos escándalos todos tendremos que duplicar nuestro trabajo de ahora en adelante. No será fácil para ninguno de nosotros.

Me informó que yo continuaría dirigiendo las emisoras de radio, al tiempo que asumía las responsabilidades adicionales que implicaban dirigir el ministerio de los medios de comunicación en San Isidro, en reemplazo del otro sacerdote.

En un instante, mi carga de trabajo se triplicó. De nada valía viajar a más de cien millas por hora entre la estación de radio y San Isidro; igual, todos los días tardaba dos horas sólo en recorrer ese trayecto sin tráfico. Sin embargo, yo no podía objetar nada; había hecho una promesa de obediencia y no iba a discutir con el arzobispo.

Sus últimas palabras fueron instrucciones estrictas y severas:

—Por favor, Alberto, no le comentes este asunto a nadie hasta que hayamos enviado el comunicado de prensa el jueves.

Seguí sus instrucciones al pie de la letra y no le dije a nadie de mi nueva posición. Sin embargo, esa noche, mientras regresaba de Santo Domingo al Aeropuerto Internacional de Miami, las cámaras de televisión me esperaban mientras caminaba por el pasillo. El rumor se había propagado: era yo quien reemplazaría al muy popular y carismático pastor acusado.

Fue entonces cuando descubrí que la arquidiócesis ya había enviado un comunicado de prensa un día antes de lo que me habían informado que aparecería. Muchos sacerdotes me llamaron para preguntarme si estaba loco por asumir tantas responsabilidades. La mayoría me preguntó: "¿Por qué no te niegas?".

Simplemente respondí: "Nunca me preguntaron qué pensaba yo sobre mis nuevas responsabilidades. Me dijeron que tenía que asumirlas. Además, el arzobispo es él, no yo".

Un sacerdote amigo, que era muy sensible, señaló que yo ya estaba trabajando muchas horas extras.

—Te vas a quemar —me advirtió—. Te van a matar con esto.

Sabía que él podía tener razón. Estaba agotado y agobiado, no sólo por la gravedad de los escándalos, sino con toda la carga administrativa de Radio Paz. Por otro lado, todavía no tenía la costumbre de cuestionar la autoridad. Me recordé a mí mismo que todo lo que el obispo me había pedido que hiciera debía ser parte del plan que Dios tenía para mí. Eso era lo que me habían enseñado, y a pesar de las cosas negativas que había visto, seguía creyendo firmemente en eso. Así de sencillo.

Cuatro meses después de comenzar mi labor como administrador de San Isidro, fui a ver a mi obispo para saber cuánto tiempo tendría que permanecer en la mega iglesia. Me aseguró que sólo estaría allí unos cuantos meses. Sin embargo, permanecí casi dos años completos, trabajando quince horas al día.

Lo más decepcionante para mí fue que en esos dos años, el obispo nunca se molestó en llamarme, ni tomó la iniciativa de tratar de saber cómo estaban las cosas. ¡Ni una sola vez! Nunca visitó la parroquia, llamó, ni me preguntó cómo le estaba yendo a la iglesia de San Isidro o cómo se sentían los fieles. Tampoco mencionó cuál sería la futura estrategia de esta importante parroquia con renombre internacional. Muchos decían que el arzobispo no se comunicaba y no visitaba porque confiaba mucho en mí, pero yo lo percibía como negligencia y falta de interés personal en una situación tan delicada.

Finalmente, cuando ya habían pasado unos cuantos meses, llamé a su secretario —un joven monseñor—, para preguntarle cuándo podíamos esperar la visita del arzobispo; todavía creía que él quería hablar con los fieles, quienes estaban heridos y deseaban tener noticias de su pastor expulsado. La respuesta del secretario fue cortante:

—Estoy seguro de que el arzobispo visitará San Isidro la próxima vez que esté programado para la Confirmación.

No podía creerlo. Los funcionarios de la Iglesia estaban actuando como si no hubiera ocurrido nada especial en esa parroquia, a pesar de toda la mala prensa y el conocimiento evidente de que los fieles, a quienes había servido este pastor durante veinte años se sentían destrozados. Eso sin contar el hecho de que fui literalmente arrojado a esta situación para hacer frente a la prensa y a la parroquia sin recibir ningún apoyo. Yo sabía que saldría adelante con mucha oración y con la ayuda de los fieles, muchos de los cuales fueron maravillosamente comprensivos. Lo que más me molestó fue que obviamente, los funcionarios de la Iglesia no sintieron ninguna necesidad real de darles la cara a los miembros de esta gran parroquia que estaban sedientos de respuestas y querían saber sobre el futuro de su hogar espiritual. Esta gente había invertido mucho de su tiempo y sus recursos en esta mega iglesia y los oficiales de la arquediócesis se alejaban de ellos como si fueran la peste.

Una vez más, vi que esta manera de actuar tan distante,

rígida y disfuncional era demasiado común en la Iglesia. Parecía como si los que ocupaban puestos de autoridad estuvieran decididos a mantener su distancia de todo —o de todos— lo que pudiera contaminarlos o afectar sus posibilidades de seguir subiendo la escala jerárquica de la Iglesia Católica Romana. Hasta que sucedieron esos incidentes, yo estaba convencido que los obispos eran pastores del rebaño, con un deber espiritual y pastoral a seguir. Desafortunadamente, lo que encontré fueron líderes eclesiásticos que corrían a esconderse de las situaciones difíciles, incluso de los más necesitados.

No había ninguna duda en mi mente —y todavía no la hay— de que muchos de los sacerdotes acusados de delitos horribles, tales como abuso sexual y violaciones, eran culpables de los cargos. Sin embargo, también sabía que un buen número de sacerdotes fueron víctimas de abogados sin ética y de obispos miedosos que estaban demasiado preocupados por sus propias imágenes como para confiar incluso en algunos de sus sacerdotes más dignos de confianza. Las demandas se entablaron con mucha rapidez, y los sacerdotes fueron retirados mucho antes de que los alegatos en su contra se examinaran de lleno para ser comprobados o descartados. Nadie sabía cuál era realmente la verdad en muchos de estos casos. De hecho, hay sacerdotes que desaparecieron totalmente en esos días y nunca más se vieron —mientras otros lograron regresar al trabajo parroquial silenciosamente y sin explicación.

Nuestros supuestos padres espirituales estaban claramente desconectados de sus propios "hijos" a fin de evitar los conflictos y problemas financieros derivados de las acusaciones, ya fueran fundadas o infundadas. Ya era muy claro para mí que pertenecía a una Iglesia que se había desconectado de las mismas personas a las que debía servir, y que era incompetente para enfrentar las crisis. La forma en que trataba a sus soldados caídos era una locura completa. En el caso de los pastores a los que yo había reemplazado, era cierto que fueron acusados de abusar de adolescentes o jóvenes muchos años atrás. Al mismo tiempo, esos sacerdotes también dedicaron varias décadas de su vida a la Iglesia, y sentía que los funcionarios se habían alejado completamente de ellos como si fueran leprosos.

Por otra parte, las cosas se hicieron aun más complicadas porque en 2002 la Iglesia en Estados Unidos hizo la promesa de realizar un seguimiento a los sacerdotes acusados de abuso sexual. En su lugar, después de trasladar a muchos de ellos de una parroquia a otra, la Iglesia los expulsó, suprimiendo todo contacto con ellos luego de varias súplicas. ¿Qué pensaba la Iglesia? ¿Que los sacerdotes se retiraban para dedicarse a navegar en yates, para abusar de otras víctimas en centros comerciales o en baños públicos o para vivir en un auto sin dinero ni seguro de salud, como lo hizo un sacerdote amigo mío, alegando que era inocente de las acusaciones y negándose a aceptar las ofertas de la Iglesia?

Los católicos sentados en las bancas —mucha gente buena y fiel— no tienen idea de lo que están viviendo algunos sacerdotes. Mientras tanto, cada vez me sentía más desconectado de una institución que me parecía cada día más inhumana.

CUANDO EMPECÉ A TRABAJAR EN los medios de comunicación, una de mis mayores satisfacciones fue saber que podía conectarme con casi todos los rincones de América Latina. Poco después de la primera temporada de mi programa diario de entrevistas, me invitaron a asistir a NATPE (La Asociación Nacional de Ejecutivos de Televisión y Programación), una de las conferencias más importantes en el ámbito de la televisión. Personas de todo el mundo asistieron a esta conferencia; muchas de ellas eran ejecutivos interesados en comprar nuevos programas para sus canales de televisión, ya fueran grandes o pequeños.

En la NATPE, tuve la dicha de participar en conversaciones fascinantes con Jerry Springer, con un buen número de jueces de la televisión, varios actores y muchos ejecutivos de varias cadenas y productoras. En medio de la algarabía, un hombre en particular se destacaba en medio de esa multitud. A juzgar por su ropa que no combinaba muy bien, sospeché que debía ser un sacerdote, ya que la mayoría no utilizan ropa de civil, y somos muy propensos a cometer grandes errores en materia de moda, como por ejemplo, llevar calcetines con sandalias.

Este sacerdote resultó ser el director de un canal de televisión católica de un país muy pobre en América Latina. Después de esa primera reunión comenzamos a intercambiar correos electrónicos, y algunos años después nos convertimos en buenos amigos. Los dos nos ordenamos como sacerdotes en la misma época, teníamos casi la misma edad y ambos trabajábamos en los medios de comunicación, así que teníamos muchas cosas en común. Me dio gran alegría el tenerlo como mi amigo porque no son muchos los sacerdotes que entienden o le interese el tema de los medios de comunicación. Por ahora, lo llamaré "padre J".

En el momento en que nos conocimos, yo trabajaba en varios medios y estaba involucrado en todo lo que he descrito: la dirección de las emisoras radiales de la Iglesia Católica Romana en Miami, escribía columnas de consejos en el periódico, serviá como sacerdote en la parroquia y presentaba un programa de televisión semanal "en vivo".

Sólo una semana después de haber presentado lo que yo creía con toda seguridad que sería mi último programa de televisión, recibí la visita de un importante cardenal latinoamericano que tenía un canal de televisión al que no le estaba yendo bien. Fue a la emisora una tarde acompañado de un ex funcionario de la cancillería —un sacerdote— quien me aseguró que mi arzobispo estaba al tanto de la visita y que había dado su aprobación. El cardenal me explicó su idea de crear una cadena de televisión internacional para todas las Américas. Estaba comenzando a reunirse con personas de todo el mundo para materializar el proyecto, y me pidió que formara parte de la junta directiva de este ambicioso plan.

Yo estaba feliz de hacerlo, ya que el proyecto fue diseñado para difundir un buen mensaje y llegar especialmente a los países más pobres de nuestro hemisferio. El proyecto nunca despegó, pero dediqué poco más de un año tratando de ayudar a la producción en ese país de un programa que fue bien recibido.

En el 2002, EWTN (Eternal Word Television Network), la cadena fundada por la Madre Angélica, la dinámica y sonriente monja de clausura, transmitía programas en español en todo el mundo. Hasta el día de hoy, es una de las cadenas religiosas por cable más grandes del mundo y una prueba del valor increíble de esta mujer de Dios. Es aquí donde mi amigo sacerdote que se vestía un poco extraño entra de nuevo en escena: él había creado una alianza con EWTN para producir un programa de entrevistas llamado *Hablando claro con el Padre Alberto* en el canal dirigido por él. Este programa ayudaría a que su canal recibiera el financiamiento necesario para operar. Al mismo tiempo, el programa podía crear más contenido en español para EWTN a un costo mínimo —o casi nada.

Era un plan brillante. Aunque esto significara más trabajo y más viajes para mí, creí que ese programa y esa cadena religiosa sin ánimo de lucro tenían una causa muy buena y trabajé como voluntario desde 2003 hasta 2009. Sacar tiempo de mi agenda, que ya estaba totalmente copada, fue un reto enorme, pero sabía que podía hacerlo si trabajaba en mi único día libre y dedicaba más horas adicionales a mis otros días de trabajo. Grababa los programas cada siete u ocho semanas.

El arzobispo que fundó ese canal era un líder extraordinario. Siempre había apoyado mi trabajo en los medios de comunicación y me animó a seguir produciendo programas de televisión, sobre todo con el fin de llegar a América Latina, donde un gran número de personas estaban abandonando la Iglesia Católica Romana. Sólo en Brasil —uno de los países más tradicionalmente católicos del planeta— las estadísticas son asombrosas, pues cada año, más de medio millón de personas abandonan la iglesia donde crecieron. El éxodo en toda América Latina ha sido tan grande, que la población católica era del 95 por ciento en los años setenta, pero escasamente llega al 65 por ciento en la actualidad. Muchos abandonaban el catolicismo romano simplemente por la gran escasez de sacerdotes, mientras otros grupos religiosos no necesitan líderes ordenados para reunir a las congregaciones y oficiar el culto. Otros buscan una Iglesia más dinámica y que responda a sus necesidades.

En varias ocasiones, el arzobispo y yo nos reunimos para conversar sobre todo lo que ocurría en el mundo católico. Este arzobispo era muy cercano al papa Juan Pablo II y, después fue nombrado cardenal.

El cardenal tenía un sobrino —a quien llamaré el "padre P", un sacerdote conocido por todos los miembros del clero como un hombre terriblemente ambicioso. Este sacerdote manifestó ampliamente que ansiaba ser obispo y adquirir un mayor estatus en la institución. Conocía el sistema como pocos y se esforzó para lograr su objetivo. Hizo lo posible por crear una amistad con el nuncio, el representante diplomático del Papa ante el gobierno, quien muchas veces es una de las únicas personas consultadas por el Vaticano para el nombramiento de los futuros obispos. Además, habló mal de todos los sacerdotes que estaban en la lista para ser obispos, y tener así mayores probabilidades.

El clero sabía muy bien cuáles eran sus intenciones y no lo apreciaba. Trabajaba oficialmente en un país vecino, pero sólo pasaba allá unos pocos días a la semana porque había decidido "ayudar a su tío" el cardenal, desempeñándose como su secretario personal. Pocas personas en el país al que había sido designado sabían quién era.

Mi amigo, el padre J, también hizo mucho para ayudar al cardenal, hasta escribió muchos de sus sermones y columnas en el periódico. En consecuencia, le pidieron que dejara la casa parroquial donde había estado trabajando como asistente y que se trasladara a la residencia personal del cardenal, donde querían que siguiera trabajando en los medios de comunicación.

Por otro lado, el padre P se movió con tanta habilidad que no tardó en ser nombrado obispo. Esto causó un gran impacto en algunos clérigos, y también en algunos laicos. Para los que sabíamos cómo elige Roma a sus dirigentes, donde las decisiones vienen desde arriba y los laicos rara vez son consultados sobre tema alguno, ni siquiera sobre sus propios pastores, esto fue un procedimiento habitual que no nos sorprendió.

Después de unos meses en la residencia del cardenal, el padre J comenzó a notar que el padre P —ahora el obispo P— traía con frecuencia a un "amigo" para que durmiera en una de las habitaciones. Posteriormente, se construyó otra habitación en la residencia del cardenal, le compraron un auto, y el hombre no identificado se mudó allí. Obviamente, el personal de la casa del cardenal y de la limpieza estaba confundido por los acontecimientos, y el padre J se vio en una posición muy difícil, ya que era el único otro sacerdote que vivía allí.

Habló con el obispo P, quien negó todo descaradamente. Entonces, el padre J se dirigió al cardenal, que no quiso creer lo que estaba ocurriendo bajo su propio techo. Por último, el padre J habló con el nuncio, el representante papal.

A pesar de todas estas confrontaciones, nada cambió. Esto le produjo un gran dolor a mi amigo el padre J, un joven sacerdote que tenía todo el derecho a esperar que las autoridades de la Iglesia hicieran lo correcto al ser informados de lo que estaba pasando. La situación hizo que el joven sacerdote comenzara a sentirse tan mal que no podía vivir en esa casa ni sentirse en paz.

Cuando el padre J me confió su situación, le aconsejé que se fuera de esa casa y regresara a la rectoría donde vivía antes.

—No estás obligado a vivir allá —le dije—. Simplemente vete.

Él me explicó que no podía hacerlo porque ofendería al cardenal, que había sido tan bueno con él. Animé al padre J a que le escribiera al cardenal, quien viajaba mucho. Así lo hizo; le explicó su posición y le abrió su corazón. El padre J le contó la verdad sobre lo que había visto y lo que muchos otros habían presenciado y, sin embargo, nada cambió. Después de muchos intentos y de mucha lucha, el padre J renunció a su puesto como director de televisión, radio y prensa para su diócesis y pidió una licencia. Nunca regresó. Después de un año aproximadamente, se casó y dejó el ministerio activo.

¿Era el padre J un sacerdote malo e infiel? No. ¿Estaba triste, desilusionado y herido? Sí, totalmente. Es más, los que habíamos sido testigos de la gran humanidad, competencia y experiencia pastoral del padre J también sentimos su dolor. En última instancia, fue simplemente otro sacerdote más que no pudo vivir dentro de un sistema tan disfuncional, deshonesto e hipócrita.

Con el tiempo, vi a más y más sacerdotes desilusionarse tanto todos los días, que se vieron obligados a renunciar así como el padre J No pude dejar de temer por el futuro de mi Iglesia, y por mi lugar en ella.

EL 12 DE JULIO DE 2003, yo estaba en la casa parroquial de Santa María Estrella del Mar en Cayo Hueso, Florida, donde había servido como diácono interno entre 1994 y 1995. Estaba descansando unos días —durante mis vacaciones programadas— con el fin de recuperarme de todo el trabajo que estaba haciendo en San Isidro y en la estación de radio. La parroquia tenía cientos de ministerios y decenas de actividades diarias, y aunque yo tenía tres sacerdotes asociados muy buenos, ninguno de ellos pertenecía a mi diócesis. Es más, todos eran extranjeros prestados por un tiempo y tenían muy poco conocimiento de la vida en los Estados Unidos. Yo, a la misma vez, también manejaba la administración general de las estaciones radiales de la Arquidiócesis de Miami.

Mientras estaba en esos días de descanso, me enteré de la muerte de Celia Cruz, cantante de origen cubano que había sido apodada la "Reina de la Salsa" por todos los que apreciaban su trabajo con el legendario grupo de música afrocubana La Sonora Matancera y con estrellas como Johnny Pacheco,

Gloria Estefan, Tito Puente, Johnny Ventura y David Byrne. Celia tenía incluso una estrella en el Salón de la Fama de Hollywood. En Miami, la calle principal de la comunidad cubana se llama Celia Cruz Way. El Instituto Smithsonian le concedió un Lifetime Achievement Award (Premio a un artista por el conjunto de su obra) en 1994, y el Presidente Clinton rindió homenaje a su labor concediéndole la Medalla Nacional de las Artes. El año anterior, Celia había ganado un Grammy al mejor álbum de salsa, el segundo Grammy de su vida.

Omer Pardillo-Cid, el mánager y colaborador de Celia durante mucho tiempo, estaba inconsolable cuando me llamó desde Nueva Jersey para decirme que Celia, que apenas tenía setenta y siete años, estaba al borde de la muerte, después de que le practicaran una cirugía.

—Celia siempre dijo que si no podía regresar a Cuba, quería morir en Miami —me dijo él. Y entonces me preguntó si podía ir a la casa de Celia en Nueva Jersey para ofrecerle los últimos sacramentos.

Después de algunas conversaciones, llegamos a la conclusión de que el sacerdote de su iglesia más cercana le ofrecería la extremaunción. Entre tanto, un grupo de líderes comunitarios de diversos gobiernos y entidades sin ánimo de lucro, dirigido por Jorge Plasencia (Presidente Ejecutivo de República y un gran amigo mío) asumió la responsabilidad de preparar dos velorios y misas públicas para ella: uno se llevaría a cabo en Miami, donde serían exhibidos sus restos, y el otro en Nueva York, donde sería sepultada. De esta manera, sus numerosos admiradores en ambas partes del país podrían rendirle un homenaje.

Los líderes del condado, de la ciudad y de la comunidad, convocaron rápidamente a una rueda de prensa para iniciar la preparación del mayor funeral que había tenido lugar en el sur de la Florida. Mi labor consistió en organizar la parte de la Iglesia, y como ya pueden imaginar, no fue fácil. Aunque me pidieron coordinar, celebrar y predicar en la misa, yo quería incluir también a otros sacerdotes como una forma de demostrar la presencia más amplia de la Iglesia, ya que este funeral sería seguido de cerca no sólo en los Estados Unidos, sino en toda América Latina.

Consideré la organización del funeral de Celia como un gran honor, sobre todo por mi afecto personal hacia ella como una gran artista y persona. Al igual que mis padres, ella desertó de Cuba cuando Castro tomó el poder, y todos los latinos, incluido yo, amábamos su música. Celia Cruz no sólo era un ícono de la música universal, sino también un ícono para los inmigrantes que habían salido de sus países por diferentes motivos y comenzaron desde abajo, ascendiendo hasta llegar a la cima, como lo hizo ella con tanto acierto. Estaba seguro de que su funeral sería una gran oportunidad para acercar a las personas a Dios y a la Iglesia.

Pero debería haber estado listo para lo que me esperaba; los funcionarios de la Iglesia —de quienes yo había llegado a comenzar a pensar que eran parte de "la Iglesia antiséptica"— no querían tener ninguna relación con este funeral. Esta celebridad, como tantas otras, no encajaba en las exigencias oficiales de la Iglesia, pues tenía demasiados "gérmenes". Sin embargo, eso mismo me había sucedido antes con personas desconocidas, comunes y corrientes. Por suerte, sólo asimilé todo el impacto de esta brecha entre la Iglesia oficial y las ceremonias fúnebres de Celia cuando terminaron.

Organizar cualquier evento con sacerdotes suele ser un proyecto complicado, ya que muchos no son muy flexibles y no acostumbran tratar muy bien a los que no estén de acuerdo con sus posturas (especialmente los que no van a la iglesia con frecuencia o no son "practicantes"). Es muy usual que se dediquen a decidir y a determinar quién puede recibir la comunión y quién no. Muchos sacerdotes calificaban a Celia como una católica romana "no practicante", así que imagino que varios de sus colegas en el mundo de la música —al menos según ellos— también entran en esta categoría. Los pocos sacerdotes que asistieron al funeral de esta gran mujer lo hicieron porque entendieron la importancia de su presencia entre la gente. Sin embargo, con la excepción de dos o tres, la mayoría de los sacerdotes presentes eran cubanos de más de setenta años, que habían crecido conociendo el legado musical de Celia.

El velorio tuvo lugar en uno de los edificios más populares de Miami, la histórica Torre de la Libertad, una especie de Ellis Island para los cubanos de Miami. Este fue el lugar donde fueron inscritos muchos exiliados cubanos entre 1959 y 1972; allí recibieron ayuda del gobierno e hicieron su primera entrada oficial en los Estados Unidos tras huir del régimen de Castro.

Elegimos la histórica Iglesia Gesú, la iglesia católica más antigua de Miami, para la misa fúnebre debido su ubicación, a sólo unas cuadras de la Torre de la Libertad. Me pidieron que llamara al párroco jesuita de allí y que hiciera los arreglos correspondientes. Esto resultó ser una prueba muy espinosa, ya que el pastor no tenía absolutamente ninguna idea de quién era Celia Cruz y su carácter era particularmente difícil. Después de mucha persuasión por mi parte, finalmente aceptó.

El pastor de Gesú se sintió rápidamente abrumado por la cantidad de líderes comunitarios, funcionarios del condado, policías y otros funcionarios que fueron a su iglesia para realizar las actividades necesarias de logística y seguridad. Debido a la falta de contacto de este sacerdote con la comunidad fuera de los muros de su iglesia, seguramente pensó que se trataba del típico funeral para familiares y amigos. No tenía la menor idea de que este sería el mayor funeral que se celebraría en la historia de Miami, y que millones de personas en todo el mundo también lo verían por televisión.

Para ser justos, estoy seguro de que nadie imaginó la participación tan masiva que tuvimos en el funeral de Celia. Según algunos estimados, asistieron más de 100.000 personas. Se podían ver filas de personas por varias cuadras en las calles del centro de Miami, y a muchas de ellas alzando banderas de Nicaragua, Puerto Rico, Panamá y Venezuela. La música de la Reina de la Salsa sonaba y la gente cantaba afuera mientras entraban al edificio, donde veían el ataúd adornado con una bandera cubana hecha de flores. Algunos lloraban mientras cantaban, y otros bailaban. Todos estábamos allí para demostrar un cariño sincero e inconfundible a la mujer que había compartido su estilo único de música latina con todo el mundo. Realmente fue un espectáculo inspirador.

Nadie sabía dónde acomodar a tantas personas. Se instalaron pantallas gigantes en todo el perímetro de la iglesia para que todos pudieran ver el funeral desde las calles. Y así lo hicieron, con un respeto notable.

Las celebridades que asistieron —actores, músicos, personalidades de la televisión y ejecutivos del entretenimiento— fueron llevados desde el restaurante de Emilio y Gloria Estefan hasta la iglesia, mientras un pequeño grupo de sacerdotes y una multitud de personas caminábamos en procesión por la calle junto al coche fúnebre. La procesión fue sorprendentemente ordenada y respetuosa, a pesar de que estábamos en el centro de Miami, donde siempre hay personas de compras, estacionándose para ir a la escuela, asistir a juegos de baloncesto o a los grandes conciertos de música. El ambiente era solemne —muchos lamentaron la pérdida de este gran talento musical—, aunque al mismo tiempo alegre, porque Celia era una artista muy querida y una persona excelente que había tenido un impacto internacional muy positivo.

Esa misa fúnebre produjo algo que rara vez ocurre en el mundo del entretenimiento latino: tanto las dos grandes cadenas hispanas de Estados Unidos como *CNN en Español* transmitieron el evento de forma simultánea, sin preocuparse por la competencia. La transmisión fue vista por millones de personas, incluyendo a quienes la vieron en vivo y en directo en la gran pantalla de Times Square.

Incluso *Sábado Gigante*, uno de los espectáculos de mayor duración en la historia de la televisión, le cedió su lugar a la misa fúnebre de Celia Cruz, y el anfitrión de este programa, el carismático Mario Kreutzberger (conocido como "Don Francisco"), estuvo presente. En el mundo hispano de los Estados Unidos y en América Latina, todos saben que algo especial ha pasado si *Sábado Gigante* no aparece en la televisión, ya que es visto en casi todos los hogares latinos los sábados por la noche, siendo el programa de variedades de mayor duración en horario estelar, según el *Libro Guinness de los Récords*. El mundo se había detenido para decirle adiós a la Reina de la Salsa.

Yo había organizado una misa tradicional con incienso, ayudantes en el altar y un coro. También le pedí al grupo *Coral Cubana*, un coro popular que combina melodías clásicas con ritmos del Caribe, que acompañara la misa y cantara en los momentos indicados. Llevaban muchos años interpretando su música en misas solemnes y eventos culturales de la comunidad donde participaran los latinos.

La misa se celebró con respeto y reverencia, pero también con alegría. Debido a nuestra creencia en la vida eterna, los funerales cristianos hacen referencia a la esperanza y a la alegría de la resurrección, y no sólo a la tristeza de una muerte temporal. A mi modo de ver, esa mujer increíble, aunque sus restos estuvieran en el ataúd, congregó a personas de todas las clases sociales que rara vez se tropezaban unos con otros: sus seguidores, sus compañeros artistas, los ejecutivos de canales en competencia, ministros de varias denominaciones, etc. Así como ella reunió a todo tipo de personas en torno a su música, también las reunía para orar.

La intención de mi sermón era expresar la esperanza de la fe en relación a la vida de Celia, ofreciendo un mensaje que pudiera atraer a un público amplio. En tono jocoso, dije que creía que los coros de los ángeles celestiales recibirían a Celia cantando, "Quimbara quimbara quma quimbamba", la línea más famosa de su canción "Quimbara". Quería ofrecer el tipo de sermón personal que daría en un funeral familiar, donde trataría de compartir la esperanza en la vida eterna con aquellos que están abatidos por la muerte de un pariente cercano. Estaba un poco nervioso, porque con toda honestidad, tuve muy poco tiempo para prepararme, ya que mi trabajo consistía en acompañar a familiares y amigos, al mismo tiempo que asignaba las lecturas y otros deberes a quienes estaban participando en la misa. Sin embargo, la respuesta al sermón fue muy positiva. Tanto los que asistían regularmente a la iglesia como los que nunca participaban en ninguna ceremonia religiosa oficial, señalaron que consideraban que yo había dicho las cosas indicadas y adoptado el enfoque correcto.

Durante la semana siguiente, recibí miles de mensajes felicitándome. Muchos dijeron que se sentían motivados para "volver a la iglesia" y "regresar a los sacramentos". Esto me produjo una gran satisfacción. No hay nada que haga más feliz a un sacerdote que lograr que las personas tengan una mayor conciencia de su fe, y fue así como siempre asumí la misión que Dios me encomendó como sacerdote.

Después de todas las actividades realizadas aquel día, los restos de Celia iban a ser trasladados a Nueva York a la mañana siguiente para la misa en la Catedral de San Patricio, y finalmente sería sepultada cerca del Bronx. Yo no había planeado ir a Nueva York, pues tenía varias misas el domingo y demasiadas obligaciones por cumplir. Por otra parte, aún me quedaban varios días de vacaciones que no había usado; la familia insistió en que los acompañara y acepté su invitación.

Al igual que en Miami, miles de personas asistieron al funeral de Celia en Nueva York. Se apretujaron en las plácidas calles a lo largo de la Calle 81 Este, agitando banderas y rosas blancas —las flores favorita de Celia— e hicieron fila fuera de la funeraria en el Upper East Side de Manhattan, para darle una breve mirada a la mujer legendaria que habían amado. Cuando la funeraria abrió sus puertas, los seguidores desfilaron por el ataúd de bronce macizo, donde Celia yacía con las manos cruzadas en torno a un crucifijo de oro con una bandera cubana.

Algunos dicen que 40.000 personas asistieron a la vigilia y a la misa en Nueva York. Se veía que era una multitud diversa, pero básicamente eran personas trabajadoras: dominicanas y cubanas, venezolanas y puertorriqueñas, y de muchos otros países. Un gran número llevaron a sus hijos para rendirle homenaje a esta magnífica mujer a la que admiraban y consideraban como de su familia. Yo estaba muy conmovido, y una vez más me sentí honrado de compartir el homenaje a la vida de esta gran artista.

Mis buenos sentimientos se vieron afectados, sin embargo, cuando esa misma mañana recibí una extraña llamada telefónica del ex obispo auxiliar de Miami. Él ya había sido asignado a otra diócesis, pero aún estaba en la ciudad. Cuando escuchó mi voz, estalló en cólera, diciéndome que yo era un sacerdote "malo" y que la misa que le había celebrado a Celia Cruz en Miami era "escandalosa". El motivo principal de su furia era que yo le había "dado" la comunión a alguien que no estaba autorizado a recibirla.

Supe de inmediato que el obispo se refería al reverendo Martín Añorga, un ministro presbiteriano muy respetado y un icono en la comunidad cubanoamericana, que había sido invitado a permanecer detrás de mí en el altar por un grupo de sacerdotes ya bastante ancianos, algunos de los cuales se habían ordenado hacía cincuenta años o más. Obviamente, ninguno de los sacerdotes mayores presentes les pareció que fuera un problema que un ministro y pastor de otra denominación cristiana estuviera presente. Antes de poder dar una explicación o compartir mi versión de los acontecimientos, el obispo me advirtió que hacía poco el Papa había "excomulgado" a un sacerdote europeo por lo mismo que yo acababa de hacer. Insistió en que debía explicar mis actos porque eran malos para la imagen de la Iglesia.

Al escuchar este monólogo de regaños, ¡quedé en estado de shock! También era consciente de que mi malestar comenzaba a acumularse: yo era uno de los pocos sacerdotes que tenía por lo menos dos trabajos de tiempo completo dirigiendo las estaciones de radio y la mega iglesia de San Isidro con todos sus ministerios, y a cada minuto hacía todo lo que estuviera a mi alcance para hacer quedar bien a la Iglesia. Quizás sólo por ese hecho, tendría que haber sido un poco más compasivo conmigo. Debido a que la obediencia es una de las promesas que hacemos, no tuve más remedio que agachar la cabeza y recibir los golpes como llegaran, pero eso no significa que los golpes no fueran dolorosos. Me sentí profundamente herido por el obispo y nunca recibí ningún tipo de disculpa por su llamada telefónica tan llena de rabia y conclusiones equivocadas.

Yo estaba seguro de que el funeral de Celia había creado un impacto positivo en las mentes y en los corazones de los latinos de todo el mundo, especialmente entre los católicos nominales que nunca ponen un pie en una iglesia. ¿Cómo podría ser esto un problema?

Una vez más, este incidente ilustra la gran desconexión que existe entre la jerarquía eclesiástica y el pueblo. Casi nadie por fuera de la Iglesia se había percatado de la iniciativa del venerado y respetado pastor presbiteriano para recibir la comunión; yo no se la di, pero tampoco se la iba a arrebatar de su mano si él decidía comulgar libremente. Los que estaban por fuera de la controversia tampoco lo sabían, pues el reverendo Añorga se disculpó posteriormente por este acto en una visita breve a ese obispo, ya que nunca pensó ir en contra del protocolo de la Iglesia Católica Romana. En su trabajo ecuménico él siempre había respetado las prácticas y las normas particulares de todas las tradiciones religiosas. Simplemente fue un gesto espontáneo que tuvo.

Irónicamente, lo que vieron muchos de los asistentes a la misa fue una celebración respetuosa y de buen gusto. Sólo los funcionarios de la institución eclesiástica insistieron en hacer una declaración en la que describían todos los detalles de la misa que consideraban "equivocados", llegando a señalar incluso que había sido "de mal gusto y sin decoro" —algo muy lejos de la verdad.

Tal como yo podría haber adivinado, después de la publicación de esa declaración, la comunidad latina no se horrorizó por la comunión del revendo Añorga, sino por la insistencia de la Iglesia Católica Romana en impedir que un hombre de Dios la recibiera, y por las muchas expresiones negativas que utilizó la Iglesia para describir una celebración que fue tan positiva y significativa para tantas personas. El resultado de esta declaración fue que la jerarquía eclesiástica pareció castigarme por celebrar una liturgia significativa, respetuosa y alegre. Por otra parte, en la misa de Nueva York se cometieron varios errores y ocurrieron cosas poco tradicionales, como cuando una mujer leyó el Evangelio entra las primeras lecturas (algo totalmente prohibido por la Iglesia en la liturgia, ya que sólo un hombre ordenado puede proclamar el Evangelio) y el canto espontáneo de Victor Manuel en el momento de la "recomendación del alma". Pero como un obispo fue quien celebró esa misa, no hubieron quejas oficiales ni declaraciones de ningún tipo; de haber sido un sacerdote común, quizás lo hubieran crucificado. En todo caso, lo que comenzó como algo muy bueno se convirtió en una oportunidad desperdiciada por la insistencia absurda en proteger la imagen antiséptica y aparentemente inmaculada de la Iglesia. Todo el tiempo, en el interior, yo estaba luchando con mucha suciedad eclesiástica, especialmente por los crecientes problemas de las acusaciones que involucraban el abuso sexual de menores y tratando de restaurar la estabilidad de una comunidad conmovida por todo eso.

Este evento se magnificó increíblemente y se convirtió en un problema en los niveles más altos de la Iglesia, a tal extremo que incluso el nuncio apostólico de los Estados Unidos preguntó sobre mi "ortodoxia" a través del obispo local. Para alguien como yo, que durante tanto tiempo había defendido públicamente a la Iglesia oficial y a sus múltiples posiciones rígidas, esto fue como una bofetada en la cara.

Una vez más, quedé sumido en una tristeza y una irritación tan profundas que tuve que preguntarme: *Alberto, ¿qué estás haciendo en esta institución tan inflexible, dictatorial y con tan poca misericordia?* Mi noción de lo que siempre consideré como "la Iglesia" era, en teoría, una comunidad amorosa, bondadosa, compasiva y comprensiva, y eso era lo opuesto de lo que estaba viviendo.

EN 2003, MI VIDA FINALMENTE se calmó un poco. Salí de la mega iglesia agotadora y difícil de manejar de San Isidro y volví a mi papel como vicario parroquial en la Iglesia Católica de San Patricio en Miami Beach. Continué con un ritmo de trabajo exigente, pero finalmente pude descansar un poco y dedicarles un poco más de tiempo a las personas a quienes yo servía en la parroquia, así como al ministerio en los medios de comunicación. Sin embargo, algunas personas de mente cerrada en la jerarquía de la Iglesia todavía se quejaban de mí, y muchos en el clero creen que si trabajas en los medios de comunicación y compartes con celebridades, como yo lo hice en algunas ocasiones, entonces eres una persona frívola. Sin embargo, yo estaba tan seriamente comprometido con mi crecimiento espiritual y con mi vida de oración como siempre.

Sólo había un problema: mi evolución ideológica había llegado a un punto en el que estaba en profundo desacuerdo con muchas de las enseñanzas de la Iglesia y con las prácticas que yo consideraba obsoletas y que necesitaba examinar. De hecho, cuando me reunía ocasionalmente con amigos episcopales, me oían hablar de temas como la contracepción, las personas vueltas a casar después de un divorcio o la dirección de la iglesia y exclamaban: "¡Piensas más como un anglicano que nosotros!".

Comprendí, por supuesto, que estaba pasando por algunos cambios ideológicos muy profundos con respecto a mi pasado más conservador. Por otro lado, también sabía que muchísimos sacerdotes católicos romanos pensaban lo mismo que yo; simplemente no querían hablar para no ser marginados o estar aislados dentro de su propia Iglesia.

Por ejemplo, yo sabía de un gran número de sacerdotes y obispos homosexuales que parecían ser muy francos respecto a su sexualidad —y que tenían parejas—, y de algunos que llevaban incluso una vida promiscua. ¿Cómo podían seguir siendo católicos romanos cuando la Iglesia los consideraba "intrínsecamente desordenados" y, al mismo tiempo, seguían las prácticas de la Iglesia y excluían de participar en los sacramentos a los fieles que vivían igual que ellos? Sentí que la enseñanza oficial de la Iglesia sobre la homosexualidad estaba mal, especialmente al prohibirles la comunión. ¿Alguien puede juzgar quién es digno o no de recibir la sagrada comunión? Sólo Dios sabe quién es digno.

Es más, ¿cómo era posible que un sacerdote católico le hablara en términos racionales a un hombre con cinco hijos, exigiéndole que debería tener relaciones sexuales con la posibilidad de procrear cada vez que tuviera relaciones íntimas con su esposa? Esa posición pudo ser adecuada en la época de nuestras abuelas, pero no en el mundo de hoy. Son muchas las personas que sufren a causa de estos y de otros aspectos, y la Iglesia les dice que están en pecado mortal si utilizan cual-quier método artificial de planificación familiar; esas parejas también son excluídas de la comunión. Mucha gente recibe la comunión solo porque se acostumbran a ignorar las normas de su propia Iglesia.

A veces no podía evitar preguntarme por qué mis colegas episcopales y de otras denominaciones tenían tanta libertad para ser sacerdotes y tener sus propias familias. Sentían un gran placer en difundir la palabra de Dios, pero también tenían el santuario y la alegría de la vida al lado de una esposa y unos hijos. El amor entre dos personas —tanto físico como emocional— es la más humana de todas las experiencias. ¿Qué otra cosa nos define más como seres humanos y verdaderamente únicos en la creación si no es el amor?

Sin embargo, muchos católicos todavía aceptan la idea de que un sacerdote "debe" ser célibe, sin pensar mucho en ello. Es, simplemente, como una costumbre. Irónicamente, muchos de los que están de acuerdo públicamente con el celibato, también dicen que no quieren que sus hijos sean sacerdotes. Quieren a los sacerdotes, pero también quieren tener nietos. Así que el celibato está bien para otras personas, pero no para los miembros de su propia familia. ¡Esto es algo que siempre me parecía increíble!

A estas alturas, yo tenía la gran certeza que había una gran diferencia entre la imagen externa de la Iglesia y la realidad de lo que sucede en el interior del clero. Sin embargo, aún sentía una gran pasión por servir a mi Dios y a mi Iglesia. Me debatía y me hacía preguntas, y empecé a compartir mis opiniones y desacuerdos con el catolicismo romano de una manera más abierta con amigos y colegas. Mientras tanto, seguía recordándome a mí mismo que yo había sido llamado por Dios, que había hecho una elección y que tenía la obligación de permanecer en este camino.

Poco sospechaba que muy pronto, yo también estaría destinado a salir en los titulares como un sacerdote "caído".

CAPÍTULO SIETE

LA VIDA SECRETA DE UN SACERDOTE MUY PÚBLICO

Regresar a San Patricio significaba ver de nuevo a Ruhama con más frecuencia. Nuestra comunicación disminuyó durante el tiempo que pasé alejado de la parroquia. Estaba convencido de que podríamos continuar nuestra amistad, sobre todo ahora que yo había tenido tantas experiencias nuevas, algunas de ellas no muy agradables. Seguía decidido a ser un buen sacerdote y sabía que ella también deseaba lo mismo. Por alguna razón, pensé que quizás ya era un sacerdote más fuerte y podía alejarla de mí para siempre.

Tan pronto la vi, supe que estaba equivocado: la deseaba más que antes. Incluso, la atracción era más fuerte. Me esforcé para no sentir lo que sentía y traté de mantener la distancia entre nosotros; a veces yo era tan distante con ella que más tarde supe que Ruhama se preguntaba por qué era tan frío con ella si antes habíamos sido amigos.

Tuve dificultades para no tocarla o besarla, pero estaba decidido a conquistar este deseo insensato, a amarla de otras formas y ser un apoyo en su vida. A pesar de mi determinación, Ruhama ocupaba cada vez más mis pensamientos y esto parecía ocurrir sin importar lo ocupado que estuviera.

Según la teología moral católica romana, un hombre peca incluso si no tiene contacto físico con una mujer, pero sólo al pensar en hacer el amor con ella. La idea detrás de esto es que, en lugar de actuar según tus impulsos sexuales o "impuros", debes aprender a manejarlos antes de involucrarte en una relación íntima. Sin embargo, el simple acto de tener esos pensamientos puede ser pecaminoso.

Según esa definición, era indudable que yo había pecado. Me confesaba con cierta frecuencia y le explicaba mis deseos emocionales y físicos a mi confesor, que generalmente era comprensivo y compasivo.

Nunca olvidaré cuando confesé por primera vez que me había enamorado. Hay que entender que mi confesor había vivido mucho tiempo en lo que me gusta llamar "la caja": la caja católica romana. Esa caja es muy cómoda para la mayoría de las personas porque todo en ella es blanco o negro; no hay grises, ni siquiera la sugerencia de que *podría* haberlos.

La mayoría de los sacerdotes viven en esa caja, y la jerarquía eclesiástica la ama porque es la mejor manera de controlar a las personas. La recompensa para los sacerdotes es que, si vives toda la vida en la caja, te irá bien en términos generales, aunque las personas nunca sabrán cuáles son tus verdaderos pensamientos. Por otra parte, si expresas abiertamente opiniones discrepantes sobre las personas, lugares y asuntos —o sobre temas controversiales para la institución, estarás fuera de la caja y serás una amenaza para todos.

Mi confesor vivía en la caja y era ciento por ciento fiel a ella. Cuando le conté que luchaba con si tener o no una relación íntima con Ruhama, me dijo:

—Alberto, recuerda que seguramente algún día te pedirán que seas obispo, y no puedes ser descubierto en una situación como ésta.

Esa respuesta fue inesperada y horrorosa. Ahí estaba yo, frente a esta lucha tan difícil entre mi amor por Dios y mi amor por una mujer, ¡y su única preocupación era que yo mantuviera mi situación secreta! Su consejo no tenía nada que ver con mi dilema personal, sino que se refería exclusivamente a que mis actos pudieran representar una imagen positiva o negativa para la institución. Yo no tenía ningún interés en la política ni en ascender en la jerarquía del Vaticano. Acepté el llamado al sacerdocio porque quería evangelizar y predicar la palabra de Dios: esa era mi misión.

Confesarme se había convertido en una frustración constante. Necesitaba una estrategia diferente. Algunos meses después de haber regresado, decidí que mi comportamiento frío hacia Ruhama era inútil. No nos estaba haciendo bien a ninguno de los dos. Mis sentimientos por esta mujer seguirían presentes a pesar de mis esfuerzos por sofocarlos. Esto no quería decir que tuviera que suspender nuestra amistad.

Me armé del valor necesario para pedirle a Ruhama que cenara conmigo. Ella y yo nos entendíamos mutuamente y sabíamos que estábamos en una situación imposible; pensé que deberíamos ser capaces de cenar como dos adultos y disfrutar de la mutua compañía como amigos. Así que una noche le pedí que me acompañara a un restaurante tranquilo donde sabía que la comida era buena y que era poco probable encontrarme con alguien conocido porque era un lugar especialmente aislado.

Me sentía muy nervioso mientras conducía hacia el restaurante. Ruhama y yo rara vez habíamos estado solos, y sabía que acercarme tanto a una mujer a la que me sentía tan atraído no era lo más sensato para un sacerdote: debería estar echándole agua fría a esta relación en lugar de prolongarla. Yo sabía qué era lo correcto, pero mi mente estaba en un verdadero conflicto con mis emociones y deseos.

No es sorprendente que los dos estuviéramos un poco tensos durante la cena. Nos sentamos en un rincón para cenar, y fui muy consciente de que esta era la primera vez que yo estaba con Ruhama sin usar mi cuello clerical. Otros sacerdotes siempre utilizaban ropa de calle, pero yo llevaba mi traje sacerdotal casi a todas horas, especialmente porque trabajaba muchas horas.

Hablamos, pero tuve problemas para concentrarme en la conversación o incluso en la cena. Aunque estábamos en un restaurante alejado de Miami Beach y era poco probable que alguien nos reconociera, yo estaba casi consumido por la posibilidad de que alguien nos viera. Me sentía preocupado, aunque realmente no estábamos haciendo nada malo.

Me seguí recordando a mí mismo que muchos sacerdotes tenían amigas, y que salir a pasar un buen rato no tenía nada de malo. Había trabajado excesivamente durante mucho tiempo y merecía divertirme un poco. Al mismo tiempo, todavía me sentía muy culpable por seguir deseando a esta mujer y por actuar con más libertad de la recomendada. También me asustaban mis propias emociones y llegar a un punto de no retorno.

Más tarde, mientras llevaba a Ruhama a su casa, no pude dejar de decirme a mí mismo, *Ay, Dios mío, estoy solo con esta mujer a la que he soñado besar durante tanto tiempo*. Me estacioné delante de su casa y me giré hacia ella para despedirme.

Y entonces, tal como había sucedido siempre en mis sueños, me incliné para besarla. Fue un beso muy intenso, tal como ella y yo lo habíamos soñado, confirmando así nuestra conexión especial.

Ese fue el momento en que realmente comenzó mi dilema.

MI DESEO POR RUHAMA se intensificó con ese primer beso apasionado. Lo mismo sucedió con mi dilema. Sin importar lo que hiciera o pensara para no desear que se repitiera ese beso apasionado, tuve que hacerme la pregunta: *Alberto, ¿cómo puedes vivir sin esta mujer, sabiendo que el amor ha llegado a tu vida?*

A pesar de que la Iglesia me había enseñado que era pecaminoso que un sacerdote entretuviera estos sentimientos, yo sabía que este amor era tan bueno que debía provenir de Dios, a quien había servido toda mi vida. Luego de esta certeza, sentí una sorprendente sensación de paz, incluso a pesar del tormento diario que suponía tratar de interponer una distancia entre nosotros.

"Me encanta esta mujer". Quería decir estas palabras en voz alta. ¡Gritarlas incluso en la calle! Las normas de la institución a la que había dedicado mi vida me impedían sentir este amor pero, ¿podía ser yo esclavo de esa institución cuando este amor era claramente tan bueno y puro?

Estas preguntas acudían a mi mente semana tras semana y mes tras mes. En medio del ritmo frenético de mi vida, y a pesar de trabajar quince horas diarias y de mi evolución ideológica

cada vez más alejada de las normas y perspectivas de la Iglesia
Católica Romana a la que le había entregado mi vida, muchas
veces me sentí consolado y feliz de sólo pensar en los sentimientos mutuos que había entre Ruhama y yo.

No quería hacerle daño a la Iglesia ni ser hipócrita y llevar
una vida doble. Yo sabía de un buen número de sacerdotes que
vivían de esa manera y, a menudo me preguntaba cómo podían
vivir en paz. Sin embargo, me debatí: ¿Cómo era posible que
mi iglesia me dijera que pertenecer a una mujer y amarla de
esta manera incondicional significara que quisiera menos a la
Iglesia? Muchos clérigos de otras denominaciones se casaban y
tenían familia. ¿Por qué yo no podía hacer lo mismo?

Porque yo era un sacerdote católico y del rito latino. Y así, Ruhama y yo hablamos de nuevo sobre la imposibilidad de nuestra
situación y tratamos de alejarnos. Le dije con frecuencia: "Esta
es una relación imposible". Sabíamos que lo que nuestros sentimientos nos decían que estaba bien no era considerado correcto
por la iglesia a la que ambos habíamos conocido durante toda la
vida, aunque de maneras diferentes.

Mantenernos alejados no fue fácil. Creo que logramos
cierta distancia por el ritmo frenético de nuestras vidas; la suya,
como una madre soltera y trabajadora con un hijo en la escuela
primaria, y la mía como un sacerdote que trabajaba de día y de
noche para administrar su parroquia y sus ministerios a través
de los medios de comunicación.

Mantuve mis emociones bajo control con los métodos habituales de los sacerdotes: la oración, la confesión, el ejercicio,
el trabajo parroquial y concentrándome en nuevas maneras de
difundir la palabra de Dios. Encontré consuelo en momentos
de profunda oración personal y de silencio. Sin embargo, yo
quería que Ruhama estuviera a mi lado todos los días y que

durmiera a mi lado por la noche como mi esposa, aunque sabía que eso era imposible en mi situación.

Y entonces, durante mucho tiempo nos seguimos viendo en estos términos: de forma esporádica, alejándonos y volviéndonos a reunir cuando ya no podíamos soportar nuestra separación. Ruhama no era un obstáculo para nuestra relación; ella se había casado, pero llevaba muchos años divorciada. Mi compromiso del celibato era el único obstáculo que se interponía en nuestro camino para poder estar realmente juntos.

Más de una vez le dije: "Deberías encontrar a alguien que sea libre de amarte. Esto es imposible, no importa cuánto nos amemos".

Ruhama me respondía que no había sido decisión suya enamorarse de un sacerdote, pero que tampoco podía evitarlo. A veces yo pensaba que éramos como un par de imanes: cuando los pones juntos de cierta manera, puedes separarlos. Pero si los giras tan sólo un poco el uno hacia el otro, las fuerzas poderosas de la atracción los unirán de nuevo.

Eso era lo que nos sucedía. Lo que había en nuestros corazones era más fuerte que nuestra fuerza de voluntad para distanciarnos el uno del otro.

CUANDO ESTÁBAMOS JUNTOS, yo hacía todo lo posible para amar a Ruhama mientras servía a Dios. La veía sólo una vez o dos veces por semana, en muchas ocasiones por muy poco tiempo, y a pesar de eso, traté de ser una presencia positiva en su vida. Ella vivía sola con su hijo, por lo que casi siempre nos veíamos en su casa cuando él estaba dormido o en otro lugar. Solíamos hablar de las dificultades que ella tenía con sus amigas y amigos, de su trabajo y de la crianza de su hijo, y yo trataba de darle el apoyo emocional que ella necesitaba. Igualmente, ella me ofrecía su apoyo y comprensión.

Cada vez que salíamos, íbamos a restaurantes tranquilos, al cine o a caminar; generalmente nos veíamos por la noche y evitábamos lugares donde pudiéramos ser vistos. Sin embargo, nos comportábamos como simples amigos cuando estábamos en público. Queríamos evitar los rumores que seguramente se propagarían en la parroquia si nos vieran juntos.

Obviamente, nuestras vidas eran muy diferentes: Ruhama era una persona tímida, casi retraída, mientras que yo era un sacerdote bien conocido que muchas veces estaba en las esferas públicas. Desde afuera, parecía que vivíamos en mundos radicalmente distintos. Sin embargo, a medida que nuestro amor crecía, así como nuestra intimidad emocional y física, nuestros mundos comenzaron a fundirse en uno solo.

Cuando yo le decía a Ruhama, "no puedo más con esto", ella no quería oír hablar de eso y se entristecía.

—Ya sé que quieres seguir siendo sacerdote —decía—. El ministerio es tu vocación. Eso es lo que estabas destinado a ser.

Y así seguí, llevando la especie de doble vida que había visto llevar a otros sacerdotes. Me preocupaba y, muchas veces me sentía culpable, pero también me sentía feliz y más completo como ser humano. La relación con Ruhama se convirtió en un oasis para mí. Ella tenía razón: yo amaba a la Iglesia y servía a Dios. Mi ánimo era bueno, mi ministerio y mi vida profesional eran exitosos y yo disfrutaba mucho predicando y orientando a las personas en sus dificultades.

Al mismo tiempo, ya era muy consciente de que el aspecto que realmente había reprimido era mi vida emocional. Las personas se relacionan con sus sacerdotes y tratan de ser compasivas, pero sólo superficialmente. Para la mayoría, un sacerdote es una especie de "máquina sacramental", casi como un cajero automático espiritual: una vez consigues lo que quieres, lo dejas. Los fieles no dudan en pasar por la estación de servicio y obtener lo que necesitan, pero luego se van a su casa y tú a la tuya —esa es la dura realidad.

Como me dijo un pastor que tenía mucha experiencia: "¡Alberto, el diez por ciento de las personas te aman, otro diez por ciento te odia y al ochenta por ciento restante no les interesa quién eres!". Eso no está muy lejos de la verdad. Después de un par de años, la gran parte de la gente ni siquiera puede recordar el nombre del sacerdote que les sirvió en alguna ocasión. Muchos dicen: "El padre…. cariño, ¿te acuerdas del nombre de ese sacerdote?". Muchas veces, los sacerdotes pueden pasar varios años en una parroquia y tratar con cientos y cientos de familias y, sin embargo, sólo dos o tres lo invitan a cenar a su casa en todo el año.

Empezaba a comprender que hay algo maravillosamente básico y vital entre un hombre y una mujer que comparten su vida. Poco a poco me estaba transformando no sólo en un mejor sacerdote, sino también en un mejor ser humano al amar a esta mujer y ser amado por ella.

YO SABÍA QUE QUERÍA HACER mi vida con Ruhama: ¡que esta mujer fuera mi esposa! ¿Por qué entonces me debatía de esta manera? ¿Por qué simplemente no me retiraba de la Iglesia Católica Romana y seguía el deseo de mi corazón?

Muchas veces me he preguntado por qué no hice este cambio antes, aunque posiblemente no me pregunté eso tantas veces como luego lo hicieron algunos en los medios de comunicación. Cuando trato de entender por qué las cosas sucedieron así, comprendo que se debió en gran parte a mi deseo de no decepcionar a tantas personas que contaban conmigo para reafirmar las enseñanzas de ese mundo "blanco y negro", al cual eran tan fieles. Yo había representado públicamente a la Iglesia durante mucho tiempo, y es difícil salir de tu ambiente conocido y entrar a un territorio desconocido, aun cuando estás convencido de que es lo correcto.

Había días en que besaba a Ruhama y casi enseguida me alejaba de ella, diciendo: "¡Esto no está bien! ¡No puedo hacer esto, no importa lo mucho que yo quiera!".

Al mismo tiempo, no podía dejar de preguntarme si alejar el amor de mi vida era el verdadero pecado, pues me sentía muy incompleto sin ella. Sabía que esta montaña rusa emocional también le hacía daño a Ruhama, especialmente durante todos esos momentos en los que no podíamos vernos o celebrar los cumpleaños y las vacaciones juntos como pareja. Una parte de mí quería ser capaz de llevarla a todos los lugares donde yo fuera y presentarla a mis conocidos, incluyendo a todos mis amigos que eran muy católicos, pero lo cierto es que yo estaba demasiado asustado y no quería decepcionar a nadie. Sabía que rápidamente la gente se daría cuenta de nuestra fuerte conexión y atracción mutua. Quería proteger a Ruhama y también mantener mis sentimientos en secreto porque sabía que, especialmente entre los latinos, por lo general se culpa a la mujer de distraer a un sacerdote de su vocación.

Muchas veces en mi ministerio, vi la destrucción de individuos y de familias a causa de la infidelidad. Yo sabía el efecto que tenía en los matrimonios y el dolor que les causaba a los implicados. También sabía que si dejaba la Iglesia por esta mujer, quizás perturbaría la fe y la confianza de muchísimas personas, y todavía no me sentía capaz de hacerlo.

Cuanto más tiempo nos veíamos en secreto Ruhama y yo, más grande y poderoso era mi dilema, el cual estimulaba mi afán por ocultarlo. Aunque es difícil de explicar, mi mente y mi corazón ya estaban completamente desconectados. Yo daba vueltas mientras dormía en la noche y, muchas veces sentía que mi mente hacía lo mismo. No había ningún fundamento bíblico o doctrinal que me obligara a vivir en esa situación. Al mismo tiempo, la Biblia y las normas de la Iglesia se posaban sobre mi cabeza, haciéndome sentir culpable y murmurar en voz alta, "tengo que terminar esta relación ahora mismo".

Desde un comienzo, mi mente siguió pensando y transmitiendo las cosas "buenas" que había aprendido dentro de la Iglesia. Tal como me había sucedido desde la juventud, aún quería ser un sacerdote ejemplar que cambiara el mundo. Pero ahora mi corazón no estaba tan seguro de que yo fuera ese sacerdote. Lo más incomprensible de mi conflicto y de mi debate interior era que me sentía muy fuerte y decidido en mis convicciones sobre la Iglesia y las disciplinas que había aceptado cuando era joven y decidí llevar una vida de celibato; sin embargo, no sabía cómo hacer para que desapareciera esta relación prohibida por más que lo intentaba.

Después de muchos años de escuchar a tantas personas con dilemas similares en su vida afectiva, ahora era yo —el sacerdote— quien tenía que enfrentarse a su enamoramiento; incluso si ese amor era considerado un pecado mortal por la propia Iglesia. Irónicamente, había momentos en los cuales yo no sentía que estaba pecando porque vivía mi amor como un regalo de Dios.

Las palabras del *Libro del Génesis*: "No es bueno que el

hombre esté solo, le haré una ayuda adecuada", se convirtió en algo muy importante para mí. Los sábados por la tarde, cuando estaba en el altar celebrando bodas y escuchando a las parejas repetir las palabras, "En los tiempos buenos como en los malos, en la salud como en la enfermedad, en la riqueza y en la pobreza, todos los días de nuestras vidas", muchas veces fantaseaba que yo estaba al otro lado del altar con Ruhama y lo que sentía.

¿Por qué no podemos hacerlo?, pensaba para mis adentros. *¿Qué tiene el sacerdocio que no me permite darle mi vida a otro ser humano en una relación exclusiva y de la manera más amorosa y comprometida posible?*

Una vez más, tropezaba con aquella respuesta fácil en blanco y negro: por las reglas de la Iglesia. Eso era todo. Eso era lo único que se interponía entre mi amor y yo.

ME REFUGIÉ EN MI TRABAJO como una forma de controlar mi creciente frustración. Esto se hizo más fácil cuando fui asignado a una nueva parroquia en junio de 2005, una iglesia pequeña y con dificultades, llamada San Francisco de Sales. Yo sería el único administrador de esta iglesia, y había mucho trabajo por hacer.

Una vez más, estaba trabajando quince horas diarias entre mi trabajo en los medios de comunicación y la nueva parroquia. Estaba convencido de que esto era lo que hacían los buenos sacerdotes: realizar la labor de Dios hasta el agotamiento. Ahora, por supuesto, veo que me refugiaba de mis propias emociones en mis tres trabajos de tiempo completo, para no mencionar todas las juntas ejecutivas y consejos de asesoría de los que formaba parte. Yo llevaba una vida organizada, aunque inhumana en muchos sentidos.

Muchos de mis familiares y amigos se quejaban. "¡Alberto, ya casi no te vemos!", me decían, pero yo les respondía que no sabía de qué estaban hablando. Yo no me daba cuenta.

Estaba huyendo tanto como podía de mi dilema, de Ruhama, e incluso de mí mismo, mientras que al mismo tiempo me enredaba cada vez más. No es fácil hacer las paces entre tus propios deseos y el llamado que sabes que ha venido de Dios. De alguna manera, yo podía decir simplemente, "Tengo que seguir adelante". Tenía demasiado miedo de las consecuencias, de nosotros, de las personas que creían en mí y de mi Iglesia. Y el miedo siempre tiene una manera de paralizarnos.

¿A qué le temía? Además de preocuparme porque podía estar lastimando a quienes me conocían, no quería contribuir aun más a los numerosos escándalos que ya tenía la iglesia. ¿Cómo podría permitirme ser el próximo? Para muchos católicos, un escándalo es un escándalo, independientemente de quién esté involucrado. Toda violación al celibato está incluida de alguna manera en la misma categoría de pecado, con poca consideración por las circunstancias. De hecho, creo que hay quienes prefieren que los sacerdotes se queden enredados en sus problemas, aunque tengan una doble vida.

Por supuesto, tampoco ayudó que yo fuera un sacerdote ultra público en la comunidad latina de los Estados Unidos y en toda América Latina. Los latinos somos muy tradicionales. Sentí una verdadera presión para no ir en contra de los que esperaban que "su" sacerdote estuviera libre de las necesidades y deseos terrenales y normales como los que sentían los otros seres humanos.

Muchos sacerdotes que conocía tenían relaciones ocultas y prolongadas. Ese camino no era aceptable para mí, a pesar de que yo ya estaba en él. Con diversos grados de culpabilidad, permitía que esta duplicidad continuara en mi propia vida, sin tomar la decisión de decir en voz alta lo que mi corazón me decía con cada latido: "Estoy enamorado de una mujer, y por lo tanto, debo abandonar mi ministerio como sacerdote célibe de la Iglesia Católica Romana".

El estrés de ocultar mi secreto me pasó factura. Varias semanas antes de que mi relación con Ruhama fuera descubierta por los medios de comunicación, estaba sentado en mi oficina en la estación de radio. Como siempre, había celebrado la misa en mi parroquia y acababa de comentar las noticias de la mañana.

Mientras estaba allí, dándole vueltas a la interminable lista de tareas del día, uno de los presentadores entró a mi oficina y me dijo:

—Padre Alberto, tengo que decirle algo.

Era el miembro más veterano de mi equipo, y yo lo conocía bien porque siempre fue bastante sincero conmigo en todo. Por la expresión solemne de su cara, comprendí que quería decirme algo muy serio. De repente, me sentí nervioso por él. ¿Qué estaba viendo este hombre que yo no supiera?

—¿Sí? —le pregunté—. ¿Qué pasa?

Respiró hondo, y luego me dijo:

—Padre, llevo mucho tiempo escuchándolo en este programa y percibo que usted no está satisfecho con su vida actual. Soy una persona mucho mayor que usted, y le recomiendo que tome la decisión que necesita tomar, por más difícil que sea, y que siga adelante. No mire hacia atrás. Usted está joven y todavía está a tiempo. Haga lo que tenga que hacer y sea feliz.

—Gracias por ser tan honesto —le dije, y reconocí que, efectivamente, estaba pasando por una dificultad y por un dilema personal muy profundo que estaba en proceso de resolver. Él asintió con la cabeza, me deseó buena suerte, y se marchó.

Me quedé en silencio y sin hacer nada durante unos minutos más en mi escritorio, pensando en sus palabras. Me sorprendió la claridad y sabiduría de este hombre. Él había sido capaz de leer mi corazón y mi alma con tanta facilidad como si le hubiera confesado mi dilema.

Por primera vez, me di cuenta de que el secreto que yo creía oculto dentro de mí, comenzaba a salir a la superficie, independientemente de que yo lo quisiera o no.

UNA DE LAS ÚLTIMAS SEÑALES exteriores de mi lucha interior se produjo durante la celebración anual de la Semana Santa, casi un mes antes de que el escándalo se hiciera público. Hay varios servicios importantes relacionados con la Semana Santa, ya que estos son días sagrados para los cristianos. Uno de ellos tiene que ver directamente con el sacerdocio y con la renovación de las promesas sacerdotales. Lo llamamos "La Eucaristía o Misa Crismal" porque "crisma" es uno de los aceites sacramentales bendecidos por el obispo, y que se utiliza durante todo el año en la celebración de los sacramentos.

Yo ya había conversado con un obispo y con varios sacerdotes de la Iglesia Episcopal sobre mis debates ideológicos, sin confesar los detalles de mi situación. Esa Semana Santa recibí una serie de invitaciones para la Misa Crismal en la Catedral Episcopal de la Trinidad en Miami. Inmediatamente me sentí en conflicto, ya que esa misa se celebraba precisamente el mismo día y a la misma hora que la Misa Crismal en la catedral católica romana de Santa María, a sólo unos minutos de la Trinidad.

Como yo era un sacerdote romano, naturalmente se esperaba que asistiera a la Misa Crismal para esta celebración anual con los demás sacerdotes. Esta vez, sin embargo, decidí asistir a la versión episcopal de esa misma misa, que incluía una conferencia con los sacerdotes del clero y sus cónyuges.

Se pueden imaginar lo diferente que fue eso para mí. Me pareció algo muy refrescante; de hecho, a pesar de que ésta era la primera vez en veintidós años que no asistía a la Misa Crismal en la catedral católica romana. Me sentí como en casa con la liturgia episcopal, la hermosa música del órgano y la atmósfera tan agradable. Sentí como si perteneciera desde hacía mucho tiempo a esa iglesia.

El obispo Leo Frade no pareció sorprenderse cuando me vio entrar a la Catedral de la Trinidad vestido con mi traje clerical negro. Además del hecho de que siempre habíamos tenido una buena relación como miembros de la comunidad ecuménica y por nuestro trabajo común en los medios de comunicación, sabía que el obispo Frade entendía algunos de mis debates ideológicos, y aunque no sabía de mi dilema personal, él siempre había mostrado una gran comprensión hacia mí. Además, un obispo y un sacerdote de nuestra diócesis ya le habían dicho que yo estaba muy próximo a hacer la transición. Estoy seguro de que ya en ese momento estaba consciente de mi dilema.

El obispo me presentó a varios de sus sacerdotes, especialmente a algunos ex sacerdotes romanos; uno de ellos había incluso estudiado en el mismo seminario donde yo me ordené. Mientras escuchaba sus historias, sentí una punzada de reconocimiento, pues era como escucharme a mí mismo y lo que me estaba pasando, una y otra vez.

No fue fácil admitirlo, después de todo lo que había vivido

hasta ese momento, pero me sentí más cómodo ideológicamente
con ellos que con muchos de mis colegas de la Iglesia Romana.
También me sentí como en casa en la Catedral de la Trinidad y
con la misa, ya que el culto básico y los ritos sacramentales de
la Iglesia Episcopal (Anglicana) son en realidad muy similares
a los de la Iglesia Católica Romana a la que yo había servido
durante la mayor parte de mi vida.

Yo tenía que dar el próximo paso. Tenía que cambiar mi
rumbo y tomar la decisión de seguir adelante como un hombre
y un sacerdote que tendría la libertad de servir a Dios, mientras
que al mismo tiempo tenía una esposa y una familia. ¿Por qué
entonces sentía tanto miedo de dar ese paso?

Irónicamente, ninguno de mis hermanos sacerdotes de la
Iglesia Católica Romana me llamó para preguntarme por qué
no había asistido a la Misa Crismal. Y aunque eso me entristeció, también me produjo cierto alivio; no sé qué habría dicho si me hubieran preguntado dónde estaba. Todavía no me
sentía preparado para hablar sobre mis dificultades ideológicas
con nadie de la Iglesia Romana, y sólo mi confesor —y algunos
amigos— eran conscientes de mis inclinaciones hacia el anglicanismo. Yo solía decirle a mi personal en la parroquia y en la
estación de radio, "¡No se sorprendan si me hago episcopal!",
pero ellos estaban convencidos de que yo bromeaba.

Se podría pensar que una situación tan restrictiva terminaría o frustraría finalmente el gran amor que Ruhama y yo
sentíamos el uno por el otro. Trata de imaginar lo que es estar
en una situación en la que incluso tu propia familia y tus amigos no pueden saber que estás enamorado, cuando todo lo que
quieres hacer es decírselo al mundo entero.

Sin embargo, nuestro amor nunca disminuyó. Al contrario, siguió creciendo. Ruhama y yo sufrimos y nos herimos el

uno al otro con nuestro secreto. Sin embargo, nunca permitimos que las dificultades de nuestra relación imposible se interpusieran en el camino del amor profundo que sentíamos el uno por el otro. Estar en esta situación y tener que ocultarla durante tanto tiempo, requiere una gran dosis de paciencia y resignación. Pero, en mi corazón, siempre me había sentido seguro de que el futuro estaba totalmente en manos de Dios.

Y una vez más, esto fue confirmado con el paso del tiempo.

CAPÍTULO OCHO

UN DÍA SOLEADO EN LA PLAYA: EL DÍA EN QUE MI SECRETO FUE DESCUBIERTO

Ruhama y yo siempre escogíamos lugares aislados y tranquilos para estar juntos. Una mañana soleada, decidimos ir a una playa tranquila para celebrar el Día de San Valentín. Los dos habíamos trabajado mucho, y esperábamos tener una mañana tranquila leyendo y relajándonos bajo el sol.

No era la primera vez que Ruhama y yo íbamos a la playa, pero sí la primera vez que escogíamos una a menos de cinco millas de mi parroquia. A ninguno de los dos nos preocupaba que nos descubrieran, ya que esta playa no era fácilmente accesible desde la calle. Además, era el mes de febrero en Miami, y los habitantes de la Florida creen que las temperaturas por debajo de los setenta grados son demasiado frías como para ir a la playa.

Y cuando baja a sesenta, tal como sucedió aquella mañana, casi todo el mundo se pone suéteres, como si en cualquier momento fuera a caer nieve. De hecho, siempre que hace un poco de frío, es probable que alguien diga, "¿Recuerdas cuando nevó en Miami?" Se refieren a la última vez que esto sucedió, en el invierno de 1977.

En cualquier caso, era maravilloso estar solos. Era algo que sucedía con muy poca frecuencia; incluso cuando visitaba a Ruhama en su casa, nos preocupaba que Christian, que ya era un adolescente, pudiera descubrir nuestro secreto. En lo que se refería a él y a todos los demás, su madre y yo éramos sólo buenos amigos.

Nos encantaba sentir la libertad de hacer lo que hacen todas las personas enamoradas cuando van a la playa: caminamos, hablamos, nos besamos y nos acariciamos. Pero ante todo, sentimos la bendición del cálido sol en nuestra piel y disfrutamos ampliamente de estar juntos en ese momento.

Sin embargo, de un momento a otro Ruhama se apretó contra mí.

—Alberto —me susurró—: Creo que aquella mujer nos está fotografiando.

Asustados, nos separamos rápidamente y fingimos que sólo estábamos leyendo nuestros libros, aunque lo cierto es que nos habíamos estado abrazando un momento antes.

Unos segundos después, miré por encima del hombro y me sorprendió ver que, efectivamente, una mujer estaba tomando video a unos treinta metros detrás de nosotros. Tenía la cámara escondida debajo de una toalla grande, apuntando el lente hacia nosotros, mientras miraba hacia otro lado.

Mil pensamientos pasaron por mi mente en ese instante. Sólo había un puñado de personas en la playa, todas ellas a una distancia considerable de donde estábamos. Sin embargo, parecía como si mil pares de ojos nos estuvieran mirando.

A pesar de haber trabajado tanto tiempo en los medios de comunicación, mi primera reacción fue preguntarme quién estaría haciendo esto y por qué razón. Yo rara vez era objeto de ningún paparazzi, aunque conocía a unos cuantos.

—Anda allá —insistió Ruhama—. ¡Quítale la cámara!

Yo no iba a hacer nada de eso. Sabía que si esta mujer había ido a filmarnos, el hecho de grabar una confrontación con su cámara sólo empeoraría las cosas. Después de condenar la violencia durante tantos años por la televisión, yo no iba a comportarme de ese modo.

Pocos minutos después, miré de nuevo por encima del hombro y vi que la mujer todavía nos estaba filmando, mientras fingía mirar hacia otro lado. Luego del impacto inicial y de la sensación de ser descubiertos, el miedo comenzó a asentarse en la boca de mi estómago.

Cogí el teléfono celular y llamé a Emilio Estefan. Si esa mujer formaba parte de los paparazzi de Miami o de cualquier parte del mundo latino, él lo sabría. Emilio y Gloria eran amigos míos desde hacía varios años; sin embargo, no sabían nada de Ruhama. Ahora, no tenía más remedio que decírselo.

—Estoy aquí en la playa, con una amiga —le dije en voz baja—, y alguien nos está filmando. —Me aclaré la garganta, y añadí—: Esta mujer es una persona que amo. Es mi novia.

Emilio, que Dios lo bendiga, no pareció escandalizarse en absoluto.

—No se preocupe, padre. Me alegra que esté enamorado. Eso no tiene nada de malo. Todo saldrá bien. Descríbame a esa mujer y veré si puedo averiguar quién es.

Miré a la mujer con la cámara y se la describí.

—No es nadie a quien yo conozca —me tranquilizó Emilio—. A lo mejor está haciendo unas tomas de publicidad o para un catálogo turístico. Trate de no preocuparse. Tal vez no sea nada. Mientras tanto, voy a ver si puedo descubrir quién es.

Ruhama y yo reunimos nuestras cosas y nos fuimos de la playa. Quería creer en las palabras de mi amigo, pero sospechaba que algo raro sucedía. Al comienzo de esa semana, vi autos misteriosos estacionados cerca de mi parroquia: ¿alguien me estaría siguiendo?

Comencé a sentirme un poco paranoico. *¿Por qué nos había filmado esa mujer?*, me pregunté.

Por primera vez, me di cuenta que mi relación secreta con Ruhama podría salir a la luz pública antes de que yo pudiera reconocerla ante mis familiares, amigos y la comunidad, tal como lo había planeado y querido hacer. ¿Y qué si mi dilema interior era revelado antes de estar preparado?

Yo sentía muchos deseos de seguir siendo sacerdote; lo sabía. Quería servir a Dios con todo mi corazón y con toda mi alma aunque tuviera muchas discrepancias ideológicas con la Iglesia. Pero también sentía un fuerte llamado a ser un hombre casado y con una familia. Yo era un sacerdote enamorado que pensaba en el matrimonio; ya no creía en que ambas cosas tuvieran que ser incompatibles, tal como se me había enseñado. En ese momento me preocupó no tener ningún control sobre la forma en que el mundo pudiera enterarse de mi intensa lucha personal. ¿Acaso Dios se había llenado de impaciencia, luego de esperar que yo tomara la decisión correcta y aclarara mi situación ante el mundo? ¿Estaba Él a punto de arrebatarme el asunto de mis manos? En ese momento, mi mente se llenó de toda clase de pensamientos contradictorios y sabía que mi dilema interno estaba a punto de volverse público.

Durante las horas y los días siguientes, sentí un estrés inmenso, pero seguí acumulándolo en mi interior, pensando que aún tenía muchas cosas que resolver antes de hacer una ruptura definitiva y oficial con la Iglesia en la que había nacido. La única persona que conocía la situación con la que estaba luchando era mi confesor, que como todos los confesores, había hecho una promesa sagrada que no puede ser quebrantada en ningún caso hasta la muerte.

Mi mayor preocupación era cómo afectaría esto a las personas que amaba y había servido durante tantos años. Mis familiares, los fieles y los miembros de mi comunidad no tenían la más mínima idea de que yo estaba enamorado y que contemplaba hacer un gran cambio en mi vida. ¿Cómo reaccionarían ellos? Transcurrió un día tras otro, pero no pasó nada. Finalmente, comencé a tranquilizarme un poco. Recordé las palabras que me dijo Emilio aquel día:

—No se preocupe por eso, padre. Nadie publica fotos de famosos sin llamar primero a la celebridad para decirle que las imágenes serán publicadas.

Tres meses pasaron hasta que finalmente aparecieron las imágenes. La visión retrospectiva que tengo es completamente clara; ahora pienso con arrepentimiento en todas las oportunidades perdidas que tuve de anunciar mi deseo de casarme y seguir adelante como sacerdote anglicano. Podía haber dicho algo desde el púlpito, por la emisora, la misa televisada en vivo desde mi parroquia o incluso convocando a una conferencia de prensa. Durante mucho tiempo había pensado en las diversas formas en las que podría dar ese paso fundamental de informarle al mundo que ya no podía suguir viviendo dentro de los muchos límites ideológicos de la Iglesia Católica Romana —sobre todo aquellos que tenían tanto que ver con las políticas o disciplinas de la Iglesia y tan poco que ver con los principios bíblicos.

Sufría mucho, sabiendo que debía hacer lo correcto y ser honesto, pero las palabras parecían atragantarse en mi garganta. Todavía estaba demasiado asustado por el efecto que esa medida tendría en todos los que confiaban en mí o me admiraban. Yo no quería abandonar la Iglesia Católica sin preparar primero a mi familia y a mi comunidad parroquial. Estaba en paz con Dios, pero no con mi Iglesia. Emocionalmente hablando, todavía estaba profundamente apegado, a pesar de los correos electrónicos y la correspondencia que les había enviado durante los últimos cuatro años a muchos sacerdotes amigos (en su mayoría ex sacerdotes romanos de América Latina y otros a nivel local que habían hecho algo similar y actualmente eran sacerdotes episcopales), donde me quejaba de un gran número de las prácticas y normas de la Iglesia. Una vez más, me sentí paralizado, esperando que la fotógrafa no encontrara donde publicar esas fotos; de hecho, aún quería creer que no estaba realmente allí tomándonos fotos a nosotros, sino a la playa y el mar.

A medida que pasaban las semanas, comencé a sacarme a la fotógrafa de mi mente. Después de todo, quizás pudiera hacer las cosas a mi manera y como lo había pensado. Pero, ¿cuál sería el momento adecuado?

UNOS TRES MESES DESPUÉS DEL incidente ocurrido en la playa, vi un montón de fotógrafos afuera de la Iglesia de San Francisco de Sales, donde acababa de celebrar la misa dominical. No sospeché nada en ese momento, pues estaba acostumbrado a recibir a todo tipo de personas en mi iglesia. A su lado estaban los consabidos paparazzi que acampaban cerca de las escalinatas de la iglesia para fotografiar a las celebridades. Yo solía ser muy cordial con ellos porque tenía una política de puertas abiertas en mi iglesia y a todos les daba la bienvenida.

Lo único inusual aquel domingo en particular fue la gran cantidad de fotógrafos; nunca había visto tantos. Eso, y el hecho de que uno de ellos entrara a la iglesia con una cámara me pareció extraño. Sólo dijo que había ido a visitar a otro fotógrafo de un medio de comunicación chileno mientras me hizo algunas preguntas en la oficina antes de desaparecer de nuevo. Sin embargo, no sospeché de él.

No fue sino hasta el martes en la noche, cuando estaba en San Agustín visitando a un amigo sacerdote y recibí la llamada telefónica que tanto había temido. Era una periodista, quien me dijo que las fotografías comprometedoras donde yo aparecía con una mujer en la playa, estaban a punto de ser publicadas en una revista mexicana.

Se me cayó el alma a los pies. *Dios mío*, pensé. ¡Estaba en shock!

La reportera procedió a informarme que sería una noticia importante y me preguntó si tenía algo que decir. Inmediatamente le dije que estaba enamorado y en proceso de hacer una transición en mi vida así como en mi ministerio. Le dije que estaba pensando en renunciar a la Iglesia Católica Romana por diversas razones, una de las cuales era el matrimonio.

No fue sino hasta después de colgar el teléfono que me pregunté si no había hablado demasiado. Muchas otras preguntas rondaron por mi mente: *¿Cómo puedo mantener la identidad de Ruhama en secreto? ¿Cómo voy a decírselo a mi familia? ¿Cómo* *va a reaccionar la comunidad a la que durante tantos años he tratado de amar, servir y darle un buen ejemplo?*

Esa misma noche, me confirmaron por teléfono que la revista ya se había publicado en México y que llegaría a Estados Unidos esa misma semana. Esto me motivó a hacer llamadas telefónicas de inmediato. Tenía que actuar rápidamente sobre todo para proteger a la gente que amaba.

En primer lugar, llamé a Ruhama y le conté la noticia. Pude escuchar en su voz que estaba asustada.

—¿Qué pasará ahora? —me preguntó.

Me hice el valiente por su propio bien.

—Todo estará bien —le dije—. Sólo ruega por nosotros.

Yo estaba seguro de que ella no tenía idea de todo el alboroto y la controversia que ocasionaría esto. Recé —ingenuamente, pues sabía muy bien cómo funcionan los medios— para que nadie descubriera la identidad ni la dirección de Ruhama porque temía que la iban a molestar y perseguir. Ella era una persona tímida y reservada. Nunca se había enfrentado a los medios de comunicación ni a las consecuencias de ser reconocida en público. Yo odiaba pensar que, debido a mi propia vacilación temerosa, ahora ella sería objeto de un gran escrutinio y posiblemente saldría lastimada. Algunas personas hacen todo lo posible por ser crueles y ensañarse. Por desgracia, tuve razón.

¿Qué puedo hacer para apoyarla?, me pregunté. ¿Cómo preparas a un ser querido para la persecución constante de los paparazzi? ¿Cómo iba a enfrentar ella el hecho de convertirse en un personaje público después de haber sido tan absolutamente privada en todos los aspectos de su vida? También estaba muy preocupado por su hijo Christian, pues no quería que tuviera que enfrentarse al escrutinio público ni a ningún tipo de acoso.

La segunda persona que llamé fue a mi hermana mayor porque me preocupaba que mi madre se enterara por las noticias. Le pedí que hablara personalmente con ella, pero antes le expliqué toda mi situación.

Tal como lo comprobaría una y otra vez más adelante, aun en medio de los golpes y las crisis, siempre vemos la luz. Cuando le expliqué mi dilema, mi hermana me dijo:

—Alberto, no te preocupes. Estoy segura que todo saldrá bien. Todos tenemos derecho a amar y a ser amados.

No pueden imaginar el consuelo que me dieron esas palabras, mientras mi hermana mayor le transmitía su amor al hermano menor sacerdote en medio de una situación sumamente dolorosa. Tanto mis hermanas como mi madre fueron comprensivas y me dieron su apoyo.

Esa misma noche, recibí una llamada telefónica del administrador de las emisoras de la Iglesia, donde me desempeñaba como presidente y director. Él me informó que las fotos ya estaban circulando en Internet y que el personal de la emisora estaba orando por mí. Le di las gracias y le dije que cuidara la emisora.

En ese instante comprendí que la llamada telefónica de la periodista no era un avance informativo, sino una llamada para decirme que las fotos ya habían sido publicadas. Me conecté a Internet y las vi de inmediato. Sólo había un par de fotos de adelanto —el resto serían publicadas en la revista— pero eran lo suficientemente claras como para ver que era yo quien estaba con una mujer en la playa.

Había llegado el momento de hacerle frente y de entrar en contacto con funcionarios de la Iglesia, aunque nunca pensé que fuera de esta manera tan abrupta. La primera persona que contacté fue la directora de comunicaciones y portavoz del arzobispo. Afortunadamente, su reacción inmediata fue de total entendimiento. No parecía estar impresionada en absoluto, y fue muy compasiva conmigo.

—Alberto —me dijo—, voy a hablarte como tu amiga, y no como la portavoz de la Iglesia. Si estás enamorado, muy bien. No son muchas las personas que encuentran el verdadero amor en sus vidas.

Ella me sugirió que llamara al arzobispo a primera hora del día siguiente, pero yo quería verlo personalmente. Me dieron una cita para la tarde del día siguiente, varias horas después de que el arzobispo hubiera redactado su declaración oficial refiriéndose al terrible "escándalo" que yo había causado. Decía lo siguiente:

DECLARACIÓN DE
JOHN. C. FAVALORA, ARZOBISPO DE MIAMI

5 de mayo de 2009

Estoy profundamente entristecido por las noticias relacionadas con el padre Alberto Cutié. Pido disculpas en nombre de la Arquidiócesis de Miami a los parroquianos de San Francisco de Sales, donde él se desempeña como administrador, a los oyentes y seguidores de Radio Paz y Radio Peace, y a los fieles de toda la arquidiócesis.

El padre Cutié hizo una promesa de celibato y se espera que todos los sacerdotes cumplan esa promesa con la ayuda de Dios.

Los actos del padre Cutié no pueden ser

condonados a pesar de las buenas obras que ha hecho como sacerdote. Les pido a todos que oren en este momento. Escándalos como éste ofrecen una oportunidad para que la Iglesia, en todos sus niveles, examine nuestras conciencias sobre la integridad de nuestros compromisos con el Señor y con su Iglesia.

Al ver esto, no pude dejar de comparar las palabras y el tono de su declaración con otras que había redactado sobre sacerdotes que cometieron diversos delitos sexuales; especialmente criminales. ¡No había ninguna diferencia! Yo trabajaba en los medios de comunicación y leía con atención los comunicados de prensa y las declaraciones oficiales, y nunca había oído "pedir disculpas en nombre de la Iglesia de Miami" por la conducta verdaderamente criminal, escandalosa y descaradamente inmoral de tantos sacerdotes en el pasado. Inicialmente me sentí herido y enojado, sobre todo porque el arzobispo había escrito esta declaración antes de sacar tiempo para hablar conmigo.

Me reuní con él la tarde siguiente, después de que su declaración fuera entregada a la prensa.

—La mujer que aparece en estas fotos es la mujer que amo —afirmé con claridad.

El arzobispo no pronunció ninguna respuesta al respecto. Más bien, me preguntó:

—¿Qué vas a hacer ahora? Nadie querrá saber de ti después de esto.

Se refería a que creía que ningún obispo, diócesis o pastor local querría trabajar conmigo en la Iglesia Católica Romana debido a la "gravedad" de este escándalo.

En medio del impacto que sentí ese día, recibí otro adicional luego de la reacción totalmente fría y rígida del arzobispo a la difícil situación que tenía entre sus manos. Sin embargo, permanecí calmado. Agaché la cabeza y me disculpé varias veces por la forma en que mis actos podrían haberlo afectado a él y a la Iglesia en general. Realmente no tuve la oportunidad de expresar lo que pensaba, sentía o planeaba hacer.

—Te daré el mismo consejo que siempre les he dado a los sacerdotes y hombres casados que han tenido problemas con las mujeres —dijo el arzobispo—. Corta con esta situación y cumple con tu compromiso público.

El arzobispo nunca me preguntó si yo estaba pensando en el matrimonio o si había algo que la Iglesia pudiera hacer para ayudarme. Tampoco expresó ninguna preocupación personal por mí ni por mi familia.

Sobra decir que el consejo del arzobispo simplemente no era una opción para mí. ¿Cómo iba yo a "cortar" a la mujer que amaba?

—Quiero pedir una licencia —le dije—, para poder pensar unos días.

—Puedes solicitarla por escrito —respondió el arzobispo.

Nuestra conversación duró un total de diecinueve minutos.

AL SALIR DE LA OFICINA aquella tarde, fue muy claro para mí que mi antiguo jefe —la persona que me había ordenado como sacerdote— no quería tratar conmigo ni con el asunto en cuestión. Cuando me pregunté por qué, un sacerdote amigo me dijo que la razón era obvia:

—Tus actos lo han avergonzado mucho.

Era posible. Sin embargo, cuando un sacerdote que está en medio de una crisis acude a su obispo, ¿no debería esperar un cierto grado de preocupación personal y de compasión sin importar cuán difícil pueda ser su situación?

Sabía que otros sacerdotes que cometieron delitos reales o fueron acusados de comportamientos verdaderamente indignantes que involucraban a menores de edad habían dicho que el arzobispo los había abrazado y tratado bien. Algunos de esos sacerdotes habían estado involucrados con menores de edad y en situaciones realmente vergonzosas desde hacía años y, sin embargo, continuaron en el ministerio hasta el día en que sus casos se presentaron en forma de demandas en contra de la Iglesia. Irónicamente, esos sacerdotes dijeron que habían percibido al arzobispo como "paternal", un término de uso frecuente en la Iglesia para describir a un obispo que realmente cumple su papel como padre espiritual.

Mi experiencia fue muy diferente y no sabía por qué. Incluso hoy en día, no sé si la actitud dura del arzobispo hacia mí se debió a la fama y al reconocimiento de mi trabajo en los medios o a otra cosa que nunca entenderé. Aunque conocía a muchos sacerdotes que fueron maltratados y menospreciados, creía que las cosas serían diferentes en mi caso.

Yo había trabajado mucho en nombre de la Iglesia y la hice quedar bien durante mucho tiempo y en muchas situaciones desagradables. Lo mínimo que yo esperaba del arzobispo era una palabra de misericordia y un cierto grado de compasión o comprensión; me sentía triste y decepcionado por nuestro encuentro. Había conocido a sacerdotes, obispos, cardenales e incluso a muchas otras personas que trabajan de cerca con el mismo Papa; sin embargo, nunca había visto a nadie en la jerarquía de la Iglesia que pareciera tan desconectado y desinteresado en mi vida como mi propio obispo. Esto fue una confirmación más de la impresión personal que había tenido durante tanto tiempo.

Años atrás redacté una carta en la que describí algunas de mis decepciones con la Iglesia. Nunca le envié esta carta al arzobispo: ¿para qué? Él no iba a cambiar nunca; ni siquiera me respondería.

He aquí parte de lo que escribí para expresar mi decepción:

La paternidad espiritual de un obispo, que aparece con tanta frecuencia en los documentos de la Iglesia, fue algo que experimenté a través de otros obispos, pero no de usted. Yo vi esta "paternidad espiritual" en América Latina y, en algunos casos muy limitados, en los Estados Unidos. Tuve la suerte de conocer cardenales y obispos de toda América Latina, y admiro a varios por su dedicación a Cristo en situaciones muy difíciles. Los vi respaldar a sus sacerdotes, apoyar sus esfuerzos evangelizadores y cuidarlos cuando ocurrieron problemas. En el caso de mi obispo, Usted, nunca he recibido ningún indicio de que entendiera la naturaleza tan compleja de mi trabajo en los medios de comunicación ni se diera cuenta que lo realicé con fidelidad y dedicación a la Iglesia.

Yo fui el primer sacerdote que usted ordenó como arzobispo de Miami. Usted me envió donde un pastor enfermo. Era un gran hombre, pero, sin embargo, necesitaba a alguien que lo cuidara, y yo lo hice. Siempre traté de hacerlo quedar bien.

Cuando no podía levantarse o ir a una reunión, yo iba por él. Él era mi hermano sacerdote, y un gran ser humano, ¿cómo podía yo hacer algo diferente? Sin embargo, usted nunca recibió una queja mía, ni una petición para que me cambiara de parroquia, algo tan común entre los jóvenes sacerdotes. Pasé tres años allí (el tiempo máximo para una primera tarea bajo su cargo) y siempre fui fiel a mi trabajo.

En mi segunda parroquia, el pastor era un miembro de su curia. Todas las mañanas salía de la parroquia y decía: "Me voy a trabajar". Él no creía que trabajaba cuando estaba en su parroquia; sólo "trabajaba" realmente en la oficina de la cancillería, donde se ocupó con mucha eficiencia de asuntos financieros. De hecho, era un recaudador de fondos tan agresivo que muchas veces tuve que reunirme con los fieles para asegurarles que él realmente amaba a Dios más que al dinero. En el fondo, él sabía que no tenía vocación pastoral y que no le interesaban los asuntos pastorales. Cuando fui nombrado párroco de una iglesia cercana bastante pobre, él sabía que estaba muy deteriorada, pero nunca me ofreció ni un centavo para pintar una pared o arreglar un banco roto. El antiguo pastor de aquella misma parroquia, que usted había removido, tenía varias decenas de ministerios y servicios a su cargo que marchaban muy bien cuando él fue transferido abruptamente. El pastor que usted nombró —Monseñor de las Finanzas— arruinó casi todos los ministerios en cuestión de pocos meses. Cuando llegué, me esforcé mucho en iniciar programas para la juventud; también les di clases a adultos, además de enseñar en la escuela primaria y en la escuela secundaria de un barrio pobre donde usted me pidió que enseñara. Incluso ese "proyecto de enseñanza para los sacerdotes jóvenes" desapareció durante unos años porque los sacerdotes jóvenes estaban "agotados" de celebrar una o dos misas diarias en sus parroquias. La ética laboral entre los sacerdotes de su diócesis es deplorable. ¿Cuántos pueden trabajar siquiera cuarenta horas semanales? No muchos.

Nunca me di el lujo de permanecer sentado. Mientras yo estaba en San Patricio, me pidieron que presentara un programa de televisión internacional en español. Uno de sus obispos auxiliares dio los nombres de varios sacerdotes como posibles presentadores para el programa. Me llamaron y yo no devolví la llamada, no porque fuera grosero, sino porque estaba muy comprometido con mi trabajo parroquial, con la enseñanza y porque era muy feliz como sacerdote de mi parroquia. Yo no quería comprometerme con nada más. Pero un día, el obispo auxiliar me vio y me dijo: "Alberto, devuélveles la llamada. Yo les di tu nombre". Y entonces decidí llamar. Un grupo de ejecutivos de televisión que no sabían absolutamente nada del funcionamiento interno de la Iglesia me escogieron para presentar el programa. Yo les dije tres cosas:

1. Tengo que rezar y hablar con Dios al respecto.
2. Tengo que ver a mi director espiritual y a un par de sacerdotes que considero mis mentores.
3. Tengo que pedir permiso y obtener la aprobación de mi arzobispo.

Inmediatamente, estos ejecutivos se miraron y me dijeron:

—Padre, hemos entrevistado a cientos de sacerdotes en varios estados, incluso en México, y nadie nos ha dicho eso.

Estaban sorprendidos de que un sacerdote tuviera que pedir permiso o incluso consultar con su director espiritual. Ese es el tipo de sacerdote que siempre he sido.

Fui a ver a mi pastor, que en esa época era uno de sus colaboradores más cercanos, y me dijo:

—Tienes que asegurarte de visitarlo cuando esté de buen humor —y agregó—: Alberto, esto cambiará tu camino en la Iglesia.

—¿Qué camino, monseñor? —le pregunté ingenuamente.

Él se refería a la posibilidad de estudiar en Roma o de cursar estudios superiores con el fin de ocupar otros cargos o posiciones de prestigio en la Iglesia. Le dije:

—Monseñor, me hice sacerdote para evangelizar, y la evangelización es lo único que quiero hacer en la Iglesia.

Él asintió con una sonrisa y me pidió que le

escribiera una carta a usted. Entonces escribí una carta explicándolo todo —en detalle— y usted me concedió una cita. Los abogados de la arquidiócesis revisaron el contrato y usted pidió que yo no trabajara más de dos o tres días a la semana en la televisión para poder continuar con mi trabajo parroquial —algo que me alegró— pues siempre quise ser un sacerdote de parroquia. Usted me dio su bendición, la cual valoré, y comencé a trabajar en los medios de comunicación.

Entonces, llamé con varias semanas de anterioridad al sacerdote que era su secretario personal para pedirle a usted que hiciera una visita de cinco minutos y bendijera los estudios televisivos donde yo grabaría el primer programa en todo el continente en ser presentado por un sacerdote católico romano. Los estudios estaban apenas a diez minutos de su oficina. Sin embargo, su secretaria me informó que enviaría a uno de los obispos auxiliares. Varios de los sacerdotes que asistieron ese día me preguntaron: "¿Por qué no vino el arzobispo?".

Les dije: "Estoy seguro de que está ocupado con otra cosa". La mirada en sus rostros me indicó que no estaban convencidos. Ellos entendieron, quizás mejor que yo, que usted simplemente no estaba interesado.

Esta carta, que nunca envié, parece un verdadero rosario de quejas, pero resume lo que sentí ese día: que ya no podía permanecer fiel a una institución que trataba con tanta indiferencia a sus trabajadores y colegas más dedicados. La manera en que me trató el arzobispo y su arrogancia con la comunidad a la que yo había servido y amado, fue muy despectiva. Sin embargo, no fue sino hasta ese mismo día en que fui realmente consciente de lo desilusionado que estaba de él como líder y padre espiritual.

Este hombre había sido encomendado para ser el líder espiritual de más de un millón de personas en nuestra comunidad. Sin embargo, él solía describir al sur de la Florida como un "circo". Cualquier problema de la comunidad o controversia que no entendiera, se limitaba a descartarla. Nunca comprendió que si estás a cargo de orientar a una comunidad, esa comunidad se convierte en *tu* circo. No puedes ignorarlo porque las carpas cogerán fuego y los elefantes saldrán en estampida.

UN GRUPO DE SACERDOTES AMIGOS que me esperaban en una casa parroquial cercana, expresaron su sorpresa por la brevedad de mi reunión con el arzobispo. Como las noticias sobre las fotos ya habían salido al aire, los encontré cambiando de canales en la televisión de la casa parroquial. Todos los noticieros, al parecer, habían conseguido las fotografías del sacerdote en la playa con la mujer "no identificada". Muchos lo presentaron como la noticia principal.

Verme con Ruhama así en las noticias, con nuestra vida privada tan expuesta, fue muy incómodo al principio. Mi familia siempre había sido muy unida y cariñosa, pero nunca valoré más su apoyo que en aquellas horas iniciales y en las semanas y meses siguientes. A pesar de que una de mis queridas primas estaba perdiendo su batalla contra el cáncer de mama, en medio de una situación tan difícil, toda mi familia encontró la energía para rodearnos a Ruhama y a mí con gran amor y compasión.

Varios amigos también me manifestaron su apoyo y comprensión incondicional, lo cual fue un verdadero regalo.

Sin embargo, algunas de las personas que considerábamos nuestros amigos más cercanos también nos decepcionaron con sus críticas despiadadas y su falta de compasión. Supongo que siempre hay personas en las que confías y crees que puedes contar con ellas, sólo para ver que se alejan de ti o hablan a tus espaldas. Una cosa es no estar de acuerdo, o no entender algo, pero otra muy diferente es darle la espalda a quien ha sido un amigo.

Durante la primera semana del escándalo, recibí llamadas telefónicas de un cardenal y de otros amigos relacionados con el Vaticano. Su principal preocupación era que no "abandonara" la Iglesia Católica Romana.

—Alberto —me sugirió un cardenal—, podrían reducirte al estado laical de inmediato. Pero no te vayas.

Ser "laicizado" significa que mantienes una buena relación dentro de la Iglesia, pero no puedes continuar sirviendo como sacerdote. Miles y miles de hombres han pasado por ese proceso con el fin de poder casarse por la Iglesia y seguir dentro de la tradición católica romana, aceptando la condición de no trabajar más como sacerdotes. En otras palabras, son sacerdotes a quienes sacan del juego y los ponen en el banquillo —en los bancos de la Iglesia— donde deben comportarse como si nunca hubieran recibido el llamado al ministerio por parte de Dios. Algunos de ellos tienen que esperar muchos años y tratar con la burocracia del Vaticano, para que esto suceda.

Yo creía que esa opción era realmente hipócrita y absurda en mi caso. Me sentí insultado de que a alguien se le ocurriera sugerir algo semejante, especialmente después de ver la manera tan corrupta en que habían mantenido en secreto el abuso

sexual de menores, y el hecho de que muchos de esos sacerdotes nunca se hubieran laicizado y algún día serían enterrados
como sacerdotes intachables. En otras palabras, esos hombres
conservaron el privilegio de ser reconocidos oficialmente como
sacerdotes hasta el día de su muerte.

Ni siquiera me gusta la terminología: ser laicizado significa ser reducido a un estado laico. No creo que los seres humanos puedan ser "reducidos". Alguien que ha sido ordenado
no está por encima de nadie. Todos somos igualmente hijos de
Dios. ¿Por qué una persona debe ser "reducida" al estado laico?
Yo no estaba dispuesto a seguir en ese juego canónico y buro-
crático.

Pero no me sorprendieron las reacciones de los funcionarios de la Iglesia. Ellos estaban en la caja y yo no. Además, fui
descubierto y reconocí mi amor en público. A ellos no les habría
importado si yo hubiera tenido una amante secreta; de hecho,
muchos sacerdotes tienen una, e incluso tienen hijos fuera del
matrimonio y la Iglesia incluso los mantiene financieramente
en secreto. Sin embargo, la jerarquía pasaba por alto esas in-
discreciones y promovía incluso a algunos de esos hombres a
cargos de prestigio. Fue realmente el hecho de que yo fuera
sincero al respecto y admitiera mi situacion en público lo que
no pudieron tolerar.

Cuando las fotos de mi esposa y yo fueron publicadas,
recibí innumerables cartas, correos electrónicos y notas de sacerdotes de todas las edades y de diversas partes del mundo.
"Alberto", me escribieron muchos de ellos, "la única diferencia
entre tú y yo es que a ti te descubrieron".

Incluso dentro de mi propia comunidad, un par de sacerdotes habían recibido el título honorífico de "Monseñor" (un
sacerdote que se viste con traje de obispo, pero que sigue siendo

sólo un sacerdote), aunque era sabido que tenían novias desde hacía varios años. Entendí que en la Iglesia Católica Romana, un escándalo no es realmente un escándalo hasta que se hace público. Incluso si los clérigos que ocupan posiciones de autoridad saben lo que está pasando, sólo es un problema real si la imagen de la Iglesia se ve empañada al hacerse público. La imagen de la institución debe ser protegida a toda costa, pero no así la integridad o dignidad de las personas afectadas.

Yo tenía un amigo que trabajaba en el Vaticano desde hacía muchos años y me contó sobre el día en que ayudó a un viejo cardenal de África durante su visita al Papa. Esto sucedió en los últimos años del papado de Juan Pablo II, cuando ya tenía muchas limitaciones físicas, incluyendo dificultades para hablar.

El Papa estaba sentado en su silla en medio de la plaza de San Pedro dando una charla sobre la importancia del celibato en la vida sacerdotal. El cardenal africano, que sólo tenía un conocimiento funcional de la lengua italiana, le preguntó a mi amigo sacerdote:

—¿El Papa está hablando sobre el celibato?

—Sí, Su Eminencia —le respondió mi amigo.

—¿El Papa está diciendo que los sacerdotes deben observar el celibato?

—Sí, Su Eminencia —le respondió mi amigo.

Entonces, el cardenal suspiró.

—Si sólo el Santo Padre supiera que simplemente deseo que mis sacerdotes tengan una mujer y no cinco.

En mi caso, la atención de los medios internacionales fue una vergüenza que estaba más allá de lo que los líderes de la Iglesia podían manejar o aprender a perdonar. No hubo abuso sexual, menores involucrados ni ninguna actividad ilegal. No hubo ninguna demanda por resolver, ni la Iglesia tuvo que pagar un centavo para callar a nadie. Se trataba simplemente de un hombre y una mujer que se enamoraron; de dos adultos solteros que lo hicieron por consentimiento mutuo. El único escándalo era que yo no guardé el celibato.

Uno de mis hermanos sacerdotes participó en un programa de entrevistas pocos días después de que mi "escándalo" apareciera en los titulares. Dijo algo que realmente resume la forma en que la institución se ocupa de estos problemas: "La Iglesia es el único ejército que le dispara a los suyos cuando están en el suelo".

Les puedo asegurar que hemos tenido un montón de soldados caídos: sacerdotes y religiosas que han dedicado su vida al servicio con una gran entrega. Muchos de ellos nunca se recuperaron del tratamiento que les dieron quienes ocupaban posiciones de poder en la organización que supuestamente es un instrumento de la misericordia de Dios.

LA VIDA ESTÁ LLENA DE oportunidades. La reacción de las autoridades eclesiásticas con respecto a mi caso particular pudo ser una lección relacionada con la verdadera lucha que plantea el celibato para la mayoría de los sacerdotes, en lugar de concentrarse en mi "caída en desgracia" como un ejemplo de lo que *no* se debe hacer, y tratarlo como el mayor de los escándalos. Una declaración de la Iglesia después de la aparición de las fotografías en los tabloides, reconociendo la condición humana de los sacerdotes y haciendo hincapié en que muchas veces no estamos a la altura de nuestros compromisos, podría haber ayudado a la Iglesia a dar la imagen de una organización dedicada a rectificar el rumbo de todos los que van por mal camino, incluyendo a sus propios sacerdotes que continúan llevando una doble vida. Pero ciertamente, eso no fue lo que ocurrió.

Aquellos a quienes yo llamaría católicos "recalcitrantes" expresaron sentimientos de traición, confusión e incluso de ira. Yo sabía que esto iba a suceder. También sabía que la mayoría reaccionaría de este modo, incluso los que muchas veces recibieron una gran dosis de flexibilidad por parte mía en su deseo de acercarse a una iglesia que no siempre recibe bien a los que se le acercan. Ahora que veo las cosas en términos retrospectivos, supongo que puedo entender su reacción, ya que este evento fue impactante e inesperado para ellos mientras yo llevaba varios años luchando con mis sentimientos.

Al mismo tiempo, los miembros más progresistas de la comunidad se preguntaron por qué era necesario que yo abandonara la Iglesia. Ellos no tenían ningún problema con que un sacerdote tuviera una novia "oculta" y continuara su ministerio. Me sorprendí cuando varias personas sugirieron esta posibilidad; que yo siguiera llevando una vida doble.

Pero también recibí un gran apoyo de otras partes, algunas de ellas inesperadas. Muchas celebridades y compañeros de la televisión expresaron su amistad y hablaron muy bien de mi persona y de mi trabajo. Un gran número de pastores, rabinos y representantes de otras tradiciones religiosas me brindaron su apoyo incondicional, compasión y comprensión. Me sentí agradecido por esto.

Mi madre también recibió apoyo. Me habían invitado a asistir al almuerzo para otorgar el premio Madre del Año 2009, en Jungle Island, organizado por el Consejo Nacional Cubano Americano, para ver a mi madre honrada por ese grupo. Tenía miedo de asistir al evento por temor a que mi nueva notoriedad pudiera malograr ese día maravilloso para ella, que realmente me enseñó lo que era amar a Dios, así que le envié una carta a la presentadora de noticias que oficiaría como maestra de ceremonias para que la leyera. Decía: "Mi madre es la persona más espectacular del mundo".

Ella era una de las diez mujeres que iban a ser honradas en el evento, pero fue la única en recibir una ovación de pie; una señal de apoyo para ella y también para mí.

En última instancia, comprendí que todo el mundo tiene una opinión sobre tu vida y cómo debes vivirla. Dichas opiniones fluctúan entre dos extremos, y tocan todos los puntos posibles que hay en el medio. Y cuando se trata de la vida de los sacerdotes, todos parecen tener diversas opiniones informadas —y aun más— opiniones desinformadas.

Era claro que había llegado el momento de escapar, de retirarme en soledad para así poder vislumbrar el comienzo de una nueva forma de vida y de servir a Dios. Fue un verdadero punto de cambio en mi vida como hombre y como sacerdote. Necesitaba aprovechar ese momento. En mi corazón estaba claro que había llegado la hora de seguir adelante.

CAPÍTULO NUEVE

LA SANGRE LLAMA LA ATENCIÓN: RUMORES, PAPARAZZI Y LA PRENSA SENSACIONALISTA

Después de trabajar durante tantos años en los medios de comunicación, recordaba mucho al periodista y comentarista político, cristiano y conservador Armstrong Williams, quien siempre decía que los dos principios más seguidos por todas las salas de redacción son: (1) "El sexo vende" y (2) "La sangre llama la atención".

Para la mayoría de los periodistas, una noticia sensacionalista —sobre todo si es mala y hay un poco de carne en el asunto— es un gancho seguro de audiencia. También sabía de primera mano que la forma en que los medios de comunicación presentan un evento puede tener un impacto increíble en lo que el público cree que es verdad.

En mi caso, a pesar de tratar de marcar una diferencia en el mundo sirviendo a mi comunidad y difundiendo la Buena Nueva de Dios en la radio y en la televisión durante varios años, mi escándalo en la playa fue el evento que captó la mayor atención de los medios. Inicialmente me sentí muy afectado por esto porque me hizo concluir que parecía que nada de lo que había hecho hasta ese día en la playa realmente le importaba a nadie. ¿Dónde estaban todas las personas que se beneficiaron de mis años de dedicación cuando las acogí como un sacerdote sin prejuicios?

Entre los expertos en medios, hasta los periodistas más amables y profesionales terminaron diciendo: "No quiero juzgar al padre Alberto", justo antes de emitir un juicio de todos modos. Por ejemplo, una periodista republicana escribió en un artículo, "No voy a juzgarlo", y unos párrafos más adelante, añadió: "Debería haber sabido lo que hacía. Él hizo una promesa de ser célibe".

¡Es muy fácil para ella decir eso!

En todos los años que escuché a las personas hablar sobre sus dificultades, nunca utilicé la frase: "Usted debió haber sabido lo que hacía". Yo siempre dejé el juicio en manos de Dios. Traté de ayudar a las personas a recoger los pedazos de una vida destrozada o a resolver cualquier situación que les causara dolor, y lo hice con compasión y flexibilidad. Quise que mis colegas de los medios de comunicación hicieran lo mismo conmigo, pero la mayoría no lo hicieron.

En cambio, varios señalaron equivocadamente que yo era el típico "sacerdote criticón", como si yo hubiera sido uno de los sacerdotes con los que ellos habían crecido, y debo decir que tuvieron muy poca consideración por mí como individuo. Me hicieron ver como si yo fuera un ejecutor de la típica retórica del Vaticano; si ellos se hubieran tomado la molestia de averiguar, habrían sabido que no lo era.

Para mi gran sorpresa, fueron pocos los periodistas que hicieron las preguntas que yo creía que debían hacer, como por ejemplo: ¿Qué había en la institución eclesiástica, en la situación actual, en los escándalos o en su propio trabajo, que pudiera haber alejado al padre Alberto de la vida a la cual se entregó por tantos años?

O más importante aun: ¿Es posible que las personas podamos cambiar, aunque ese cambio no sea fácil de comprender para el resto del mundo?

La forma en que los medios de comunicación manejaron mi caso le hizo daño a mi familia, y fue difícil de explicar. Al igual que muchas personas, Ruhama, mi madre y mis hermanas, esperaban que la televisión girara en torno a las cosas buenas que ocurren en el mundo. Ellas anhelaban historias de amor, paz y felicidad. Pero tuve que explicarles la dura realidad de que muchas veces es esa controversia la que hace que los periódicos se vendan y aumenten los niveles de sintonía, y que las personas que trabajan en la industria del entretenimiento —incluso a los que alguna vez consideramos verdaderos amigos— no estaban tan interesados en nuestro bienestar personal, sino en hacer que sus "productos" fueran más atractivos.

Una de mis buenas amigas, que es productora de Hollywood y fue la creadora de mi primer programa de televisión, me explicó el circo mediático de esta manera: "A la mayoría de nosotros nos encanta ver accidentes de trenes".

Yo sabía que esto era cierto; después de todo, yo había estado atrapado en las congestiones de tráfico en la autopista y curioseado al lado de todos los espectadores que seguramente nunca sabrán lo que realmente ocurrió ni quién tuvo la culpa, pero que quieren ver el accidente con sus propios ojos.

Ahora, yo era el accidente de tráfico que ocupaba las noticias. Y fue un accidente espectacular, pues combinaba los ingredientes de la religión y el sexo con un poco de fama estallando en llamas en la parte superior. Todo el mundo parecía querer ver el mayor número de detalles sangrientos y pedazos de vidrios rotos como fuera posible.

O, para pensar de otra manera en lo sucedido, citaré el proverbio español, "Del árbol caído, todos hacen leña". Todo el mundo quería un pedazo de mí, incluyendo a varias personas a las que creía incapaces de esas cosas.

Sobrevivir al frenesí creado por los medios de comunicación tras la publicación de las fotos, demostró ser una verdadera prueba de valor para Ruhama y para mí. Aunque fue muy difícil recibir críticas tan duras y una cobertura tan sensacionalista en la radio, la televisión y en la prensa, lo peor fue cuando mi familia preguntó: "Pero, ¿no se supone que muchas de estas personas son tus amigos?".

Esa pregunta realmente me partió el corazón. En mi labor como sacerdote cercano a los medios de comunicación, pasé muchas noches sin dormir y varios días tratando de responder a las necesidades de los demás, pero yo había llegado especialmente a aquellos que estaban mayormente incómodos en la Iglesia o se sentían excluidos de ella. Algunos de mis colegas, así como los católicos ultraconservadores, me habían reprendido por ser tan abierto a todos, especialmente a la gente de los medios. Supongo que fui igualmente crítico con las personas dentro de mi propia iglesia que excluían a quienes se divorciaban y volvían a casarse, a los que vivían fuera de la "caja tradicional", e incluso a muchas personalidades de los medios que fueron rechazadas o maltratadas simplemente por su notoriedad. Sin embargo, ahora que había llegado mi turno para recibir apoyo y misericordia, rara vez lo recibí.

¿Cómo te sentirías si ves a las mismas personas de los medios de comunicación a quienes una vez ayudaste y trataste de cuidar espiritual y profesionalmente, difundir con frivolidad rumores falsos sobre ti sin molestarse en investigar los hechos? ¿Qué puedes hacer si otros tratan de desacreditarte cuando ya estás abajo? ¿Y cómo les explicas a los seres que más amas en el mundo —a tu propia familia— que la gente está molesta y dispuesta a caerte encima, simplemente porque no les diste la entrevista "exclusiva" que estaban esperando?

En esos días iniciales recibí cientos de peticiones de entrevistas de medios locales, nacionales e internacionales. Algunos medios europeos me ofrecieron incluso dinero. Nunca jamás acepté dinero por una entrevista, otra mentira horrible que difundieron y repitieron tantos como si fuera un hecho. Yo no estaba dispuesto a conceder otra entrevista, pues me había limitado a conceder una en inglés y otra en español. Sin yo dar entrevistas hablaban e inventaban; ¡imagínense cómo habría sido si hubiera dado otra más!

A pesar de mi precaución, las autoridades de la Iglesia Católica Romana estaban tan molestas porque yo hablara en público sobre mi situación, que recibí una carta desagradable con todo el "lenguaje canónico", donde me informaban que dejaría de recibir mi salario y pensión. ¡Me sacaron!

De hecho, mi expulsión fue la más rápida en la historia de la Iglesia en Miami. Conocí a muchos sacerdotes que continuaron recibiendo salarios y beneficios durante varios meses o incluso años, sin trabajar un solo día. Sin embargo, todos mis beneficios fueron eliminados en cuestión de horas; hasta mi seguro de salud fue suspendido pocos días después. Nunca hubo una preocupación personal por mí ni por mi familia. Al parecer, eran la institución y los dirigentes de la Iglesia los que estaban lastimados y tenían que ser consolados.

Nada de esto disuadió a los medios de presentar la historia durante varios meses. Tampoco impidió que los paparazzi y reporteros de algunos periódicos nos siguieran a todas partes. Sin importar a dónde fuéramos, siempre estaban ahí, a veces escondidos detrás de un auto o de un árbol, pero muchas veces disparando sus cámaras en nuestras caras y agitando micrófonos en nuestras narices.

Algunos amigos llamaban y me decían: "¿Cómo puedes soportarlo?". Ellos estaban preocupados y afectados, y tenían razón de sentirse así. Fue emocionalmente agotador convertirnos en el centro de tantas especulaciones falsas y tanta publicidad negativa. Fotos de nosotros entrando y saliendo de mi nueva casa parroquial para sacerdotes aparecían muchas veces con el titular "La nueva y lujosa casa comprada por el padre Alberto". Cualquiera que se molestara en mirar los registros públicos, sabría que la propiedad había pertenecido a la iglesia desde la década de 1940 y que había sido el hogar de docenas de sacerdotes episcopales, sus esposas e hijos antes de que nosotros llegáramos allí. Es una rectoría y no nos pertenece.

A pesar de todo, Ruhama y yo pasamos mucho tiempo orando juntos. Oramos por nosotros, por aquellos que estaban dolidos y confundidos, pero también por nuestros perseguidores, quienes tenían que saber que estaban haciendo falsas denuncias e inventando mentiras para tratar de hacernos daño o buscar ganancias. A pesar de toda la fe que pueda haber en el mundo, no es fácil orar por los que te persiguen, pero para nosotros fue la mejor forma de lidiar con los rumores y el ruido.

Los primeros meses fueron intensos. Algunas historias nos causaban risa, pero muchas de ellas eran realmente maléficas y nos hicieron daño. Nos parecía que cualquier persona, sin importar quién fuera o qué nivel de credibilidad tuviera, podía inventar cualquier cantidad de mentiras en cualquier programa o revista sensacionalista, y su historia se transmitía con mucho gusto y era repetida por otras fuentes de noticias más serias como si fuera totalmente cierta.

Lo que más me sorprendió fue que varios de los periodistas que "informaron" muchas de las historias no confirmadas, eran personas que se consideraban muy profesionales. Una vez llamé a un amigo muy querido que es un presentador de noticias en un canal importante, y le pregunté si realmente iban a informar algo que era totalmente falso.

—Padre —me contestó—, lamentablemente, los noticieros actuales se están volviendo revistas de entretenimiento.

Me sorprendió ver el número de historias sensacionalistas inventadas, reproducidas por las agencias de noticias más respetadas con titulares totalmente falsos. Las historias más absurdas sugerían que yo había planeado deliberadamente esas fotos con una mujer para encubrir el hecho de que era homosexual o que estaba involucrado en una situación aun más "escandalosa". Otros hablaban horrores de Ruhama, afirmando falsamente haber sido sus novios anteriores. Naturalmente, los medios de comunicación no tenían ningún interés en entrevistar a nadie que pudiera elogiarnos o decir al menos la verdad. Varios amigos y conocidos intentaron hablar y fueron rechazados por los medios porque no tenían nada controversial o sensacionalista que decir.

Ruhama y yo teníamos que recordarnos que sólo nosotros

sabíamos la verdad. Estábamos convencidos de que sólo Dios sería el verdadero juez de nuestros actos, y a pesar de todo, sentíamos una gran paz al saberlo.

Anteriormente, siempre había tenido la impresión de que había una gran diferencia entre los espectáculos sensacionalistas y los verdaderos programas de noticias, entre la información sensacionalista y el verdadero periodismo. Por desgracia, hoy en día es muy difícil saber cuál es la diferencia. Y todos encuentran la forma de protegerse legalmente, por lo que es muy poco lo que puede hacerse para acabar con esto. Las leyes de "libertad de prensa" en Estados Unidos favorecen la prensa amarillista.

Ruhama, de quien la mayoría de las personas realmente no sabía nada, es una persona muy reservada. Siempre fue tímida y parecía ser la última persona en el mundo que quisiera estar frente a una cámara. Era una madre devota que se había divorciado trece años antes de casarnos y había dedicado todo ese tiempo a trabajar mucho y a educar a su hijo correctamente. Yo no podía entender por qué la trataban con tanta crueldad. El primer rumor decía que ella tenía dos hijos, uno mayor y uno menor, lo que implicaba que el menor era mío. No bastaba con que el sacerdote célibe fuera sorprendido en la playa con su novia; también querían que el choque de trenes incluyera un hijo por fuera del matrimonio. No sabemos quien empezó el rumor, pero todas las agencias de noticias lo repitieron durante los primeros días, hasta que realmente investigaron y descubrieron la verdad.

Ingenuamente, nunca esperé que algunos de mis colegas de los medios barrieran el suelo con mi reputación, aunque sintieran una gran presión para criticarme debido al gran número de católicos romanos que había entre su público. Pero eso fue exactamente lo que hicieron muchos de ellos. Irónicamente, la mayoría de los que se ensañaron conmigo y parecían estar más "escandalizados" por mis actos, eran católicos "nominales" que rara vez se molestaban en asistir a una misa dominical o en seguir las enseñanzas básicas de la Iglesia. Los que antes siempre criticaban a la Iglesia, ahora la defendían a capa y espada.

Cuando trabajaba en los medios de comunicación, muchas veces me criticaban porque yo me esforzaba mucho en acercar a las personas a la fe y en hacer que la vieja Iglesia —y muchas de sus prácticas— fueran más accesibles para todos. Aunque no me arrepiento de haber sido un sacerdote católico romano de mentalidad abierta, sin prejuicios y que les dio la bienvenida, a la hora de recibir algo de esa misma compasión cuando estuve en problemas, realmente no la recibí.

Curiosamente, los más duros conmigo fueron los católicos liberales que vivían con sus parejas sin haberse casado o se dedicaban a otras actividades que no tenían nada que ver con los valores tradicionales. De repente, estas personas fueron más papistas que el Papa y se sintieron profundamente ofendidas y escandalizadas por mi comportamiento.

No sé si fue una ayuda cómica ofrecida por Dios o simplemente una coincidencia graciosa, pero casi exactamente cinco meses después de anunciar mi decisión de unirme a la Iglesia Episcopal, el Vaticano anunció que iba a diseñar un programa especial para facilitar el ingreso de los anglicanos conservadores a la Iglesia Católica Romana, incluyendo a los sacerdotes casados.

Lo irónico es que mi anuncio de ingresar a la Iglesia Episcopal hizo que muchos comentaristas conservadores —incluso los miembros de los medios de comunicación católicos y seculares— destacaran lo que describieron como diferencias "enormes" entre nuestras dos iglesias. Algunos llegaron incluso a decir que "el padre Alberto ha cambiado de religión", algo totalmente falso y que siempre me pareció absurdo, ya que profesamos el mismo Credo. La Iglesia Episcopal forma parte de la Comunión Anglicana, que profesa la fe católica y ninguna otra. También somos una iglesia reformada, pero compartimos la misma fe apostólica y los mismos orígenes que los católicos romanos.

Sin embargo, cuando el Vaticano hizo el anuncio de bienvenida a los anglicanos, se produjo un vuelco total en la atención de los medios, incluyendo sugerencias de que yo podía regresar a la Iglesia Católica Romana como un hombre casado y estar de nuevo bajo las órdenes del Papa. ¡Qué absurdo era eso! De repente, porque Roma había agitado una varita mágica, resulta que ya no éramos tan "diferentes".

El anuncio llegó al extremo de sugerir que los anglicanos que se unieran a Roma podían conservar los aspectos de su "distintiva liturgia anglicana y tradiciones espirituales". Un día éramos los malos de la película, y al siguiente, éramos de nuevo parte de la familia grande y feliz de la Iglesia. ¡Aleluya!

La mayoría de los medios de comunicación no hacen muy bien su tarea cuando informan sobre asuntos de fe, y tienden a presentar noticias religiosas de la actualidad de una manera superficial y poco informada. Algunos son lo suficientemente inteligentes para tener consultores que los asesoran o para expresar opiniones bien informadas sobre temas relacionados con la fe y la religión. Pero, muchas veces, cuando la ignorancia sobre las tradiciones de la fe se hace evidente en los medios de comunicación, las personas religiosas somos los culpables. Lo merecemos: Porque *las personas de la Iglesia* nos hemos esforzado en hacer que los temas teológicos y religiosos sean más complicados y menos accesibles. En vez de hacer todo lo posible para hacer que los temas relacionados con la fe sean fáciles de entender, confundimos al público con palabras sofisticadas y prácticas complicadas. La fe debe ser una experiencia que traiga paz y gozo al corazón humano, creando un sentido de comunidad al acercar a las personas, no sólo a nuestro Ser Supremo, sino también entre ellas. La fe debería hacer que las personas reconocieran que todos venimos y vamos al mismo lugar. No estamos divididos en diferentes credos o denominaciones religiosas por un acto de Dios. Estamos separados porque la familia humana tiene la tendencia a encontrar más diferencias que puntos en común, más tensiones que armonía.

Si los medios de comunicación se interesaran en esto, podrían hacer mucho para cerrar las brechas y unir a personas de credos diferentes, en lugar de resaltar lo que nos separa. Siempre he tratado de ser un instrumento de ese tipo de unidad siendo abierto y acogedor en mi ministerio, participando activamente en los diálogos y en los programas con personas de diversos grupos y denominaciones religiosas.

Irónicamente, pocos días antes de que fueran publicadas las fotos, y sin tener la menor idea de la forma tan drástica en que iba a cambiar mi vida, conversé con una reportera en un evento de los medios de comunicación. La periodista me pidió que comentara sobre el presidente Lugo en Paraguay, el ex obispo que abandonó su ministerio para convertirse en presidente. Había sido acusado de tener hijos cuando supuestamente servía como sacerdote y obispo célibe.

—Las noticias en torno a este obispo son sólo un indicio más de que la Iglesia necesita verse a sí misma y preguntarse si el celibato puede ser revisado o convertido en opcional —le dije a la reportera, agregando que no nos correspondía a

nosotros juzgar a este hombre ni a ninguna otra persona—.
Dios es el único que puede juzgar lo que está en el corazón de
los seres humanos.

Al parecer, los medios de comunicación no estaban de
acuerdo conmigo en este punto.

CAPÍTULO DIEZ

RETIRO Y REFLEXIÓN

Un día después de la publicación de las fotos, hablé más de una hora con el obispo auxiliar y le dije todo lo que sentía en mi interior. Yo había ido a hablar con él porque durante nuestra reunión tan breve y tensa, el arzobispo me pidió que fuera a ver al obispo auxiliar para organizar un "retiro". El obispo auxiliar fue paciente, amable y comprensivo. Le expliqué mi situación con gran detalle y le dije que me estaba cuestionando muchos temas importantes de la Iglesia Católica Romana, incluyendo el celibato. También le dije que estaba contemplando seriamente casarme y tener una familia.

En concreto, le hablé de mis planes para unirme a la Iglesia Episcopal y le dije que ya estaba en conversaciones con sus líderes. En respuesta, el obispo auxiliar me sugirió que me fuera a "reprogramar mis ideas". Luego pareció sorprenderse a sí mismo diciendo algo que me hizo parecer como si yo fuera una computadora a la que tuvieran que reemplazarle el disco duro. Y después cambió súbitamente la palabra "reprogramar" por "replantear algunas de tus ideas".

Yo sabía exactamente lo que me estaba sugiriendo. En el pasado, había observado que más de un colega era enviado a esos lugares donde tratan de "reprogramarte"; instituciones creadas por los obispos para ayudar a los sacerdotes con problemas de adicción de cualquier tipo o para atender a los que necesitan asistencia psicológica o psiquiátrica. A veces se les llama "casas de retiro", pero realmente no son eso. Yo no creía que enamorarse y estar en desacuerdo con la Iglesia en una serie de importantes temas pastorales, ideológicos y disciplinarios era algo que justificara ser institucionalizado o "reprogramado", y así se lo dije al obispo auxiliar.

—Estas ideas y convicciones se han arraigado en mi corazón desde hace un buen tiempo —le dije.

De hecho, las había estado discutiendo con amigos, fieles y otras personas dentro del clero. Creía muy probable que, gracias a mi posición abierta sobre estos temas, la gente iba a mi parroquia y se sentía a gusto en esa Iglesia Católica Romana en la cual habían sido educados, aunque no practicaran o creyeran totalmente en muchas de las ideas anticuadas de la Iglesia.

La conversación con el obispo auxiliar terminó cordialmente. Era amable y me dio su bendición, pero me di cuenta que no estaba satisfecho con mis conclusiones. Parecía incluso un poco nervioso por nuestra conversación. Me entregó un pañuelo para secarme las lágrimas cuando me fui, pero luego comprendí que eran lágrimas de alivio: por fin me había desahogado por completo y le había dicho a un obispo católico romano todo lo que yo sentía. Me fui de allí sintiendo una paz inmensa.

Le dije que me retiraría un tiempo a reflexionar, pero que no pensaba que eso fuera a cambiar mi decisión. Por supuesto, cuando salí de esa reunión, yo sabía muy bien que el arzobispo, quien me había visto el día anterior, tendría que recibir información sobre ese encuentro con el obispo auxiliar. Al menos, así era la forma en que habitualmente funcionaban las cosas.

INCLUSO ANTES DE QUE YO pudiera enviar la carta solicitando mi "permiso de ausencia", recibí una del arzobispo marcada "Personal y Confidencial". No pude leer la carta en ese instante, pues no estaba en Miami y todo mi correo estaba siendo enviado a la parroquia de un amigo. Le pedí a mi amigo que abriera el sobre y me leyera la carta. Por el tono de su voz, percibí que se sentía incómodo debido al fuerte contenido, pero insistí en que la leyera de todos modos.

La carta me concedía un permiso por parte de la Iglesia y enumeraba una serie de restricciones, incluida la suspensión inmediata de mi sueldo y de mis beneficios. Quedé aturdido y desconsolado por el tono tan grave, impersonal y legislativo de la carta. Que yo recordara, el arzobispo nunca había impuesto ese tipo de castigo a ningún sacerdote, por más que hubieran sido acusados de abusar de menores o de incurrir en otros comportamientos delictivos. Sabía que esto era un hecho real porque durante varios años firmé los cheques de nómina y pagué los beneficios que la arquidiócesis les concedió a algunos de estos sacerdotes.

Por ejemplo, recuerdo a un sacerdote acusado de contratar

servicios de prostitución masculina. También había llamado la atención de los medios internacionales por su conducta, pues era una figura pública reconocida y ex presidente de una universidad local. Sin embargo, a diferencia de mi caso, las autoridades de la Iglesia nunca dijeron una sola palabra en público al respecto. De hecho, este sacerdote trabajó muchos años con el arzobispo después de su escándalo, que no tuvo repercusiones en la Iglesia.

También hubo varios sacerdotes acusados de abuso sexual y otras situaciones con menores de edad. Yo reemplacé a varios de esos sacerdotes en parroquias afectadas por esas acusaciones y tuve que leer las cartas de las autoridades eclesiásticas ante miles de fieles.

No sólo eso: me había propuesto extenderle una mano a los sacerdotes acusados cuando muy pocos lo hacían. Los llamaba ocasionalmente y los escuchaba cuando necesitaban desahogarse y decirle a alguien que la Iglesia los había herido profundamente. Independientemente de lo que hubieran sido acusados o de lo que hubieran hecho o no, trataba de que no se sintieran como leprosos en su propia iglesia; los invitaba a almorzar o los ayudaba con dinero si podía.

¿Qué tipo de ofensa le había hecho yo a la Iglesia para que me impusiera un castigo tan severo? Había declarado mi amor en público y admitido mi relación inapropiada con una mujer. No era el primer sacerdote en verse involucrado en un asunto como éste, pero quizas sí era el primer sacerdote en ventilar su dilema con los medios de comunicación internacionales mientras aún pertenecía a la Iglesia. Me retiraron de mi parroquia y me despojaron de mi cargo en la emisora, así como de mi sueldo y de mis beneficios.

No sé qué pretendía realmente la Iglesia al tratarme de

ese modo. Si yo hubiera estado al borde de un precipicio con la intención de saltar, esto habría sido más un empujón para lanzarme al abismo que una mano para llevarme a un lugar seguro. Sentí que toda mi repugnancia era la confirmación de Dios de que efectivamente había llegado la hora de seguir adelante y servir como sacerdote en una iglesia mucho más humana; al menos en una que pudiera admitir su condición humana en público.

Traté de imaginar lo que habría hecho si hubiera estado a cargo de la Iglesia, y mi respuesta no tardó en llegar: le habría dicho a ese sacerdote que estaba en problemas, "Déjame escucharte y ayudarte a salir de esto. Quiero que tomes decisiones que sean buenas para tu futuro personal, ya sea que te quedes aquí o que sigas tu camino".

Esta experiencia con la jerarquía de la Iglesia reforzó la lección que había aprendido desde hacía tiempo: los sacerdotes eran abandonados a su propia suerte cuando tenían que enfrentar las consecuencias de sus actos. Y ahora la Iglesia me abandonaba a mi suerte. Debería haberlo esperado, pues en muchas ocasiones ya había sido testigo de eso.

La otra persona con la que hablé en términos confidenciales fue con el obispo episcopal de la Diócesis del Sureste de la Florida, Leo Frade. Había visto mis fotos, y al verme sonrió:

—Creo que realmente ya has cambiado, Alberto —me dijo en referencia a las conversaciones que habíamos tenido sobre mis diferencias ideológicas con la Iglesia Católica Romana.

Mientras hablábamos, no pude dejar de comparar la reacción del obispo Frade con la de mi obispo romano. Aquí estaba un hombre que era totalmente compasivo y estaba preocupado por mi bienestar como persona. Se sentía tan molesto como yo por el tratamiento que me había dado la Iglesia, algo que ya había vivido en el pasado al recibir a otros sacerdotes católicos romanos en la Iglesia Episcopal. Estaba familiarizado con lo que yo estaba viviendo.

Le di las gracias por su honestidad y le dije lo que tenía en mi corazón: que estaba finalmente listo para ser recibido y servir a Dios como sacerdote en la Iglesia Episcopal. Él se mostró muy comprensivo y me abrió la puerta para seguir sirviendo a Dios, como un hombre casado, y me ayudó a ultimar todos los detalles de esta transición, un proceso que dura por lo menos un año.

POCOS DÍAS DESPUÉS DE QUE estallara el escándalo, abordé un avión para dirigirme a mi retiro. Yo estaba sentado en el pasillo y nadie ocupó el asiento del medio. Sentí una enorme sensación de alivio cuando el avión despegó. Por fin, ya no tenía que hablar con nadie. Podía leer los periódicos, el libro que había traído para el viaje y estar totalmente solo.

El joven sentado al lado de la ventana movía la cabeza; cantaba mentalmente y parecía un poco nervioso. Decidí empezar con los periódicos. Estaban llenos de artículos y comentarios sobre mis "fotos escandalosas". Sabía que tenía que leer algo más edificante, pero era mi manera de "escapar de todo". Además, mi retiro espiritual sólo comenzaría oficialmente cuando me bajara del avión, así que me di permiso para leer las noticias.

Después de un rato, el joven que había estado cantando mentalmente, me dijo:

—Es la primera vez que viajo en un avión y estoy realmente asustado.

Tenía acento latino y sentí una oleada de paranoia. No

quería que me reconociera, por lo que me aseguré de responderle en inglés, diciéndole que todo estaría bien.

—Sí, pero recuerdas el 9/11, ¿verdad? —me respondió.

—No te preocupes; eso no va a pasar hoy —le dije.

—Espero que no; soy cantante y voy a cantar con Ricky Martin —respondió.

Yo tenía miedo de que en cualquier momento me preguntara cuál era mi ocupación. Efectivamente, antes de dejar de pensar en eso, me preguntó:

—¿Qué haces?

—Soy sacerdote —le respondí rápidamente.

Me miró a los ojos.

—¡Padre Alberto! ¡Yo sabía que esa voz la conozco!

Nos dimos la mano y empezamos a hablar. Traté de hablar en voz baja, pero él me felicitó en voz alta.

—¡Padre, estamos con usted! —gritó—. Lo que usted hizo fue natural. No tiene nada de qué avergonzarse.

Le di las gracias, pensando en seguir con mi lectura, pero no tuve suerte. Él quería seguir hablando y saber todos los detalles.

Una vez se apagaron las luces del cinturón de seguridad, una mujer que iba detrás se acercó y nos preguntó si podía sentarse en medio de los dos. Inmediatamente empezó a conversar con el joven cantante.

Me sentí aliviado de estar solo. Entonces el cantante le dijo a la mujer:

—¿Sabes quién es? —y me señaló.

Ella me miró sin expresión alguna. Una vez más me sentí aliviado.

Sin embargo, el cantante continuó:

—Es el padre Alberto, un padre muy famoso para nosotros los latinos.

La mujer me miró y asintió.

—Ahora sé por qué Dios me mandó a sentarme aquí. Quiero que sepa lo que hago: les doy consejos a los pastores y a sus esposas.

¡Quedé en estado de shock! Dios me había enviado un ángel del cielo con un mensaje muy directo. La escuché con mucha atención.

Me miró a los ojos y me dijo:

—No debes tener miedo porque eres un agente del cambio. Estás cumpliendo una misión de Dios; simplemente deja que Él te guíe.

Realmente no podía creerlo. Eso ya era demasiado. Había pasado muchas noches sin dormir y pensé que quizás estaba perdiendo el juicio. Pero esta mujer era real, de carne y hueso, y cuando se sentó junto a mí, me ofreció palabras de consuelo en voz baja, me dio su mensaje de paz y de luz en medio del dolor y de la oscuridad que yo estaba sintiendo.

Cuando el avión aterrizó, pensé, *Dios siempre ha sido bueno conmigo. ¿Por qué no habría de serlo ahora? Solo tengo que abrir los oídos para escucharlo.*

ESTUVE RECLUIDO DURANTE DIEZ DÍAS sin teléfono, correo electrónico, periódicos ni visitas. Sólo quería reflexionar.

Mi teléfono celular fue bombardeado constantemente con llamadas y mensajes de texto provenientes de medios de comunicación internacionales, nacionales y locales que querían hablar conmigo. No le respondía a nadie. Me era particularmente difícil no responder a conocidos y a algunos amigos que esperaban que les diera una entrevista "exclusiva" a causa de nuestra relación de trabajo en el pasado. Pero me había prometido a mí mismo y a mi familia que no hablaría de nuevo con la prensa hasta que no estuviera listo para anunciar mi próximo paso.

Era difícil sentir tanta presión por parte de personas que decían ser mis "amigos", pero que eran muy insensibles a mi necesidad de tomar distancia. De repente, sus actividades eran más importantes que nuestra amistad.

No podía entender cómo, después de tantos años de estar a su disposición en los momentos difíciles, ellos no podían hacer lo único que necesitaba: que me dejaran en paz. Muchos se tomaron a nivel personal que no les devolviera las llamadas, aunque realmente no podía. Algunos aprovecharon incluso la oportunidad para decir al aire que no me comportaba como un amigo o que estaba en "contra de los medios". Y aunque nada de eso era verdad, esos comentarios me hicieron alegrarme aun más de estar lejos.

Hice lo que estaba a mi alcance para mantener alejada a Ruhama de los medios. Esto fue un verdadero desafío. Algunos informaron que habíamos volado a Nueva York en el avión privado de una celebridad. Otros afirmaron que había huido a Guatemala, su país natal. Pero ninguna de las versiones de los tabloides era cierta. De hecho, muy poco de lo que informaban los medios de comunicación sobre nosotros lo era.

En realidad, Ruhama todavía estaba en la Florida. Era el comienzo de las vacaciones de verano de Christian, y ella lo llevó a Orlando. ¿Qué mejor lugar para esconderse que en medio de una multitud de turistas en Disney World? Ella estaba decidida, al igual que yo, a escapar del acoso constante y encontrar un poco de paz para ella y, lo más importante, para su hijo adolescente.

Christian no estaba enterado de la naturaleza íntima de nuestra relación antes de que las fotos fueran publicadas. Cuando nos vimos obligados a decírselo, su reacción fue sorprendente y muy positiva; él me conocía desde hacía muchos años y me consideraba un buen amigo.

—Me siento feliz por los dos —nos dijo—. Ustedes se aman, y eso es lo que más importa.

¡Guau! Nunca había esperado que un joven de catorce años reaccionara con tanta madurez y seguridad, pero lo cierto fue que lo hizo. Me sentí bendecido una vez más.

Ruhama y yo no nos vimos durante esos diez días. Fue una de las cosas más duras porque es muy difícil apoyar y proteger a las personas que amas desde lejos. Gracias a mi amiga y productora Nely Galán y a su familia, pudimos reunirnos después de mi retiro en su casa de Los Ángeles, lejos de Miami y de los paparazzi que no nos dejaban en paz. Nely es una gran amiga y nos ofreció mucho apoyo a Ruhama y a mí en esos días antes de anunciar mi decisión sobre el futuro.

Mientras todas estas especulaciones sobre lo que yo haría a continuación seguían apareciendo en la arena pública, continué mis conversaciones privadas con el obispo Frade. Fueron discusiones francas y abiertas sobre una decisión que había aplazado demasiado tiempo.

Nos reunimos de forma confidencial, debido a que algunos miembros de los medios de comunicación me acechaban constantemente y yo no quería que publicaran algo más sobre mí antes de hacer un anuncio formal. Mi proceso personal para convertirme en anglicano ya había comenzado pocos años atrás, así que no me sorprendí cuando algunos periodistas comenzaron a sugerirlo. Sin embargo, yo quería tener la oportunidad de orar para confirmar que esa era realmente la voluntad de Dios para mí y saber el momento adecuado para anunciarlo.

También era fundamental explorar con Ruhama si estaba igualmente interesada en dar ese paso conmigo. Aunque esto no era un requisito, pues hay muchos matrimonios donde los dos cónyuges pertenecen a denominaciones diferentes y se respetan mutuamente en sus diversas tradiciones espirituales, tuve la fuerte sensación de que ella también quería dar este paso.

Yo la había mantenido informada de mis conversaciones con clérigos episcopales y de otras denominaciones que ofrecieron su compañía y amistad sincera. Ella y yo sabíamos que sería difícil que las personas —especialmente las latinas— entendieran que no iba a "cambiar de religión" como dijeron muchos. No tenía ningún deseo de abandonar mi credo, la vida sacramental ni muchos otros aspectos de mi fe y tradición católica; por eso fue que me atraía tanto la Iglesia Episcopal —que somos parte de la Iglesia, que es una, santa, católica y apostólica.

Ruhama y yo estábamos familiarizados con el *Libro de Oración Común*, y hablamos de las principales diferencias entre el catolicismo y el anglicanismo. Desde mi punto de vista, sería una transición natural. La Iglesia Episcopal es parte de la Comunión Anglicana —parte de la Iglesia de Inglaterra— la cual tiene una rica tradición que se remonta a los primeros siglos del cristianismo. Los anglicanos y los católicos romanos comparten el mismo credo básico de los primeros cristianos, así como muchas tradiciones y prácticas.

De hecho, los anglicanos somos "católicos" —aunque no romanos— y nuestras creencias y prácticas así lo demuestran. Contrario a la creencia popular, el anglicanismo no comenzó de un día para otro con la oposición de Enrique VIII al Papa en el siglo XVI. Tenemos un patrimonio mucho más rico y una tradición que se evidencia en los muchos siglos de historia cristiana que tiene la Iglesia de Inglaterra. Los anglicanos tampoco son, como he oído decir, "Católicos *light*" ni "Católicos *sin papa*". Consideramos a la Biblia, la tradición y la razón como nuestros pilares. Celebramos la Eucaristía y honramos a María y a los santos. Nuestra liturgia se basa en las mismas tradiciones católicas derivadas de la Iglesia primitiva, aunque también somos una Iglesia influenciada por la Reforma.

El tema de la razón en la Iglesia Episcopal es muy importante porque los anglicanos tienen el reto de tomar sus propias decisiones sobre la base de lo que es bíblico y verdadero, y no sobre lo que decide una autoridad ajena en un momento dado de la historia. Mis posiciones teológicas fundamentales sobre Dios no han cambiado, y probablemente nunca lo harán. Sin embargo, mi manera de entenderlas sí.

El comienzo de mi evolución ideológica se remonta a varios años y mucho antes del fiasco mediático que resultó de las fotos de nosotros dos en la playa. Yo llevaba un buen tiempo reflexionando sobre mi forma de percibir la naturaleza de la Iglesia y muchas cosas con las que ya realmente no estaba de acuerdo. Cambiar de religión significa cambiar tu sistema de creencias fundamentales, pero yo no estaba interesado en hacer eso. Mi sacerdocio y mi dedicación a la fe —a la fe de mi bautismo— permanecería intacta como miembro de la Iglesia Episcopal. Yo no "cambié de religión", pero si cambié de equipo o familia espiritual. Como lo dijo un obispo sabio, "El padre Alberto no ha cambiado de liga, sino que cambio de equipo".

Desde una perspectiva laica, una de las mayores diferencias entre los episcopales (anglicanos) y los católicos romanos tiene que ver con la autoridad y el gobierno, ya que no tenemos una autoridad centralizada que gobierna y toma las decisiones para toda la Iglesia. En la Iglesia Episcopal, las decisiones se hacen en colaboración; tanto los laicos como los pastores participan en la autoridad de la iglesia y en la elección de sus dirigentes. Esta es la manera en que se hacía en los orígenes del cristianismo. En la Iglesia Anglicana encontré muchas cosas que estaban más cercanas a la Iglesia primitiva que en lo que se practica comúnmente en la Iglesia Romana en la que fui criado. Los latinos, sobre todo, han sido adoctrinados para creer que sólo existe una Iglesia verdadera y que no hay salvación fuera de ella. Pero al pasar los años me di cuenta que eso no podía ser cierto. ¡Dios es simplemente demasiado grande para eso!

MI NUEVO OBISPO COMPRENDIÓ MI forma de pensar y mi situación como sacerdote y como hombre. Me mostró el tipo de humanidad que uno espera de un líder espiritual, una auténtica preocupación por la persona y no sólo por la imagen de una institución.

Al mismo tiempo, comprendí que el obispo Frade estaba a punto de correr un riesgo si anunciaba que me aceptaba y me permitía continuar sirviendo en el ministerio del sur de la Florida como miembro de la Iglesia Episcopal. Los sectores conservadores dentro de la Iglesia Católica Romana, e incluso varios de la Iglesia Episcopal, se escandalizarían y preocuparían por el impacto que tendría todo esto. Me sentí bendecido de que el obispo Frade me conociera bien y estuviera dispuesto a manejar la situación con respeto a mi dignidad como persona y como sacerdote, independientemente de todo el revuelo que habría dentro y fuera de ambas iglesias.

El 28 de mayo de 2009, después de estar absolutamente seguro de que Dios quería que yo diera un paso adelante, Ruhama y yo fuimos recibidos en la Iglesia Episcopal, y leí esta declaración ante los miembros de innumerables medios de comunicación que estuvieron presentes:

Queridos amigos:

El Libro de los Salmos nos dice: "Muéstrame tus caminos, Señor, y enséñame tus sendas".

Estas palabras me han acompañado durante muchos años.

La vida de un hombre o de una mujer de fe es una búsqueda constante de la voluntad de Dios: siempre estamos buscando la senda que Dios tiene para cada uno de nosotros. Hoy me presento ante esta comunidad a la cual he tratado de servir y de seguir amando con todo mi corazón para anunciar que continúo con mi llamado para transmitir el mensaje del amor de Dios y la vocación que Dios me dio para el servicio sacerdotal. Más que nunca, estoy seguro de que Dios es amor y que Él es la fuente de todo amor.

He indagado en mi alma y buscado la orientación de Dios. También he hablado con amigos de la Iglesia Episcopal y de otras denominaciones cristianas sobre su servicio a Dios, y he sido testigo de las formas en que ellos le sirven como hombres casados, con la bendición adicional de formar una familia.

También debo reconocer que durante mucho tiempo empecé a tener profundas luchas espirituales e ideológicas. Aquellos que me conocen saben que nunca quise hacerle daño a nadie, especialmente a mis familiares, amigos, ni a la comunidad de la Iglesia. Además, mi lucha personal no debe en modo alguno empañar el compromiso de tantos hermanos sacerdotes que son célibes y fieles a su promesa. Siempre amaré y apreciaré a la Iglesia Católica Romana y a todos sus miembros que están comprometidos con su fe.

Hoy, he decidido formar parte de una nueva familia espiritual dentro de la gran sombrilla del cristianismo, una que comparte las mismas raíces y no se aleja demasiado de las tradiciones y del culto al que estoy acostumbrado. Como he venido diciendo y escribiendo desde hace años a través de mi labor en los medios de comunicación, en lugar de concentrarnos en las diferencias, hago un llamado para que trabajemos unidos y podamos creer en un Dios amoroso y bondadoso, a pesar de este mundo cambiante.

Les pido a todos que por favor respeten mi privacidad y la de mis seres queridos. Ha habido mentiras, insinuaciones, rumores y actos perjudiciales por parte de quienes desean aprovecharse de mi vida y de mi situación en estos momentos. Respetuosamente les pido que dejen de hacerlo.

Al comenzar esta nueva etapa en nuestras vidas, les pido que me brinden a mí y a mis seres queridos la misma cortesía y respeto que todo ser humano merece. Me siento muy honrado por el apoyo ofrecido por tantas personas de todo el mundo y de nuestra comunidad, especialmente a nuestros amigos y familiares, que nos han brindado un amor y un apoyo incondicional.

Gracias y que Dios los bendiga.

Padre Alberto

LA AIRADA REACCIÓN y la respuesta elaborada de mi ex jefe, el arzobispo de Miami, a esta declaración, hizo que todo el mundo pensara que yo había sido deshonesto al expresar mis preocupaciones y planes futuros a él o a sus auxiliares. Yo estaba convencido de haber sido tan honesto con él como pude serlo, especialmente después de haberme concedido una audiencia tan breve e impersonal. Durante esa reunión en la tarde del 6 de mayo de 2009, el arzobispo dejó en claro que no tenía el más mínimo interés en conocer más detalles sobre mi situación personal. Su principal preocupación era proteger y defender la imagen de la institución que representaba, y quizás incluso su propia imagen como líder local de esa institución.

Yo había entendido que el obispo auxiliar, con el que me reuní al día siguiente y compartí los detalles de todas mis diferencias ideológicas con el catolicismo romano y mi intención de entrar a la Iglesia Episcopal, le informaría de esto a su jefe. No sé exactamente qué sucedió en esas tres semanas entre el 6 y el 28 de mayo, pero por la respuesta del arzobispo, era como si no hubieran tenido ninguna comunicación real sobre mi situación, que parecía estar sin embargo en la mente de todo el mundo dentro y fuera de la Iglesia. Dada la notoriedad de la situación, esto me parecía casi imposible.

Aunque mi carta de dimisión fue entregada personalmente en la oficina del arzobispo en la mañana que hice mi anuncio oficial de mi entrada a la Iglesia Episcopal, el arzobispo afirmó públicamente que no la había recibido y no sabía nada al respecto. Pero mi carta si *estaba* allá, por lo menos varias horas antes de la conferencia de prensa en la Catedral de la Trinidad. Tuvo incluso la osadía de utilizar el ejemplo del hijo pródigo al referirse a mí; pero cuando tuvo la oportunidad de poner en práctica esa hermosa parábola, el día en que yo más necesitaba la comprensión de una figura paterna, recibí justamente lo opuesto. El padre de la historia del hijo pródigo no cuestionó, juzgó ni intimidó a su hijo, sino que hizo todo lo posible para reconfortarlo, mostrando misericordia y comprensión. Cuando yo estaba en problemas y fui a ver a la persona que la Iglesia identificaba como el "padre espiritual de un sacerdote", me encontré con varias preguntas sobre la imagen de la Iglesia y muy poca preocupación por mi bienestar, por no mencionar la ausencia total de preocupación por mi familia.

Me pareció injusto e hipócrita que alguien como el arzobispo, que siempre había actuado como el director ejecutivo de una compañía de Fortune 500 —tan poco interesado en mí como persona a pesar de que pasé varios años solucionando sus problemas— ahora se quejara públicamente de que yo no le había dado una explicación personal y detallada de lo que pasaba en mi vida. ¡Él pudo haber tenido consideraciones sacramentales legítimas, pero nunca una personal! Y fue él quien dejó perfectamente en claro con sus actos y apatía que quería que las cosas fueran así. He conocido de cerca a sacerdotes, obispos y hasta unos cuantos cardenales —en todo el mundo—, y ninguno de ellos me había parecido tan desinteresado y desconectado de mi vida y de mi ministerio como mi propio obispo. Por ejemplo, cuando publiqué *Ama de verdad, vive de verdad* (mi primer libro de autoayuda) en 2006, por respeto le envié la primera copia a él, incluso antes que a mi madre. Cuatro cardenales, varios obispos (uno de ellos desde el Vaticano) y otros líderes de la Iglesia que recibieron sus copias algunas semanas después, me enviaron notas de agradecimiento y de reconocimiento cuatro meses antes de que mi obispo me enviara una nota o cualquier otro tipo de comentario. La distancia, la separación y la indiferencia con respecto a mi ministerio tan público era su *modus operandi*. Nunca he entendido por qué se comportó de esa manera, siendo él la persona dentro de la jerarquía que tendría que estar más interesado.

Se nos enseña que estamos llamados a ser instrumentos de la misericordia de Dios, pero quienes hemos dedicado mucho tiempo a llevar compasión a tantas personas, rara vez somos tratados así cuando más lo necesitamos. Si acaso fallé en mantener mi promesa del celibato —y sé que lo hice—, ¿qué pasa con el resto de la Iglesia, esa "autoridad moral internacional"? Me pregunté cómo podría esta institución abordar las realidades del siglo XXI, especialmente con todos los problemas relacionados con el clero y su conducta.

¿Podría la Iglesia Católica Romana ser más humana y menos dogmática? ¿Qué hacía y cómo reaccionaba cuando pasaba algo "inferior a lo ideal"? ¿Cómo manejaba la Iglesia temas de la condición humana, y especialmente la sexualidad en general?

La respuesta se hizo más y más clara para mí: por desgracia, no muy bien.

CAPÍTULO ONCE

NUESTRA SENCILLA
BODA GRIEGA

Las escandalosas historias inventadas sobre nosotros siguieron apareciendo en los medios de comunicación. Mientras tanto, después de regresar de mi retiro, Ruhama y yo tratamos de concentrarnos en lo más importante para nosotros: comenzar nuestra nueva vida juntos.

A pesar de la tormenta mediática y de los actos dañinos de muchas personas que aprovecharon la ocasión para hacer dinero rápido, empezamos a disfrutar de esa tranquilidad interior que se siente al saber que no teníamos ninguna razón para ocultarle nuestro amor al mundo. Fue muy agradable para mí caminar por la calle con Ruhama tomados de la mano o pasando mi brazo alrededor de ella como cualquier hombre enamorado, sin tener que escondernos. Mi madre y mis hermanas recibieron a Ruhama con los brazos abiertos, y su familia también se alegró mucho por ella.

Gracias a la generosidad de un buen amigo de la diócesis episcopal que nos prestó una casa en Key Biscayne, logramos escapar de los paparazzi durante unas semanas para estar solos y planear nuestro futuro, especialmente el día que habíamos soñado durante tanto tiempo: nuestra boda. Pero los fotógrafos implacables nos encontraron incluso allí. Durante varios meses, las cámaras nos apuntaban a dondequiera que fuéramos. De vez en cuando, Ruhama lloraba y me preguntaba:

—¿Cuándo van a dejarnos en paz?

—Pronto —le aseguré.

Yo tenía otro tipo de preocupaciones: pedirle oficialmente a Ruhama que se casara conmigo. La mayoría de los hombres le piden la mano al padre de la novia; en la ausencia de su padre difunto yo se la pedí a Christian. Él sonrió y me dijo de inmediato:

—¡Es tuya!

Por lo tanto, una hermosa tarde de junio, llevé a Ruhama al auto con la promesa de darle una sorpresa. Ella no sabía adónde íbamos. Me dirigí primero al lugar donde nos habíamos visto por primera vez y no pudimos apartar nuestros ojos el uno del otro: las escalinatas de la Iglesia de San Patricio, en Miami Beach. Nos besamos en los escalones, ella lloró, y hablamos un poco de aquel momento difícil y de lo felices que éramos de estar finalmente juntos.

Entonces le dije que teníamos que hacer una parada más. Esta vez, la llevé a la misma playa donde la paparazzi había tomado las famosas imágenes. Fue un momento espléndido para los dos, escuchando el sonido intemporal e inimitable de las olas, y mirando el cielo transformarse de un color rosa a una serie de tonos más profundos mientras el sol se ocultaba en el firmamento.

Habían transcurrido cuatro meses desde aquella mañana fría en que fuimos descubiertos por la fotógrafa. Era un poco extraño estar allí, aunque sólo fuera por unos minutos. Por un momento, sentimos como si todo el mundo nos mirara y juzgara por lo que estábamos haciendo —una especie de *deja vu.*

A pesar de aquella sensación extraña, yo sabía que era una manera buena de comenzar a sanar el pasado, de borrar las muchas historias dolorosas y las suposiciones falsas que rodearon aquel día.

Mientras caminábamos juntos, toqué la cajita que llevaba en mi bolsillo. Contenía un anillo de compromiso, un diamante simple engastado en una sortija de oro blanco. Aunque ya había hablado largo y tendido sobre mi deseo de casarme, quería darle un anillo en un lugar especial y el momento adecuado: allí en la playa. En pocos minutos estaríamos rumbo a una fiesta de compromiso organizada por un grupo de amigos en la casa de mi hermana menor. Le compré el anillo en secreto al hermano de uno de mis compañeros en la emisora: era mi psicólogo favorito del programa y su familia se dedicaba al negocio de la joyería. Yo sabía que podía confiar en él para mantener mi compra en secreto, pues quería que Ruhama se llevara una gran sorpresa.

Caminamos por la playa mientras el sol descendía en el firmamento, tratando de localizar el punto exacto, no muy lejos de la colorida cabaña del salvavidas donde habíamos extendido nuestras toallas el día en que fuimos sorprendidos. Cuando llegamos, me arrodillé en la arena, saqué el anillo de mi bolsillo y se lo di a Ruhama. Fue el momento que había soñado durante mucho tiempo.

—Mi amor, ¿quieres casarte conmigo?

Los ojos color miel de Ruhama se llenaron de lágrimas, y ella sonrió.

—Sí —me dijo, y nos besamos mientras los últimos rayos del sol le daban un tinte dorado a la arena anteriormente pálida.

PREPARARSE PARA UNA BODA PUEDE ser estresante en cualquier circunstancia. En el caso nuestro, la "telenovela" en curso que los medios amarillistas se ocupaban de armar en torno a nuestro romance, hizo que fuera el doble de estresante. Pero tratamos de ignorarla tanto como fuera posible, especialmente cuando parecían tener tan poco interés en la verdad. Superamos la situación con el poder de la oración y leyendo buenos libros que nos permitían escapar de los encuentros diarios con los periodistas y con todo tipo de curiosos en casi todos los lugares adonde íbamos.

Afortunadamente, recibimos la ayuda de mucha gente buena. Por ejemplo, una cuñada de Ruhama la acompañó donde la señora Carmin, una amiga que vendía flores y que era un genio de la decoración. La señora no reconoció a Ruhama en un comienzo, pero cuando preguntó los nombres de la novia y el novio y el lugar de la boda, Ruhama no quería decirlo al instante y luego comenzó a llorar.

Inmediatamente, la señora Carmin la miró y le dijo:

—No te preocupes; yo te ayudaré. Solo dime lo que necesitas.

Cuando Ruhama explicó el tipo de flores que quería, la señora Carmin le dijo:

—Todo será gratis. Yo me ocuparé de todo.

Ruhama no podía creer tanta generosidad y buena suerte; desde hacía varios meses había sido acosada por personas que sólo querían quitarnos en lugar de darnos. Pero aún faltaba más. Aunque parezca increíble, este ángel caído del cielo, la señora Carmin, agregó:

—Conseguiré el *cake* y un chef magnífico para que puedan tener su comida griega especial. Sólo pagarán por el chef.

Ruhama estaba deslumbrada; le dio las gracias y fue a buscar su vestido de novia. Y de nuevo tuvo suerte. En la primera tienda nupcial que entró, la empleada le mostró unos quince vestidos diferentes. Ruhama eligió el primero que se probó "porque era el más bello", me dijo esa noche.

—Además —añadió—, tenía el 75 por ciento de descuento. ¡Creo que realmente hoy fue mi día de suerte!

NUESTRA BODA SE CELEBRÓ el 26 de junio de 2009 en la histórica Iglesia San Bernardo de Clairvaux en el norte de Miami Beach, un antiguo monasterio español construido en Sevilla por monjes y luego traído por partes a los Estados Unidos, donde fue ensamblado y donado para albergar a la iglesia. Irónicamente, esta iglesia era como nosotros dos: había comenzado como católica romana y se había vuelto episcopal con el paso del tiempo.

Llegué a la iglesia quince minutos antes que Ruhama. Había todo tipo de medios por todos lados —especialmente a las puertas del histórico monasterio— y parecía que cientos de personas querían tomarnos fotos y hacerme preguntas. Cuando nos acercamos a la iglesia, la multitud corrió hacia el automóvil donde iban Christian —mi hijastro— y dos queridos amigos que eran mis padrinos de boda: por poco se suben al capó; el auto fue sacudido de un lado al otro.

Entramos a la iglesia con la mayor rapidez posible. Uno de mis mejores amigos de la infancia estaba en el asiento delantero, y como es un tipo grande, varios medios sensacionalistas insistieron en que era mi guardaespaldas; simplemente era mi gran amigo, que me estaba acompañando y fue tan generoso que nos ayudó a pagar casi toda la boda.

Cuando llegó la limusina con Ruhama y sus damas de honor unos minutos más tarde, las cámaras y los reporteros detuvieron el vehículo y lo sacudieron de un lado al otro. Cientos de *flashes* destellaron tratando de obtener una imagen de la novia a través de las ventanas oscuras. En realidad, había más periodistas y cámaras fuera de la iglesia que familiares y amigos adentro; sólo habíamos invitado a sesenta y cinco personas, entre ellas dos obispos y a varios sacerdotes con sus cónyuges. Nos aconsejaron mantener nuestra boda lo más privada y pequeña posible, y como estábamos agotados por todo el ruido y la atención pública que nos había acechado en los últimos meses, ese fue el mejor consejo.

Independientemente de lo que estuviera pasando afuera, el interior del monasterio estaba lleno de paz y de oración. Fue una devota celebración del rito sacramental del matrimonio que oficiaron nuestros buenos amigos: el obispo Leo Frade y el Obispo Onell Soto. Todo fue como un sueño.

Cuando Ruhama entró por el pasillo del centro con su hermano mayor, nuestras miradas se encontraron, y fuimos llevados de nuevo a ese primer momento en que nos vimos en las escalinatas de San Patricio y supimos que el nuestro era un amor a primera vista. Ese amor y esta boda eran verdaderos milagros de Dios.

Por otro lado, quizás la parte más memorable de nuestra ceremonia fue la forma en que los dos rezamos, escuchamos las lecturas de la Sagrada Escritura y nos arrodillamos para tomar juntos la sagrada comunión —en paz ante Dios— por vez primera como marido y mujer. ¡Fue una verdadera bendición! Pensé en los apóstoles, en los treinta y nueve papas y en casi todos los sacerdotes que se habían casado durante más de mil años. Imaginé a los miles de sacerdotes que se casaron en los primeros 1.200 años de historia de la Iglesia, cuando el celibato era opcional; esos matrimonios también debieron ser celebraciones felices en compañía de otros sacerdotes casados, de los miembros de su comunidad, de sus familiares y amigos. ¡No era algo nuevo!

Nuestros familiares más cercanos y un grupo pequeño de amigos se reunieron para celebrar con gran alegría lo que quizás fue la boda más controvertida en la historia reciente de Miami: el matrimonio del sacerdote popular y su novia secreta. Para nosotros, era sólo la culminación de muchos años de amarnos.

La primera canción que bailamos fue un momento mágico. Escogimos "Always and Forever" de Heatwave, pues expresaba muy bien lo que los dos habíamos sentido mutuamente desde el principio. Llevaba veintidós años sin bailar, y esa noche bailé casi cuatro horas sin parar. No pude dejar de recordar mis primeros días después de entrar al seminario, cuando tenía dieciocho años y nuestro decano de estudiantes (tal como se le llamaba al encargado de la disciplina) nos dijo: "¡Los seminaristas no bailan!". Yo cumplí esa norma, así que me sentí entusiasmado en la pista de baile, y también un poco más que oxidado.

La comida era griega, en honor a la herencia familiar de Ruhama. Fue en Grecia donde también elegimos pasar nuestra luna de miel, y donde seguimos bailando. Dios nos había bendecido con la posibilidad de estar juntos, y estábamos decididos a vivir esta nueva vida, sin nada que esconder, con tanta plenitud y alegría como fuera posible.

• • •

SÓLO ESTUVIMOS CINCO DÍAS en Grecia durante nuestra luna de miel porque no teníamos mucho dinero, pero había un sitio muy especial —y nada turístico— que teníamos que visitar a toda costa. Casi exactamente un año antes de nuestra boda, el padre de Ruhama había estado en su lecho de muerte en Grecia con cáncer terminal. Cuando ella fue a verlo, hizo una breve visita a un monasterio ortodoxo griego en Egina (o Aegina en griego), una isla a unas diecisiete millas de Atenas. El padre de Ruhama era ortodoxo griego y Christian había sido bautizado en esa tradición.

Personas de todo el mundo visitan el monasterio para ver la tumba de San Nectario, ya que muchos afirman que si le oras a Dios desde su tumba, te concederá grandes milagros. Hacía un año, Ruhama había ido allí a rezar por su padre. También encendió una vela por nosotros en ese lugar de oración y le prometió a Dios que al año siguiente traería a su marido de visita. Visitar al "Santito", como lo llama Ruhama, fue un momento esencial en el inicio de nuestra vida de casados.

Fue un viaje arduo, que requirió maniobrar nuestro pequeño auto alquilado por las estrechas y sinuosas carreteras de la isla. Finalmente, llegamos al encantador monasterio en el punto más alto de Egina, donde tuvimos una vista espléndida del océano azul que rodea las islas griegas.

Cuando estuvimos juntos allí, Ruhama y yo elevamos una oración de agradecimiento a Dios por habernos convertido finalmente en marido y mujer. Habíamos cumplido nuestra misión. A pesar de la oposición y las críticas, finalmente habíamos unido nuestras vidas.

CAPÍTULO DOCE

EL MITO DEL CELIBATO

Siempre he creído que Dios es amor. Pero he aquí el misterio: para la mayoría de nosotros, *encontrar* el amor verdadero y *vivir* una verdadera vida de amor no sucede fácilmente. Es una lucha; tal vez la lucha más valiosa y fundamental de nuestra existencia humana, simplemente porque es la que todos compartimos. Sin embargo, cuando un sacerdote se enamora, de todos modos es lógico preguntarse qué podría llevar a un hombre que ya tiene tal abundancia de amor en su vida —el ministerio, la Iglesia, el sacerdocio, el pueblo al que sirve y las promesas que hizo delante de Dios— a involucrarse en una historia "secreta" de amor.

Algunos concluyen rápidamente que debe ser el resultado

de su soledad y de su deseo de intimidad sexual. Otros limitan los actos del sacerdote a la caja blanca y negra de la inmoralidad y el pecado. Muchos se sienten ofendidos por la aparente indiferencia hacia las reglas oficiales de la Iglesia, especialmente la exigencia o promesa del celibato.

Sin embargo, después de haber pasado por esta experiencia, sé en mi corazón que estos juicios rápidos no pueden abarcar la situación particular de ningún individuo. No se trata de algo tan simple como un hombre o una mujer que comprometen su vida a la Iglesia, y luego sienten que deben escoger entre el amor de Dios y el deseo muy natural —y bueno— de amar a otro ser humano. Ese es el dilema que he tratado de exponer en este libro en su máxima expresión y en su forma más compleja, ya que se trata de una carga pesada que llevan muchas personas —no sólo los miembros del clero— que se enamoran, pero no pueden expresar su amor, y descubren que sus vidas son destruidas, así como las vidas de quienes se preocupan por ellos.

Como he escrito en estas páginas, este dilema no puede ni debe reducirse a la lucha básica entre el bien y el mal. Enamorarse de otra persona cuando estás comprometido con la Iglesia, no consiste únicamente en romper una promesa o en cometer un pecado. Aquellos que dan su vida al servicio de Dios y del prójimo son amorosos, cuidadosos, responsables y fieles en su mayoría; están realmente dedicados a hacer lo que es bueno.

Sin embargo, y al igual que todos los seres humanos, llegamos a esta profesión especial y a esta forma única de vida con nuestras limitaciones individuales y nuestros conflictos internos. Nosotros, los sacerdotes y las monjas, muchas veces no estamos a la altura de los ideales que nos traza la Iglesia ni de la imagen idealizada que tienen muchas personas de nosotros. Sin embargo, a diferencia de la mayoría de los seres humanos, tenemos que someter nuestros errores humanos, nuestras dificultades y nuestra evolución interior al escrutinio público, mientras aprendemos a reconciliar lo que Dios, la institución eclesiástica y lo que los demás esperan de nosotros, sin importar cuán realistas sean esas expectativas. ¡Es mucha presión!

Esta situación es comparable a la de una persona que se enamora y se casa con toda la intención de mantener los votos sagrados del matrimonio, y luego descubre que la relación no es como lo había planeado, ni lo que debe ser. Uno de los dos cambia, y lo hace de tal forma que ambos siguen por distintos caminos, en lugar de trabajar juntos como equipo.

Durante mucho tiempo, padecí un tira y afloja entre una parte que era buena —mi amor por Dios— y otra que también era buena —mi amor por la mujer a quien yo quería amar, honrar y apreciar en el matrimonio con todo mi corazón. Fue una batalla interior entre un amor sobrenatural y un amor natural. Caí en la trampa de creer que la única manera de sentir estos dos amores como sacerdote era ocultando uno de ellos. Ahora, he llegado a creer que estos dos amores me fueron dados por Dios, que es en última instancia, la fuente de *todo* amor, y realmente no necesita que ninguno de nosotros oculte lo que es bueno.

CUANDO DECIDES SER SACERDOTE DENTRO de los confines de la Iglesia Católica Romana, la batalla para llevar una vida célibe comienza desde muy temprano. El celibato no es un estado natural para la mayoría de los mortales. A aquellos de nosotros que lo aceptamos inicialmente, nos enseñan a creer que el celibato es un componente espiritual necesario para el sacerdocio, pero pronto descubres que es un camino muy difícil de seguir.

Tratamos de reconfortarnos observando a nuestros hermanos sacerdotes y diciéndonos que ellos también están luchando igual que nosotros y que están igualmente comprometidos con nuestra Iglesia. Y luego, cuando descubrimos lentamente que no es así y comprendemos que el celibato no es algo que la Iglesia se tome en serio, la lucha parece no sólo difícil, sino también inútil en muchos casos.

Cuando era joven, siempre tuve dificultades para entender una idea que es falsa, pero muy común: que Dios llama únicamente a quienes no llevan la misma vida o no están interesados en las mismas cosas que el resto de la humanidad. Por supuesto, en lo que se refiere al celibato, realmente no se puede culpar a las personas porque sólo están reaccionando según la perspectiva cerrada que tiene la Iglesia sobre la moral sexual, y al hecho de que la Iglesia perpetúe la idea de que los sacerdotes deberían estar "por encima" de los deseos terrenales.

En lo que concierne a la Iglesia, un joven que esté interesado en ser sacerdote o en permanecer en el sacerdocio, no tiene derecho a que le gusten las mujeres; debe ser asexual y no pensar en "esas cosas". La vocación de servir a Dios implica una falta de interés por aquello en lo que se interesan todos los seres humanos. Es como si la Iglesia prefiriera que sus clérigos fueran espiritualmente y emocionalmente sanos, pero sexualmente castrados. Actualmente estoy convencido de que esto simplemente no funciona para la mayoría de las personas.

Tengo la certeza de que estas expectativas juegan un gran papel en el desarrollo emocional atrofiado de tantos sacerdotes. El sistema del seminario aísla a las personas; cuando a un individuo no se le permite crecer y desarrollarse con sus compañeros masculinos y femeninos, su capacidad para desarrollar relaciones significativas se deteriora a una edad temprana.

Pensar en el celibato y en el comienzo de mi sacerdocio me hace reflexionar de nuevo en ese primer trabajo que tuve arrancando maleza. Ese trabajo fue el primer paso lógico en mi recorrido, porque el ministerio —y toda la vida en general— tiene muchas similitudes con arrancar maleza. He vivido comprometido en una lucha constante para hacer del mundo un lugar mejor, educando, estimulando, sanando y consolando a los afligidos por las tragedias y problemas inesperados de la vida. Para mí, el llamado para servir a Dios se parece mucho a arrancar malezas: siempre quise desterrar el mal y hacer que crecieran cosas buenas.

Como ministro de Dios, mi prioridad siempre ha sido ayudar a las personas a encontrar a Dios y su misericordia, enseñándoles a adquirir las herramientas necesarias para erradicar el pecado y la maldad de sus vidas. Les enseño a arrancar la maleza de sus jardines espirituales a medida que ésta se filtra en sus vidas de diversas formas: una enfermedad física o mental, un pasado turbulento, una crisis profesional o económica, dificultades en las relaciones, problemas con los hijos y muchas otras cosas.

Todos nos enfrentamos a cosas que nos gustaría erradicar de nuestras vidas para siempre. Sin embargo, muchas veces la causa de esa lucha es algo que nos han hecho *creer* que es bueno o malo, pero no necesariamente lo que realmente es bueno o malo para ti. Desde que era muy joven, sentí un llamado real y apasionado para hacer algo que yo sabía que no iba a ser fácil: servir a Dios. Y, como católico romano de nacimiento, siempre estuve convencido de que la manera más eficaz y mejor de servir a Dios era como sacerdote de una parroquia. Para cumplir con mi convicción, prometí ser célibe con toda la intención de cumplir siempre esa promesa. Poco sabía entonces lo difícil que sería mantenerla o cómo cambiaría mi ideología.

Imagina que eres joven y descubres una pasión que te cambia la perspectiva de la vida para siempre. Te lanzas en cuerpo y alma a perseguirla, totalmente convencido de que es la única forma de vida, y sigues ese camino durante veintidós años. Pero un día, empiezas a descubrir que tu pasión era equivocada en algunos aspectos y que te llevó a un lugar al que no estabas destinado, a un lugar donde ya no te sentías en paz.

Durante veintidós años, permanecí literalmente en una carretera de una sola vía que me llevó a discernir, prepararme y vivir la vida de un sacerdote católico romano. Luego, gradualmente, sucedió algo: la vida transcurrió y me ofreció un cambio de dirección. No es tan simple como suena, pero el cambio —a veces radical— es un aspecto real de la experiencia humana, aunque muchas veces dedicamos toda nuestra energía a resistirlo. Si no aceptas este cambio, nunca aprenderás de él.

Por mucho que luché personalmente con el requisito del celibato en mi propia vida, nunca quise ser el muchacho del cartel anticelibato. Sigo creyendo, incluso después de todo lo que ha sucedido en mi vida y de las evidencias sólidas presentadas por varios expertos en la materia, que un porcentaje significativo de los sacerdotes realmente tratan de cumplir su promesa de celibato como un ideal, y los admiro por ello.

Sin embargo, las personas tienden a admirar los sacrificios que hacen sus sacerdotes —como por ejemplo, el celibato—, casi más que cualquier otra cosa. El hecho de creer que los sacerdotes llevan una vida diferente y más santa incluso que la que llevan las personas comunes y corrientes, hace que éstas pongan a los sacerdotes en pedestales, así las personas de carne y hueso sean las que hagan algunas de las mejores obras de Dios. Ese sacerdote que está detrás del altar es simplemente otro mortal como el resto de las personas; simplemente escuchó el llamado personal de Dios y se atrevió a responder a él.

Un buen amigo mío, un hombre casado y con poco menos de setenta años, me dijo una vez:

—Me equivoqué al ponerte tan alto, un día me desperté y comprendí: ¡Alberto es como yo!

Su comentario me hizo reír, pero también me hizo pensar que sería mucho más saludable para todos nosotros si las personas que están en los bancos de las iglesias pudieran observar a través de la cortina de humo del sacerdocio y vieran al hombre imperfecto vestido con una sotana que está delante de ellos. ¿Qué mejor modelo a seguir que el de un hombre que se esfuerza constantemente al máximo de sus posibilidades para servir a Dios y a su comunidad?

Mucho antes de que mi caso se hiciera público, tuve una larga conversación con un grupo de celebridades y sus cónyuges durante una cena. Nuestra cena jovial contó con la participación de cantantes, productores, presentadores de noticias y de programas.

Una de las invitadas me preguntó cómo me las arreglaba para mantener mi compromiso con el sacerdocio en medio de todas las tentaciones y atracciones de la sociedad actual.

—No estás viviendo como un monje —señaló—. En realidad, trabajas en el mundo como el resto de nosotros.

Yo fui muy franco, y simplemente le dije:

—Escucha, los sacerdotes también somos personas. Tenemos las mismas dificultades que tienes tú.

—Padre —respondió ella—, nunca he dudado de que los

sacerdotes sean personas. Le pido disculpas por hacerle pasar un mal rato.

La verdad es que su pregunta no era inusual. Simplemente, esta mujer había sido educada con ciertos conceptos religiosos y llevada a creer, así como muchas otras personas, que los sacerdotes están *allá arriba* y el resto de la humanidad está *aquí abajo* en la tierra.

La pregunta es: ¿Quién puso a los sacerdotes allá arriba? ¿Por qué tantas personas tienden a poner a los líderes espirituales en un altar tan alto? ¿Por qué hemos exaltado a los sacerdotes hasta el punto de deshumanizarlos? ¿Es este un fenómeno teológico creado por la Iglesia o una simple necesidad psicológica que tenemos los seres humanos de crear íconos que podamos venerar y adorar? Si le prestamos atención a la historia, creo que es justo decir que se trata de una mezcla de ambos aspectos.

Esa actitud "superior", tan común entre el clero, siempre ha sido una verdadera lucha interior para mí, sobre todo porque nunca me he considerado mejor que nadie. Estoy convencido de que una de las razones por las que estamos sufriendo una grave escasez de sacerdotes y de líderes espirituales en casi todas las tradiciones religiosas más importantes del mundo actual, es porque la mayoría de los jóvenes no quieren ser tratados como una especie de criaturas "sobrehumanas", sin derecho a expresar las necesidades y los deseos de un ser humano normal. Casi todos huyen, con toda razón, de una vida dedicada a los asuntos espirituales porque las expectativas son demasiado irreales, y la mayoría de ellos no tienen nada que ver con la espiritualidad, sino con las reglas y el control de la iglesia.

La mayoría de los rabinos, sacerdotes y ministros estarían de acuerdo en que hay personas en nuestras congregaciones que son mucho "más santas" o "más cercanas a Dios" que nosotros mismos. De hecho, una persona laica comprometida puede ser una mejor servidora de Dios, simplemente dando un buen ejemplo y mostrando un profundo compromiso con la fe. Además, los laicos son más libres que nosotros, rara vez se contaminan tanto por la política de las instituciones religiosas y las actitudes rígidas que suelen tener los miembros de comunidades religiosas.

Estoy convencido de que todos tenemos el mismo acceso a Dios, incluso aquellos que no lo saben o no tienen formación religiosa de ningún tipo. En la teología cristiana, creemos que todas las personas son bautizadas para ser sacerdotales, proféticas y dignas de Dios. Pero este concepto no ha llegado realmente a las mentes y los corazones de la mayoría de los fieles. Después de hablar con un sinnúmero de personas a través de los años, tengo la impresión de que la mayoría piensa que los sacerdotes tienen una conexión más directa con Dios que ellas.

Les puedo asegurar que eso no es así. Es esencial recordar que quienes son llamados a servir como sacerdotes son escogidos entre el pueblo.

Siempre he admirado a la Madre Teresa de Calcuta —quien recibió el premio Nobel— por su enfoque práctico de la vida espiritual, y sobre todo por la forma de explicar su llamado y su reconocimiento tan público de su condición humana.

"Somos como lápices en la mano de Dios", dijo la Madre Teresa, y esa es una gran forma de ver el trabajo de cualquier líder espiritual en el mundo actual. Muchos de los grandes santos de la historia ilustran el concepto de la Madre Teresa como lo que debe ser un líder espiritual.

No mucho tiempo después de su muerte, el director espiritual de la Madre Teresa dio a conocer un libro donde revela que ella también tuvo ciertos momentos de oscuridad, durante los cuales estuvo cerca de perder su fe en Dios. Muchas personas se escandalizaron por esto, pero fueron más las que se sintieron inspiradas gracias a su honestidad y capacidad de disentir de ciertas ideas arraigadas.

Finalmente, creo que la visión de la Madre Teresa es sin duda la más sana y realista que hay sobre el ministerio. Demasiadas personas se sienten heridas u ofendidas porque los seres que ellas mismas han idealizado cometieron un desliz, y estoy hablando explícitamente de mi propio "desliz", porque sé muy bien que muchas personas se escandalizaron porque yo me enamoré, y especialmente, por las fotos que aparecieron en un diario sensacionalista de mis demostraciones públicas de afecto a una mujer a la que amaba, a pesar de mi promesa de vivir como un hombre célibe.

Si consideramos a quienes se sienten llamados por Dios "superhombres" o "diferentes" a nosotros, estamos cometiendo un error porque los líderes espirituales son simplemente instrumentos del *único ser* perfecto. Los líderes espirituales —incluyendo a los sacerdotes y otros miembros del clero— están llamados a ser instrumentos de Dios, y no su música. Porque sólo Dios puede ser la música, el mensaje y el fin.

Con frecuencia me pregunto por los apóstoles que escogió Jesús para que fueran los líderes de su nueva organización o movimiento, que actualmente llamamos "el cristianismo". No tengo la menor duda de que eran personas de carne y hueso, y creo que habrían tenido muchas dificultades en un seminario o en una escuela teológica de esta época.

¿Creen que los apóstoles originales habrían pasado los exámenes psicológicos de hoy día? Probablemente no. La mayoría de ellos habrían sido rechazados si fueran juzgados según los estándares actuales. Es evidente que algunos eran muy rígidos y tercos, insensibles a las mujeres y a los niños, ambiciosos, inconsistentes, infieles y hasta emocionalmente desequilibrados.

En una reflexión sobre los apóstoles y sus personalidades, un autor anónimo señaló que, de todos los apóstoles, el que tendría mayores probabilidades de encontrar su camino al sacerdocio actual habría sido Judas Iscariote porque era manipulador, sabía cómo hacer conexiones y era lo suficientemente astuto para evadir las leyes. Es triste pero cómico; además, es cierto.

EN NINGUNA PARTE DE LA BIBLIA, ni siquiera en los dos mil años de tradición cristiana, encontramos indicios de que Jesús pretendiera que sus colaboradores más cercanos fueran célibes. La riqueza y el poder de Roma tenían que ver más con la práctica original del celibato que con la espiritualidad. Muchos clérigos se casaron hasta la Edad Media, cuando la preocupación por la pérdida de tierras de la Iglesia a manos de los herederos de aquellos sacerdotes, condujo a la imposición de la regla del celibato.

Según la tradición de la misma Iglesia, Jesús designó a San Pedro, un hombre casado, como el primer papa, así que Él debió aceptar la idea de que un hombre podía casarse y servir a Dios. La mayoría de los apóstoles estaban casados, al igual que los treinta y nueve "sucesores de Pedro" o papas. De hecho, durante 1.200 años, el celibato no fue obligatorio entre los sacerdotes.

San Pablo creía que la difusión del Evangelio sería más fácil si un hombre no tuviera una familia que mantener; sin embargo, él sólo decretó que los ancianos, diáconos y obispos fueran "el marido de una mujer", como una forma de suprimir la poligamia entre el clero en medio de un mundo pagano, recién convertido al cristianismo.

Desde un comienzo (sobre todo mirando a los profetas y reyes de las Escrituras hebreas en términos retrospectivos), todo tipo de personajes —con toda clase de personalidades y defectos—, fueron llamados por Dios para hacer grandes cosas. Cualquier mirada honesta a la Biblia nos dará una idea acertada de esta realidad. Dios llama a todo tipo de personas: santos y pecadores, profetas y reyes, ricos y pobres, fieles e infieles.

El problema nunca ha sido la convocatoria, sino la respuesta a ese llamado. Como seres humanos, tenemos ciertas ideas de lo que será nuestra vida. Todos los profetas, los discípulos y otros personajes bíblicos que encontramos en las Escrituras hebreas y cristianas tenían una vida propia cuando fueron llamados. Eran pescadores, comerciantes, reyes y agricultores, personas de la más diversa procedencia. Se podría decir que simplemente cambiaron sus planes radicalmente.

Sin embargo, ese cambio de planes nunca los obligó a vivir sin una pareja o familia. De hecho, nunca hubo ningún requisito para que se desconectaran de la humanidad. Por el contrario: fue su conexión con el mundo y con el resto de la humanidad lo que hizo que fueran los servidores elegidos por Dios.

En la actualidad hay muchos sacerdotes católicos que están casados y en buenos términos con Roma, específicamente los sacerdotes de los ritos orientales que nunca han tenido un celibato obligatorio, así como los recibidos en la Iglesia Católica Romana que antes pertenecían a otras denominaciones, especialmente de mi nuevo hogar espiritual —el anglicanismo. Sin embargo, el celibato sigue siendo considerado por muchos sectores de la Iglesia y por algunos católicos practicantes como

At my baptism surrounded by my parents, aunts, uncles, and cousins—a few weeks after my birth at San Luis Rey Roman Catholic Church in San Juan (Puerto Rico), summer 1969. I consider being baptized my greatest honor. / En mi bautismo, rodeado de mis padres, tías, tíos y primos, pocas semanas después de mi nacimiento en la Iglesia Católica Romana de San Luis Rey, en San Juan (Puerto Rico), verano 1969. Considero mi bautismo como mi más grande honor.

Alberto Ricardo Cutié Boyé at one year old. My wife loves this picture. / Alberto Ricardo Cutié Boyé de un año de edad; a mi esposa le encanta esta foto.

With my dad when I was almost two. My dad's 1969 VW Bug, which later became my first car when I was sixteen, is right behind me. / Con mi papá cuando yo tenía casi dos años. El Volkswagen de mi padre en 1969, que más tarde se convirtió en mi primer auto a los 16 años, está justo detrás de mí.

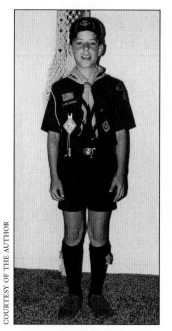

Albert as a Boy Scout when he was ten years old. / Alberto como Boy Scout a los diez años de edad.

First Communion at the age of seven—in front of the altar at my home parish where I grew up, where I was confirmed, and where I celebrated my first Mass as a priest—St. Timothy's in Miami. / Mi Primera Comunión a los siete años, frente al altar en la parroquia donde crecí, fui confirmado y donde celebré mi primera misa como sacerdote: San Timoteo, Miami.

DJ Albert at fourteen, playing under the Florida sun at a school function. / DJ Alberto a los catorce años, en una función escolar bajo el sol de Florida.

My family, just before my dad was diagnosed with terminal cancer: (from left to right) Alberto, Albert, Alina, Yoly, and Yolanda—spring 1991. / Mi familia, justo antes de que mi padre fuera diagnosticado con cáncer terminal: Alberto, Albert, Alina, Yoly y Yolanda. Primavera de 1991.

Greeting the schoolkids just a few days after my ordination to the priesthood in May 1995 at the parish of my deacon internship—Saint Mary Star of the Sea in Key West, Florida. / Saludando a los niños de la escuela pocos días después de ser ordenado como sacerdote en mayo de 1995, en la parroquia donde fui diácono interno: Santa María Estrella del Mar, en Cayo Hueso, Florida.

Parochial Vicar (Assistant) at St. Clement's in Fort Lauderdale, my first assignment. May 1995. / Vicario Parroquial (Asistente) en San Clemente, Fort Lauderdale: mi primera asignacion como sacerdote. Mayo de 1995.

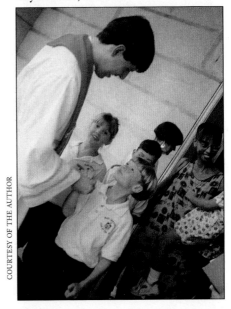

Performing a baptism on my first year anniversary as a priest—May 1996. / Celebrando un bautismo en mi primer aniversario como sacerdote. Mayo de 1996.

A moment of prayer at the Spanish Mass: children gathered around the altar for the *Padre Nuestro* (Our Father) at St. Clement's Church in May 1998. This day we were welcoming the new priest, who is standing to my left. The community was mostly made up of new immigrant families from Mexico, Central America, and the Caribbean. / Un momento de oración en la Misa en español: los niños reunidos alrededor del altar para el Padre Nuestro en la iglesia de San Clemente, en mayo de 1998. Ese día le estábamos dando la bienvenida al nuevo sacerdote, de pie, a mi izquierda. La comunidad estaba conformada básicamente por familias que habían inmigrado recientemente de México, América Central y el Caribe.

Conducting the talk show during *Padre Alberto*'s first season—consoling a suffering mother on the set. / Realizando el programa de entrevistas durante la primera temporada de *Padre Alberto*: consolando a una madre que sufre en el set.

On the front steps of the church, at the Mass for Celia Cruz's funeral in Miami, surrounded by clergy and wondering what we would do with the huge crowd of people gathered on the streets. / Frente a la iglesia en la misa para el funeral de Celia Cruz en Miami, rodeado del clero y preguntándonos qué íbamos a hacer con la cantidad de gente que había salido a la calle.

Preaching at St. Francis de Sales (Priest-in-charge from 2005 to 2009). This was a beautiful small parish in the middle of the noise and activity of South Beach, a popular tourist and party town. / Predicando en San Francisco de Sales (Sacerdote encargado desde 2005 hasta 2009). Una hermosa y pequeña parroquia en medio del bullicio y la actividad de South Beach, una ciudad con mucho turismo y muchas fiestas.

Speaking to a missionary bishop in Latin America, during one of my final visits to the Vatican as a Roman Catholic priest—on the main street that leads to St. Peter's, the famous Via della Conciliazione right in front of an ancient papal residence. / Hablando con un obispo misionero en América Latina, durante una de mis últimas visitas al Vaticano como sacerdote romano, en la calle principal que conduce a San Pedro—la famosa Vía de la Conciliación—frente a una antigua residencia papal.

At a yearly ecumenical service praying for the unity of Christians: (from left to right) Reverend Guillermo Revuelta (Presbyterian), Reverend Pablo Miret (Baptist), Reverend Alberto Cutié (Roman Catholic), and Reverend Rafael Garcia (Episcopal). Three of the four are now former Roman Catholics. At that service, I told the Episcopal priest on my left, "Pray for me, because I think I will be joining you soon." January 2009. / En un Servicio Ecuménico anual, orando por la unidad de los cristianos: el reverendo Guillermo Revuelta (presbiteriano), el reverendo Pablo Miret (Bautista), el reverendo Alberto Cutié (Católico Romano) y el reverendo Rafael García (Episcopal). Tres de ellos ya no son católicos romanos. En ese servicio le dije al sacerdote episcopal que aparece a mi izquierda, "Ruega por mí, porque creo que muy pronto voy a estar con ustedes". Enero de 2009.

(From left to right) Bishop Onell Soto (retired bishop of Venezuela), Diana Frade (my bishop's wife), Ruhama, me, and Bishop Leo Frade (Bishop of Southeast Florida). / El Obispo Onell Soto (obispo emérito de Venezuela), Diana Frade (la esposa de mi obispo), Ruhama y yo, y el obispo Leo Frade (Obispo del sudeste de Florida

(From left to right) Christian, Ruhama, Albert, and my mother-in-law, Judith, on the day I officially asked for Ruhama's hand in marriage. / Christian, Ruhama, Alberto y mi suegra Judith, el día en que oficialmente pedí la mano de Ruhama en matrimonio.

Ruhama and I after receiving Holy Communion as husband and wife. / Ruhama y yo después de recibir la Sagrada Comunión como marido y mujer.

With my dear friends (from left to right) Javier Cruz, Willy Delgado, Alfred Meneses, who are surrounding Christian and me. These are the guys who were my DJ partners. They supported my desire to serve God when I told them as a teenager I wanted to be a priest, and they remained my dearest friends through it all. Our wedding would not have been possible without their generosity and support. / Con mis queridos amigos Javier Cruz,

Willy Delgado, Alfredo Meneses alrededor de Christian y yo. Estos son los chicos que fueron mis compañeros DJ's, y que me apoyaron en mi deseo de servir a Dios cuando les dije que quería ser sacerdote y siguieron siendo mis mejores amigos a pesar de todo. Nuestra boda no hubiera sido posible sin su generosidad y apoyo.

With our mothers, brothers, and sisters on our wedding day—Ancient Spanish Monastery St. Bernard of Clairvaux, June 26, 2009. / Con nuestras madres, hermanos y hermanas el día de nuestra boda: el antiguo Monasterio Español de San Bernardo de Clairvaux, 26 de junio de 2009.

Our wedding day: Ruhama and I before the altar of the Spanish Monastery—a place like us. That historic building started out Roman Catholic and became Episcopal (Anglican) when it was brought in pieces from Spain. / El día de nuestra boda: Ruhama y yo ante el altar del Monasterio Español, un lugar como nosotros. Este edificio histórico comenzó siendo católico y se convirtió en Episcopal (Anglicana), cuando fue traído pieza por pieza desde España.

Albert and Ruhama in Athens during our honeymoon. / Alberto y Ruhama en Atenas—durante nuestra luna de miel.

Ruhama returns to the tomb of St. Nektarios to fulfill her *"promesa"* that she would come back with her husband. During our honeymoon in 2009. / Ruhama regresando a la tumba de San Nectario para cumplir con su "promesa" de volver con su marido. Durante nuestra luna de miel en 2009.

Albert and Ruhama (honeymoon) on the island of Mykonos. / Alberto y Ruhama (luna de miel) en la isla de Mykonos.

Albert and Ruhama (honeymoon) on the island of Santorini. / Alberto y Ruhama (luna de miel) en la isla de Santorini.

Ruhama visiting the orphanage and Episcopal home known as "Nuestras Pequeñas Rosas"—a truly inspirational place in San Pedro Sula, Honduras. / Ruhama visitando el orfanato y casa episcopal conocida como "Nuestras Pequeñas Rosas", un lugar verdaderamente inspirador en San Pedro Sula, Honduras.

Looking like "the three amigos," Albert, Ruhama and Christian making the mandatory visit to get souvenirs at *"El Mercado"* in San Pedro Sula, Honduras. / Como "los tres amigos", Alberto, Ruhama y Christian, haciendo la visita obligada para comprar recuerdos en "El Mercado" de San Pedro Sula, Honduras.

Bishop Frade officially receives me as a priest of the Episcopal Church. Many news reports falsely stated it was my "ordination," but a person cannot be reordained. I had been ordained to the priesthood fifteen years before this day, and now I was being received as a priest in my new spiritual family. / El Obispo Frade me recibe oficialmente como un sacerdote de la Iglesia Episcopal. Muchos medios de prensa declararon falsamente que era mi "ordenacion", pero una persona no puede ser re-ordenada. Fui ordenado como sacerdote quince años antes de este día y ahora estaba siendo recibido como sacerdote en mi nueva familia espiritual.

Celebrating my first Eucharist as a priest of the Episcopal Church, surrounded by (from left to right) Deacon Ruby Cruz, Bishop Soto, Bishop Frade (my bishop), Bishop Holguin, and Deacon Miguel Baguer at the Church of the Resurrection. / Celebrando mi primera Eucaristía como sacerdote de la Iglesia Episcopal, rodeado por el Diácono Ruby Cruz, el Obispo Soto, el Obispo Frade (mi obispo), el Obispo Holguín, y el Diácono Miguel Baguer en la Iglesia de la Resurrección.

(From left to right) Reverend Marco Antonio Ramos (Baptist), and Rev. Martin Añorga (Presbyterian) hand me a Bible as a sign of my new ministry as the Priest-in-Charge of my new parish. / El Rev. Marcos Antonio Ramos (Bautista) y el Rev. Martín Añorga (Presbiteriano) me entregan una Biblia como símbolo de mi nuevo ministerio como sacerdote a cargo de mi nueva parroquia.

Ministry continues: celebrating the Sacrament of Holy Baptism with twin boys, family, and friends in our parish community (June 2010). / El ministerio continúa: la celebración del Sacramento del Santo Bautismo de niños gemelos, familiares y amigos en nuestra comunidad parroquial (junio de 2010).

Ruhama and I at the baby shower organized by members of our parish family at the Church of the Resurrection, September 2010. / Ruhama y yo en el baby shower organizado por los miembros de nuestra familia parroquial en la Iglesia de la Resurrección, septiembre de 2010.

uno de los aspectos más importantes de un sacerdote romano. Muchos de ellos señalan que Jesús fue célibe y afirman que los sacerdotes deben estar "casados" con la Iglesia. En su opinión, la parroquia es la familia espiritual del sacerdote; si tuvieras tu propia familia y fueras sacerdote, tendrías menos tiempo y energías para dedicar a tu parroquia. Eso es una tontería y simplemente una justificación más de una imposición que ha demostrado ser erronea.

Se podría decir que todo el concepto del celibato fue equivocado desde el principio. Algunos historiadores y defensores de la Iglesia dirán que la idea del celibato clerical surgió en el Concilio de Elvira en España, cerca del año 306, donde a los miembros del clero se les prohibió casarse. Poco después, el sexo fue estigmatizado como algo pecaminoso. San Ambrosio (340–397) escribió: "El cargo ministerial debe mantenerse puro y virgen y no debe ser profanado por el coito", o sea, las relaciones íntimas eran consideradas una causa de profanación en vez de una bendición. Sin embargo, un buen número de académicos, entre ellos un laico llamado Edgar Davie —quien tiene una obra original exhaustiva— y las obras del ex monje Dr. A.W. Richard Sipe y varios otros han llegado a la conclusión de que la insistencia en el celibato era muy ajena al pensamiento cristiano primitivo. Nunca fue un problema en los tiempos apostólicos —donde realmente se origina la Iglesia de Cristo.

Con el paso del tiempo, los sacerdotes comenzaron a contraer matrimonio de nuevo o a mantener concubinas durante la Edad Media. Durante esta época, la riqueza de la Iglesia estaba en aumento y los sacerdotes les dejaban las tierras de la Iglesia a sus herederos. La Santa Sede impuso de nuevo el celibato para proteger las tierras de la Iglesia, y en el siglo XI, el papa Benedicto VIII prohibió que los hijos de los sacerdotes heredaran sus bienes. El papa Gregorio VII, quien se autoproclamó la autoridad suprema "de todas las almas", fue un paso más allá al prohibir que los sacerdotes casados dijeran misa.

La primera ley escrita que prohibió el matrimonio a los sacerdotes fue dictada en el Segundo Concilio de Letrán, en 1139. Mientras algunos trataban de defender el matrimonio para los miembros del clero, la ley que exigía el celibato se convirtió en la práctica oficial de los sacerdotes de rito latino, aunque no siempre se respetó. En 1563, el Concilio de Trento —especialmente en respuesta a la Reforma Protestante que puso en entredicho muchas de las prácticas no bíblicas de Roma— confirmó la práctica del celibato obligatorio para la mayoría de los sacerdotes.

La posición de Roma sobre el tema se ha mantenido prácticamente sin cambios desde entonces, por lo que muchos sacerdotes se han visto obligados a llevar una vida secreta. Por ejemplo, el monje cristiano más famoso de nuestra época fue el padre Thomas Merton. Era un trapense, la orden de monjes más estricta, y también un exitoso autor de más de setenta libros. Descubrimientos recientes han confirmado que a pesar de ser un monje, Merton se enamoró y tuvo una relación con una enfermera de veinticinco años.

Muchos de los seguidores de Merton lo niegan, pero hay evidencias sólidas que demuestran que, efectivamente, él estuvo involucrado con esa mujer. En sus propias palabras: "Nos abrazamos durante varias horas en largos besos y diciendo: Gracias a Dios por lo menos esto es real".

Por supuesto, este episodio originó un gran examen de conciencia: "Yo soy humilde y estoy confundido por mi debilidad, mi vulnerabilidad y mi pasión. Tan poco sentido y tan poca disciplina después de todos estos años. Sin embargo, sé que en alguna parte había bondad", como escribió Mark Shaw en *Bajo la máscara de la santidad*.

La reacción de muchos seguidores de Merton, quienes son muy progresistas y no pueden considerarse "católicos convencionales", ha sido esencialmente positiva. La condición humana del monje, expresada en su deseo de amar y ser amado, no se considera chocante ni escandalosa. Sin embargo, la Iglesia oficial no dijo una palabra al respecto. Para muchos en la institución, eso sería considerado "trágico" o un "escándalo terrible".

Merton no era el único. Otras figuras prominentes del catolicismo romano también han tenido relaciones románticas "prohibidas", aunque la mayoría fueron descubiertas supuestamente después de sus muertes. ¿De verdad creen que nadie sabía lo que estaba pasando mientras estos hombres estaban vivos? Apuesto a que al menos las empleadas y los cocineros de las casas religiosas y parroquiales lo sabían.

Otro gran pensador en la historia reciente fue Karl Rahner, un teólogo jesuita alemán. Casi dos décadas después de su muerte, se descubrieron unas cartas de amor que revelaron la relación de Rahner —que aparentemente era célibe— con una mujer. Aunque nadie duda que Rahner honró su compromiso de celibato y los votos que hizo como religioso en la Compañía de Jesús, las cartas expresan un tipo de intimidad exclusiva entre un hombre y una mujer que se aman y tienen interacciones románticas.

En otras palabras, aunque no parece haber ocurrido un contacto sexual, había sin duda una relación amorosa íntima entre el sacerdote y teólogo prominente y una mujer. ¿Puede considerarse esto una violación al compromiso del celibato? Para algunos sí, para otros no. Rahner expresó abiertamente sus dudas sobre el celibato obligatorio en varias ocasiones. Desafió la inflexibilidad de la institución de no permitir que los hombres casados se dedicaran al sacerdocio, aunque fuera estrictamente en el contexto de la necesidad pastoral de un mayor número de sacerdotes en ciertas áreas geográficas.

Hoy en día, esta escasez se presenta en casi todo el mundo, y no sólo en unos pocos lugares remotos. En una entrevista, citada en *El derecho a la Eucaristía*, Rahner dijo: "Si la Iglesia, en todas partes o en algunas, es incapaz de encontrar suficientes sacerdotes a menos que abandonen el celibato, entonces deben de abandonarlo porque la obligación de proporcionar suficientes pastores para el pueblo cristiano tiene prioridad".

EL DEBATE SOBRE EL CELIBATO no sólo es frecuente entre los obispos católicos romanos más progresistas y liberales. Recuerdo una vez que estaba en una cena en Tierra Santa con un grupo de ministros laicos muy conservadores, la mayoría de los cuales ayudaba a dar la Comunión, leían durante la misa, cantaban en coros o eran activos en sus parroquias. Con apenas veintinueve años, yo era de lejos el hombre más joven de la mesa. También era el único sacerdote y hombre célibe, ya que los demás asistentes estaban casados.

Como había sucedido tantas veces, el debate sobre el celibato surgió durante la cena y a pesar de mi compromiso con su vocación, la mayoría de los asistentes decían no comprender ni valorar la práctica del celibato entre los sacerdotes. Irónicamente, se trataba de personas conservadoras que iban a la iglesia y rara vez cuestionaban los planteamientos oficiales de la Iglesia.

Imaginen lo triste y confundido que me sentía al levantarme de la mesa después de cenar y ver que las personas más cercanas —mis más estrechos colaboradores en el ministerio, y no unos extraños ni personas "fuera de la Iglesia"— no parecían valorar la vida que yo había elegido ni los sacrificios que había hecho motivado por mi amor a Dios y a la institución a la que servíamos. Me sentí triste porque comprendí que incluso aquellos que decían ser "ultracatólicos" le prestaban muy poca importancia al compromiso del celibato, y también confundido, porque yo —que era un joven lleno de vida y posibilidades—, esa noche me pregunté por qué no podía servir a Dios mientras tenía una esposa e hijos.

En mis primeros años de sacerdocio, reprimía de inmediato esos pensamientos. Con el paso del tiempo, sin embargo, tuve más dificultades para hacerlo, especialmente cuando tenía la misma conversación una y otra vez con laicos comprometidos con la Iglesia, quienes supuestamente son los más interesados en apoyar y alentar a los jóvenes sacerdotes.

Hay un número sorprendente de laicos casados que tienen opiniones apasionadas sobre el tema del celibato, aunque no tienen la menor idea de sus implicaciones prácticas en la vida de los sacerdotes. Muchos son indiferentes o se oponen a él. Otros defienden el celibato porque eso es lo que dice la Iglesia, y según ellos, la Iglesia siempre tiene la razón. Aunque yo también fui defensor del celibato cuando era más joven, varias personas laicas hablaron abiertamente conmigo sobre este tema y otros, y vieron que yo era honesto y que no me ponía inmediatamente a la defensiva, ni trataba de demostrar que estaban equivocados.

Les aseguro que puede ser una experiencia desagradable cuando algunos sacerdotes defienden el celibato y otras políticas de la Iglesia como si fueran dogmas sagrados que no se pueden debatir. Muchos creen que si Roma lo dice es porque así es. No hay nada que discutir ni nada que cuestionar. La mera posibilidad de pensar por *fuera de la caja* o de sostener un debate inteligente sobre este tipo de temas es impensable. La Iglesia de hoy le teme a un diálogo abierto sobre la mayoría de los temas, así como a quienes los defiendan y pretendan ascender en la jerarquía eclesiástica.

Afortunadamente, llegué a comprender que mi llamado al sacerdocio realmente consistía en difundir el Evangelio y en servir a todo tipo de personas, independientemente de que estuvieran de acuerdo conmigo o no; ¡hay una gran libertad en eso! Tardé dos años en comprenderlo, pero finalmente descubrí ese nivel de libertad interior. Aunque era un sacerdote romano, me negué a utilizar las palabras ofensivas y las ideas retrógradas que muchas veces provenían de quienes supuestamente eran los líderes religiosos, como por ejemplo, "vivir en pecado", "hijo ilegítimo", "su bebé no puede ser bautizado porque ustedes no están casados por la Iglesia" y tantas otras.

En realidad, me pareció extraño y muy contradictorio que un número creciente de sacerdotes jóvenes —hombres que viven en el siglo XXI— adoptaran la práctica de hacer que los fieles se sientan culpables en el confesionario y les nieguen la absolución. Durante años me he esforzado mucho para cerrar la brecha que hay entre la realidad actual y una institución que sigue promoviendo las viejas ideas —e incluso una lista de términos antiguos— para clasificar y juzgar a las personas.

Como ya hemos visto, esta transformación ideológica no ocurrió de la noche a la mañana. Creo que mi trabajo con comunidades muy diversas, y especialmente con los medios de comunicación, me llevó a comprender realmente que la gente necesita sacerdotes que puedan oír todo tipo de opiniones y puntos de vista controversiales sin escandalizarse. A menudo, la gente llamaba a mis programas de radio, respondía a mis columnas de consejos o viajaba desde muy lejos para visitar mi iglesia porque estaban convencidos de que sólo podían decirme a *mí* —y no a otro sacerdote— lo que pasaba por sus mentes, porque sabían que los sacerdotes de sus parroquias los juzgarían o tratarían con dureza, y se interesarían muy poco en sus casos particulares o no los querían escuchar.

Muchas de las personas que recurrían a mí en esos momentos de necesidad me felicitaban. Cada vez escuchaba con mayor frecuencia los sufrimientos que habían padecido —algunos de los cuales eran causados por sus propios sacerdotes quienes parecían tratar de hacerlos sentir culpables y avergonzados en lugar de ofrecerles amor y comprensión—, y eso me produjo mucho dolor. Me entristecía saber que tantos sacerdotes proyectaban una imagen de superioridad moral, pero se asustaban cuando trataban con asuntos y experiencias totalmente humanas.

A medida que avanzaba en mi propio ministerio y crecía mi libertad interior, comencé a entender que no podría volver a ser esclavo de la dictadura ideológica que había permitido que dirigiera mi vida durante tanto tiempo. Luego de sentir el dolor de las personas que se sentían rechazadas por la Iglesia o maltratadas por sus sacerdotes, llegué a comprender que hoy más que nunca tenemos una gran necesidad de líderes espirituales que puedan escuchar, dialogar, debatir con civismo y no tratar de obligar a las personas a creer en ciertas ideas.

Aunque esto no es un acto de equilibrio fácil en una iglesia que sólo parece ofrecer respuestas absolutas y en blanco y negro a muchas de las preguntas más complicadas de la vida, creo que los líderes de la Iglesia tienen que aprender a participar en este diálogo civil si quieren ofrecer una orientación espiritual y soluciones humanas a muchos de los problemas de hoy. Repetir una lista de normas establecidas o de explicaciones doctrinales no le hará ningún bien a la mayoría de las personas. Aunque la Iglesia Católica Romana no tiene precisamente el monopolio de la verdad y la Inquisición terminó hace varios siglos, muchos de sus miembros todavía hablan y actúan como si vivieran en tiempos pasados. El hecho es que vivimos en una sociedad pluralista en la que ya no hay sólo "un camino" o "una iglesia" a través de la cual podamos encontrar o llegar a la verdad.

Es ahí donde creo que mi lucha ideológica comenzó de verdad. Sí; me enamoré, pero mi lucha comenzó mucho antes de que sintiera deseo por la mujer que se convertiría en mi esposa. Sin embargo, mi lucha, en su nivel más profundo, estaba tratando de conectar una institución vieja —con muchísimas ideas arcaicas— con un mundo que cambia continuamente. En ese mundo conocí a muchas personas —de diversas tradiciones religiosas, políticas y filosóficas— que me invitaron a ver más allá de lo que me habían enseñado que era el "único camino".

Una vez, yo estuve verdaderamente enamorado de la misión del sacerdocio romano y de todo lo que eso representaba para mí. Acepté la idea de acompañar a las personas en los momentos más felices y más tristes de la experiencia humana: una boda o un bautizo, y un funeral en el mismo día, así como en los altibajos de la vida. Todo eso me ha fascinado.

Ahora que veo las cosas en términos retrospectivos, comprendo que hice todo lo posible para enamorarme de la Iglesia y de todo lo que *supuestamente* representaba, sin saber muy bien que la Iglesia era una institución con sus propios intereses —y no todos eran espirituales. Por desgracia, muchas veces amar implica sufrir, y yo sufrí porque estaba enamorado de mis convicciones y convencido de que la Iglesia era una cosa, cuando en realidad resultó ser otra.

A veces, las cosas buenas que yo creía de la Iglesia, realmente estaban muy lejos de serlo, y finalmente eran muy difíciles de soportar. Pero, así como una persona enamorada por primera vez, yo quería darle el beneficio de la duda al objeto de mi amor, de mi adoración y de mi pasión. Al igual que cualquier enamorado, estaba decidido a ver lo bueno e ignorar toda la fealdad que pudiera desencantarme.

A veces me devanaba los sesos tratando de entender cómo pude terminar en medio de tanta disfuncionalidad, pero luego encontraba la manera de convivir con eso. Confieso que muchas veces me pareció mucho más fácil tratar con los misterios del cielo que confrontar las realidades terrenales como las que descubrí en la Iglesia: la indiferencia, la apatía y la falta de una verdadera responsabilidad. Sin embargo, a pesar de todo lo negativo que había a mi alrededor, permanecí convencido de que mi misión era celestial —todo el sufrimiento valía la pena si era por Dios.

Seguí enamorado de la Iglesia Católica Romana durante muchos años. Mi dedicación era tan absoluta que nunca pensé en mis apetitos, necesidades o deseos. Me eduqué a mí mismo para pensar de cierto modo, a la manera de la Iglesia, y vivir de acuerdo con ella.

Era como una intensa historia de amor que marcó mi alma.

EN LA CONCEPCIÓN CATÓLICA ROMANA de la realidad, el sacerdocio suele compararse en términos espirituales y teológicos con un matrimonio entre el sacerdote y la Iglesia. Se podría argumentar que esto supone muchos problemas teológicos y emocionales, pero es sin duda uno de los muchos ideales que la

Iglesia promueve aún hoy en día, y muchos jóvenes son llevados a creer en esto.

Crecí en una familia con una gran moral, donde el matrimonio era valorado y mis abuelos y padres mantuvieron sus votos con el fin de permanecer casados "hasta que la muerte los separe". Los vi amarse en las buenas y en las malas, en la enfermedad y en la salud, todos los días de sus vidas. En consecuencia, siempre he tenido en alta estima la institución del matrimonio, y me tomé muy en serio la idea de que las promesas sacerdotales son una señal de un *matrimonio con la Iglesia*. Vivir en un estado de "infidelidad" y romper las promesas hechas a Dios ciertamente no era algo que yo pudiera aceptar fácilmente, aunque un día llegaría a hacerlo.

Las personas que no saben lo que realmente supone esto, te dirán con gran convicción: *Las monjas están casadas con Dios y los sacerdotes están casados con la Iglesia*. Esto hace que uno se pregunte cómo funcionó este "matrimonio" para los apóstoles y sus sucesores, incluyendo a los treinta y nueve papas que estuvieron casados hasta que la Iglesia hizo obligatorio el celibato en el siglo XII. *¿También* estaban casados con la Iglesia? ¿Eran tan sacerdotes como yo, aunque estuvieran casados con un ser humano real y hubieran sido ordenados sacerdotes? Sí, lo eran, y estoy seguro de que seguramente eran mucho mejores sacerdotes debido a eso.

También hay miles de sacerdotes del rito oriental que están casados porque la Iglesia Católica no estipula el celibato para ellos. Irónicamente, hoy en día hay anglicanos (como yo) y ministros de otras iglesias cristianas que son aceptados en el ministerio católico con sus esposas y familias como parte de una disposición especial que comenzó en los Estados Unidos y que poco a poco se hace cada vez más universal.

Todo esto me parecía una contradicción: ¿Por qué ellos y no yo? ¿Por qué el celibato es tan importante para algunos y opcional para otros? ¿Los matrimonios de los rabinos y ministros de las diferentes religiones, muchos de los cuales conocí tanto a nivel profesional como personal, hacen que estén menos comprometidos o unidos con Dios que yo?

La respuesta era siempre la misma: ¡de ninguna manera!

Así, los pormenores de mi alejamiento de la promesa del celibato comenzaron a nivel ideológico. Algunos miembros de la Iglesia creían que era imposible cambiar de opinión o evolucionar porque eso sería considerado como una infidelidad o una confusión acerca de la propia fe. Pero los seres humanos debemos tener la libertad de cambiar nuestra opinión sobre lo que creemos que es bueno y verídico. De lo contrario, seremos simples robots.

Los que prestaban atención sabían que yo ya no era feliz ni me sentía realizado dentro de la estructura rígida de la Iglesia Católica Romana, y que realmente necesitaba seguir mi camino varios años antes de enamorarme. Hacer un corte limpio no siempre es fácil, y a mí me resultó bastante complicado.

¿Estaba sufriendo una crisis de fe? No; mi fe en Dios cada día era más fuerte. Fue una crisis ideológica y un profundo "cambio" en mi mente y en mi corazón. Nunca esperé evolucionar y cambiar de opinión como lo hice en términos mentales, psicológicos y espirituales, pero finalmente comprendí que ya no creía en varias imposiciones que parecían ser tan valiosas para la institución en la que yo había decidido servir a Dios.

Pero es importante señalar que todo esto ha sido un proceso difícil y doloroso; finalmente comprendí que el "camino católico romano" ya no era mi camino, aunque dudara en aceptar esa verdad. Además de no estar de acuerdo con las enseñanzas de la institución sobre el celibato, la anticoncepción, el divorcio, las actitudes hacia los homosexuales y hacia las mujeres en el ministerio, también tenía conflictos con el Derecho Canónico (las leyes de la Iglesia) y la forma en que se aplicaba, porque siempre sentí que tenía muy poco que ver con los principios bíblicos, y mucho que ver con simples preceptos humanos, con formas de legislar la vida de las personas y de excluirlas. El Derecho Canónico impide que más personas estén en paz con Dios que cualquier otro aspecto de la Iglesia.

Imaginen lo que es tener que decirles a las personas que vienen en busca de un sacerdote, con mucho dolor en sus corazones, que no puedes escuchar sus confesiones o absolverlas porque no están casadas "por la Iglesia". El Derecho Canónico suele ser la excusa utilizada para mantener a las personas excluidas de cosas importantes, como recibir la comunión, casarse en segundas nupcias o participar plenamente en los diversos sacramentos. El énfasis en ese libro de las "leyes" es lo que hace que los sacerdotes jóvenes e inteligentes desarrollen varias obsesiones o tengan un falso sentido de superioridad. Con demasiada frecuencia, estas leyes sirven como excusa para que el clero actúe de forma distante y dogmática.

Muchos de esos cánones promueven normas que muy pocas personas pueden cumplir. Creo que si la mayoría de los católicos romanos entendieran realmente lo que su Iglesia considera un "pecado mortal", se sentirían decepcionados de su comportamiento casi todos los días de la semana. Me atrevería a decir incluso que, según los parámetros tradicionales de la Iglesia, el noventa por ciento de las personas que reciben la comunión los domingos lo hacen contra las leyes y normas de su propia Iglesia, pero —gracias a Dios— la mayoría no lo saben.

Durante más de la mitad de mi vida, yo también viví en

ese mundo canónico en blanco y negro que dice tener todas las respuestas "correctas". Ese mundo me ofreció una clara sensación de seguridad por un buen tiempo y yo quería creer con todo mi corazón que era el camino a la salvación. Cada vez que el Papa o cualquier otro líder sincero de la Iglesia mostraba algún grado de apertura al siglo XXI o un interés en escuchar de verdad las realidades de hoy, me sentía entusiasmado con las posibilidades que podría crear ese tipo de apertura. Pero durante dos décadas estuve muy comprometido a permanecer dentro de los parámetros oficiales en casi todo.

¿Por qué permanecí tanto tiempo? En parte por miedo. Me metí en problemas cada vez que expresaba abiertamente la más mínima impresión de que la institución con la que me había comprometido a servir, necesitaba progresar, relajarse o empezar a cambiar. Como estaba paralizado por mi dilema, creo que quizás fue necesario un verdadero escándalo en los medios para que yo pudiera seguir mi camino y reconocer personalmente que lo que realmente quería hacer —con todo mi corazón—, era servir a Dios como un hombre casado y ser parte de una iglesia que comparte muchas de mis posiciones ideológicas, y que estaba abierta a discutir cualquier tema sin miedo a la condena.

Cuando trato de entender por qué se desarrollaron los acontecimientos como lo hicieron, veo que estuve contenido por mi deseo de no decepcionar a tantas personas que siempre habían contado conmigo para reafirmarse en las enseñanzas de aquel mundo en "blanco y negro" al que eran tan fieles, una institución a la que representé de manera pública durante tanto tiempo. Es difícil dejar tu zona de bienestar ideológico y pasar a un territorio nuevo y desconocido, incluso cuando estás convencido de que eso es lo correcto.

• • •

EL DEBATE SOBRE SI SE debería permitir o no el matrimonio a los sacerdotes tiene mucho más que ver con las actitudes de la Iglesia sobre la forma en que abordamos temas tan importantes como la sexualidad humana y el control sobre las personas, que con la disciplina o las prácticas de la Iglesia. Si observamos las primeras épocas del celibato, y en la lógica ritual que hay detrás de él, veremos que se percibía una relación entre el acto sexual y la dignidad del ministro para celebrar los sacramentos.

En los primeros siglos del cristianismo, por ejemplo, el Concilio de Elvira creó una disposición según la cual un sacerdote perdería su cargo si tenía relaciones sexuales la noche antes de celebrar la misa. ¿Pueden imaginar a Dios, quien creó el sexo y ha permitido que sea la máxima expresión de amor, pidiéndoles a las personas que se abstengan de él porque es "incompatible" de alguna manera con el culto del día siguiente?

Me parece increíble que la Iglesia promueva la cultura de la represión sexual y las actitudes negativas sobre la sexualidad, y su jerarquía se siente obligada a tomar decisiones sobre la forma en que las personas deciden amar y servir a su Dios. En última instancia, me parece que esto es más un asunto de control que de sexo.

En la Iglesia actual, quienes tienen el valor suficiente de expresar su oposición a la exigencia del celibato obligatorio, están motivados en gran parte por haber presenciado muchos tipos de disfunción sexual entre el clero célibe. Para algunos de estos sacerdotes, creo que la disfunción es consecuencia directa de haber entrado a la vida religiosa en la adolescencia, especialmente si fueron obligados por sus padres, quienes creían que el honor de tener un sacerdote en la familia les daría un lugar seguro en el cielo. Esto puede parecer arcaico, pero sigue siendo una realidad en algunas culturas.

Otros optaron por el celibato con la idea de que aceptar una vida sin intimidad física era una demostración de su fe, sólo para descubrir que las dificultades con el celibato se manifestaban en su vida emocional. Muchos pueden haber sido víctimas de maltratos o crecieron en familias emocionalmente disfuncionales, y debido a una variedad de experiencias de vida, pudieron adquirir una visión negativa de todo tipo de expresión sexual. Se trata de personas que, incluso en el matrimonio, no pueden tener una vida sexual saludable y muchas veces hacen que sus cónyuges sean víctimas de su pasado sin resolver.

La Iglesia Católica Romana ha hecho algunos avances para ir más allá de la noción de la sexualidad como una facultad que Dios nos dio "sólo para la procreación". Desde hace algún tiempo, la Iglesia también ha enseñado que el sexo es una expresión de amor que une a una pareja casada. Fue Juan Pablo II quien abrió el camino para la "Teología del cuerpo", promovida por muchos conservadores de hoy.

Sin embargo, todavía hay demasiadas personas dentro de la Iglesia que actúan como si fueran asexuales y carecieran de todo deseo. Estas personas encuentran un lugar cómodo en la jerarquía de la Iglesia, especialmente en cargos de autoridad, ya que el sistema espera que sean así. Una persona demasiado honesta sobre sus "sentimientos sexuales" —o cualquier otro sentimiento, sea cual sea su caso— no ascenderá mucho en la jerarquía eclesiástica.

Este es el trasfondo del problema sexual de la Iglesia: si un candidato al sacerdocio es heterosexual, homosexual o está luchando por encontrar su identidad, ¿cómo puede hablar de ello, si la institución a la que está dedicando su vida le envía todo tipo de señales de que no quiere saber la verdad sobre él como ser humano?

SI LIMITAS LA LISTA DE candidatos al sacerdocio a los "hombres" y a los "célibes", básicamente le estás diciendo a Dios a quiénes llamar y cómo llamarlos. Eso no tiene sentido. ¿Por qué las autoridades de la Iglesia deben decidir el número de candidatos calificados para servir a Dios, especialmente cuando no tiene otro plan para hacer frente a la escasez de hombres sanos, activos y dispuestos a vivir "la promesa del celibato"? ¿Acaso es preferible aceptar su engaños, siempre y cuando aparenten ser célibes?

Sin embargo, la hipocresía del problema sexual va más allá. A menudo, los defensores más abiertos del celibato y de la agenda homófoba de la Iglesia no cumplen con la práctica que con tanta vehemencia defienden en público. Recuerdo un día en que una joven lesbiana se me acercó devastada al confesionario porque su antiguo confesor le había dicho: "Usted y su pareja están poniendo en peligro su salvación eterna".

Lloraba tanto que le pregunté:

—¿Quién te dijo eso?

Cuando me dijo el nombre del sacerdote, escasamente pude creer lo que acababa de oír. ¡Él era bastante conocido por ser homosexual y un buen número de curas sabía que tenía un compañero en secreto! Además, era uno de los confesores más duros con los jóvenes homosexuales, y muchas veces les negaba la absolución sacramental. Yo pensaba con frecuencia si pasaría lo mismo cuando él se confesaba.

En respuesta a la crisis de abuso sexual por parte de la Iglesia, el Vaticano decretó una "instrucción" oficial que básicamente declaraba que los homosexuales no serían recibidos en los seminarios. Esta nueva norma sólo servirá para hacer que más personas oculten su homosexualidad. Ciertamente, no invitará a nadie a abordar su sexualidad de una manera saludable.

Lo que hace que esta regla sea completamente hipócrita es que el organismo de Roma que ha expedido dicho documento está a cargo de algunos de los clérigos más abiertamente homosexuales. Un día, mientras filmaba un documental sobre el Vaticano, visité varias oficinas de la curia en Roma. Nunca olvidaré la forma en que fui tomado por sorpresa cuando algunos miembros del equipo de filmación me preguntaron: "Padre, ¿quiénes son esos tipos?", en referencia al número de hombres visiblemente afeminados que llevaban cuello clerical y sotanas.

Yo sabía lo que querían decir. Ellos pensaron: "Esta institución dice que los actos homosexuales son 'intrínsecamente desordenados' y que los homosexuales no son 'personas normales' creadas y amadas por Dios. Sin embargo, esa postura retrógrada no coincide con lo que ven nuestros ojos". Unos años más tarde se haría del conocimiento público, en lo que parecían ser informes frecuentes de los medios, que efectivamente había un número significativo de sacerdotes homosexuales promiscuos y laicos que trabajaban en las oficinas del Vaticano, incluso en la propia casa papal donde descubrieron que uno de los funcionarios colaboraba con una especie de organización de prostitución masculina. Aunque todo esto no tenga que ver directamente con el celibato sacerdotal, sí está relacionado de alguna manera institucional, debido a la cultura sexual que se fomenta debajo de la superficie.

Andrew Greeley, sacerdote, sociólogo y exitoso novelista, ha propuesto una solución para la escasez de sacerdotes y para la cuestión del celibato. Sugiere que se cree una especie de "ejército de sacerdotes" donde los hombres puedan prestar un servicio por cinco a diez años, y renovarlo si se sienten inclinados a cumplirlo. Si quieren casarse más adelante, pueden seguir sirviendo como sacerdotes en casos de necesidad o emergencia. Greeley considera que esta política podría motivarlos a dar lo mejor de sí mismos y a no caer en la mediocridad tan frecuente que hay entre los clérigos, quienes se vuelven amargados y cansados con el paso del tiempo.

Aunque creo que Greeley es realista, me sorprende que no logre identificar el celibato y la vida sexual de los sacerdotes como uno de los mayores problemas que enfrenta el sacerdocio. Él afirma: "En el peor de los casos, la Iglesia Católica en los Estados Unidos... puede desmoronarse, pero no por atacar a los infieles, no por el celibato, la homosexualidad ni el abuso sexual, no por el secularismo y el materialismo, sino por la incompetencia, la estupidez y la cultura clerical, todas las cuales son enemigas desde adentro"[2].

Estoy de acuerdo en relación con el impacto negativo de la incompetencia y de una cultura clerical disfuncional, pero no estoy de acuerdo cuando descarta las consecuencias tan grandes y negativas que tienen el celibato y los escándalos de sacerdotes (de cualquier tipo) dentro de la Iglesia, así como la posible relación entre ellos. Estos escándalos continúan quebrantando la autoridad moral y espiritual de la Iglesia Romana, así como el nivel de incompetencia de todos los líderes, quienes no parecen implementar las medidas administrativas necesarias para responder a ellas.

Nadie habla de la cantidad de tiempo y la energía que

---

2 *Priests: A calling in Crisis* por Father Andrew Greeley (The University of Chicago Press)

dedican las autoridades de la Iglesia en hacer frente a la vida disfuncional de los sacerdotes, en terapias, programas de rehabilitación y muchas otras cosas relacionadas con las consecuencias de la soledad extrema y el aislamiento. Gran parte de ese derroche de energía podría dedicarse a la misión real de la Iglesia de amar y servir a la humanidad.

He pasado mucho tiempo hablando y manteniendo correspondencia con sacerdotes de Estados Unidos, América Latina y de otros lugares, en especial por la familiaridad que siente la gente con alguien que aparece en la televisión y en la radio. También he tratado personalmente con muchos sacerdotes, algunos de los cuales considero mis amigos, quienes fueron acusados de algún tipo de abuso sexual u obligados a abandonar su ministerio por una infracción contra el celibato. En cada uno de esos casos, estoy seguro de que algo tan básico como el ansia de contacto humano jugó un papel importante en las decisiones que tomaron, ya fueran buenas o malas.

LA REACCIÓN DE LOS MEDIOS de comunicación a mi situación volvió a abrir el acalorado debate sobre si los sacerdotes deberían poder casarse y vivir plenamente el don de su sexualidad. Este es un debate legítimo, incluso entre quienes toman las decisiones más influyentes en la jerarquía de la Iglesia. Más de un año después de hacerse pública mi situación afectiva, fui recibido como sacerdote anglicano y continúo sirviendo a Dios como un sacerdote casado, pero escuché a un nuevo líder de la iglesia local decir que lo que hice fue como "una bofetada en la cara de mis hermanos sacerdotes". Nunca he oído a un obispo decir eso sobre los sacerdotes que abusaron de niños, los sodomizaron y continuaron sirviendo en la Iglesia durante varias décadas antes de ser demandados. Una vez más, es evidente que algunos líderes de la Iglesia creen que un sacerdote que cambia su rumbo, se casa y continúa sirviendo a Dios en otra Iglesia hermana, está cometiendo un pecado imperdonable.

Al menos dos cardenales han hecho recientemente comentarios públicos sobre el posible fin del celibato obligatorio, pero siempre lo hacen al final de su carrera, cuando ya no están interesados en tener una buena relación con Roma. Las autoridades de la Iglesia saben que es un tema candente, y no algo que pueden seguir ignorando. No es una cuestión de "si" el requisito del celibato va a cambiar o no, sino "cuándo" va a cambiar.

El día en que fueron publicadas las fotos donde yo aparecía besando y acariciando a Ruhama, empecé a recibir mensajes, cartas y llamadas de todas partes del mundo, incluyendo algunas del Vaticano, prometiendo que iban a rezar por mí. Las más emotivas provenían de ciertos líderes eclesiásticos que me dijeron: "Haz lo que sea Alberto, pero no dejes la Iglesia".

En ese momento, casi tres semanas antes de hacer mi anuncio oficial de que pensaba continuar sirviendo a Dios fuera de la Iglesia Romana, el noventa y nueve por ciento de la correspondencia y las llamadas que recibí fueron positivas. También recibí libros, CDs y notas personales de sacerdotes, mujeres y niños en situaciones en las que sus amantes o padres también eran sacerdotes romanos. Ellos me escribieron para compartir sus historias conmigo.

Después de nuestro matrimonio, me presenté en el programa de Oprah Winfrey. Obviamente, yo conocía su programa, y los medios de comunicación nos habían comparado, llamándome "Padre Oprah". Sin embargo, no sabía qué esperar, pues había tenido muchas experiencias negativas con la prensa y estaba cansado de tanta negatividad. Pero resultó que

Oprah es una persona muy amable, conduce un programa de altura y te hace sentir cómodo, lo que la hace una entrevistadora maravillosa.

A raíz de mi aparición en *Oprah*, una vez más recibí miles de correos electrónicos y cartas. Por supuesto, hubo reacciones diversas que iban desde un apoyo muy positivo hasta la retórica típica de odio de las personas que se sienten traicionadas por alguien que decide vivir por fuera de la caja de la Iglesia Católica Romana. Una vez más, sin embargo, la mayor parte del correo que recibí fue de apoyo. Incluía correspondencia de muchos católicos romanos —de clérigos y religiosos— que creen que la Iglesia necesita revisar algunas de sus prácticas y permitirles a un amplio grupo de personas aceptar el llamado para ser ordenados como ministros, incluyendo a los sacerdotes casados y a las mujeres. Otro medio que me entrevistó también recibió una gran cantidad de correspondencia.

Una de las notas más emotivas que recibí fue la siguiente:

> Mi hermano mayor fue ordenado a los veintisiete años. Se esforzó mucho en mantener su promesa del celibato. Era un sacerdote brillante, y sirvió a Dios con honor. Murió de sida a los cuarenta y dos años.
>
> A menudo pienso en sus dificultades, todas de carácter privado y desconocidas para mis padres, hermanos y sus muchos admiradores hasta el día del diagnóstico. Mi hermano iba por los pasillos de su hospital, atendiendo a otras personas con sida hasta que no pudo caminar más.
>
> Orábamos juntos por su salvación en sus últimos días, y él sólo tenía fuerzas suficientes para apretarme la mano y reconocer que había confesado

sus pecados. No tengo ninguna duda de que mi hermano fue perdonado. Creo que ahora está en el seno de nuestro Divino Creador en el cielo, junto con mi padre, quien al lado de mi madre, le dio a mi hermano su amor incondicional durante los últimos años tan dolorosos de su vida.

Leí un escrito en su honor durante el funeral. Comparto esta historia con usted, para que pueda apreciar el profundo significado que tuvo su entrevista en la vida de muchas personas… Creo que la entrevista con el padre Cutié sobre su relación con la mujer que ama produjo mucha comprensión y aceptación.

Hay un buen número de sacerdotes en todos los rincones del planeta que se han enamorado y siguen ejerciendo su ministerio sacerdotal, mientras continúan sosteniendo relaciones amorosas —algunos también tienen hijos. Las autoridades de la Iglesia saben esto. Una de las cosas que más me sorprendió fue escuchar a tantos hombres y mujeres aceptar que la única opción es llevar esta doble vida, a pesar de todo el dolor y la agitación interior que supone vivir así.

Aunque no he conocido personalmente a la mayoría de estos individuos, se han convertido en un grupo muy significativo para mí. Hay más sacerdotes y mujeres en esta situación de lo que nadie se alcanza a imaginar. Una vez conocí a un obispo en una diócesis de América Latina que me confesó que todos los sacerdotes de su diócesis tenían novia, y la mayoría habían tenido hijos en esas relaciones. La suya era una diócesis pequeña y rural, y sólo tenía una docena de sacerdotes para una zona geográfica muy extensa. Esa era la realidad del obispo, y no podía hacer nada al respecto si quería mantener a los pocos sacerdotes que tenía. Esos sacerdotes están en mi mente y en mis oraciones diarias.

En mis primeros años de ministerio, fue difícil entender cómo podía suceder semejante situación, o cómo era permitida. Pero con el paso del tiempo, y a medida que mi ministerio en los medios de comunicación me llevó por todo el mundo, comencé a entender que el celibato es casi imposible para la mayoría de las personas. El fenómeno de los sacerdotes católicos que son oficialmente célibes pero llevan una vida secreta está presente en todo el mundo, particularmente en América Latina, África y otros lugares donde el sacerdocio todavía es considerado como un símbolo de estatus.

En algunos de estos lugares, es común escuchar a las personas hablar abiertamente sobre sacerdotes que han engendrado hijos y tienen parejas que fingen ser, por ejemplo, ama de llaves de la iglesia. Es una realidad que muchos obispos tienen que enfrentar porque muchas veces ellos son los responsables de pagar la matrícula en las escuelas religiosas y la manuntención de las mujeres de los sacerdotes, así como de los niños engendrados por éstos. Varios de estos hombres y sus parejas ocultas me siguen escribiendo. Leo sus dificultades diarias y me identifico con ellos, pues al igual que ellos, nunca me imaginé estar en una situación tan conflictiva.

Enamorarse no es algo que uno planea; simplemente sucede. Cuando los sacerdotes confiesan la culpa que sienten al no cumplir una de las promesas que hicieron de manera consciente cuando fueron ordenados, yo siento su dolor. Esto es algo que me parte el corazón, porque si eres llamado por Dios, nunca querrás dejar de agradarle a Él, y de alguna manera, a la institución que insiste en esa forma específica de ser sacerdote.

Lo que realmente me sigue intrigando son las reacciones tan diversas y radicales que tienen las personas al dilema de un sacerdote enamorado y al descubrimiento de una relación oculta. Algunos prefieren mirar hacia otro lado y guardarse sus opiniones. Eso es lo que nos enseña la institución: *a no decir nada*. En la Iglesia oficial, el silencio suele confundirse con la prudencia. Por esta razón, aunque las autoridades sepan que algo está pasando en la vida de un sacerdote, tienden a evitar la confrontación.

Lamentablemente, es así como funciona el sistema, porque el silencio es la respuesta más común de la Iglesia en cualquier tipo de controversia, ya que hablar abiertamente sobre ciertos asuntos puede ser muy perjudicial para aquellos que buscan cargos de liderazgo dentro de la institución. Una vez escuché a un diplomático del Vaticano decir: "No importa lo que hagas, siempre y cuando nadie se entere".

Por supuesto, si das un mal paso y tu situación se hace pública, la Iglesia te abandonará a tu propia suerte. Incluso sus líderes más compasivos y solidarios no saben qué hacer cuando alguien está en esa situación. La transparencia al enfrentar fuertes escándalos políticos, sociales o sexuales, rara vez se encuentra entre los líderes de la Iglesia. El sistema simplemente no sabe cómo manejar eso.

Actualmente, los extremistas católicos romanos son una nueva fuerza a tener en cuenta, ya que son jóvenes en su mayoría y han ido creciendo en número desde que la Iglesia introdujo cambios en el Concilio Vaticano II, con el fin de renovarse. Un buen número de personas dentro de la Iglesia se ha resistido a esa "renovación" y los cambios que implican desde que el histórico concilio fuera convocado por el papa Juan XXIII en 1962. Son personas que defienden el celibato y todos los principios de la Iglesia, como si fueran verdades inmutables, sin conocer la historia o las razones que hay detrás de esas prácticas.

Parecen estar convencidos de que Jesús hablaba latín en la Última Cena, y creen por tanto que todo debería seguir siendo en latín para mantener viva esa tradición. Algunos de estos "defensores de la fe" (como muchos de ellos se consideran) poseen un cierto grado de conocimiento teológico, pero la gran mayoría son personas con opiniones desinformadas que le tienen miedo al futuro. Si el Papa dice algo le creen cada palabra, y a Roma le gusta eso.

Estos extremistas católicos han creado su propia versión de la infalibilidad que se aplica no sólo a la fe y a la moral, sino a todo. Muchos de ellos todavía están convencidos de que no hay salvación fuera de la Iglesia. Creo que se decepcionarán bastante cuando lleguen al cielo y se encuentren en la puerta con San Pedro; sabrán que fue un apóstol y un papa casado, y luego tendrán que sentarse en el banquete celestial con personas de todas las iglesias y hasta de diversas religiones. ¿Acaso no entienden que en el cielo sólo hay *una* mesa para todos nosotros?

Una vez le concedí una entrevista a un periódico de Guayaquil, Ecuador. Me hicieron todo tipo de preguntas controversiales sobre las posiciones de la Iglesia. A la mañana siguiente, publicaron el titular, "El padre Alberto dice que el celibato no es un dogma". Muchas personas, incluyendo voluntarios muy conservadores de la cadena de televisión en la que yo trabajaba en ese momento, hicieron un gran escándalo. Escribieron cartas y correos electrónicos donde expresaron su disgusto, y llenaron la red con sus opiniones retrógradas. Tenían muy poco interés en dialogar, debatir o cuestionar de manera honesta las posiciones no bíblicas de la Iglesia sobre una variedad de temas, la mayoría de los cuales están obviamente relacionados con el sexo. Pocos sabían que el titular realmente era correcto según la teología católica romana: el celibato *no es* un dogma y así lo han señalado varios papas recientes.

Es curioso, pero cuando me escriben estos extremistas, siempre parecen olvidar que la persona a la que se dirigen todavía es un sacerdote. (La teología sacramental enseña claramente que una vez que alguien se convierte en un sacerdote, siempre lo seguirá siendo). Lanzan ofensas y sermones sobre cómo se escandalizaron por mi "aventura prohibida con una mujer", por "vivir en pecado", por "fornicar" y, obviamente, porque mis actos han *perjudicado* a la Iglesia.

Yo siempre les respondo diciéndoles simplemente algo como: "Te doy las gracias por tomarte el tiempo de escribirme y deseo que Dios te bendiga a ti y a tu familia".

¿Estas personas no se dan cuenta que se contradicen a sí mismas? Si realmente aman el sacerdocio y lo defienden tanto, ¿por qué se toman el tiempo para atacarme o insultarme a mí, que soy un sacerdote? Si un familiar biológico falla en algo, ¿acaso deja de ser parte de tu familia y lo desheredas para siempre? ¿Acaso tenemos que estar de acuerdo siempre con todas las decisiones de cada miembro de nuestra familia?

Como personas que creemos en el perdón y en la redención, ¿por qué no valoramos lo bueno que hay en cada individuo, incluso cuando nos sentimos lastimados por sus errores o pecados? A menudo me pregunto si el mensaje de amor en el Padre Nuestro tiene alguna relación con sus vidas cuando repiten, "Perdona nuestras ofensas como también nosotros perdonamos a los que nos ofenden…". Tal vez más importante aun, ¿el mensaje del amor incondicional de Dios está llegando a todos estos presuntos *devotos* que tanto van a la iglesia y tanto creen en ella?

Es triste tener que decir esto, pero después de tantos escándalos de abuso sexual, muchos de los cuales fueron perpetrados contra menores de edad, parece que algunas personas quedaron tan cegadas por la rabia y la decepción que ahora son incapaces de distinguir entre el pecado, la conducta criminal y la debilidad humana.

Irónicamente, no vemos la indignación de los conservadores católicos romanos cuando los sacerdotes muestran conductas sexuales poco saludables, siempre y cuando los sacerdotes las nieguen y oculten. En cierto modo, muchos optan por actuar como padres con un hijo problema: prefieren mirar hacia otro lado cuando su hijo se comporta mal, y niegan el mal comportamiento que el resto del mundo ve con tanta claridad.

A los católicos romanos se les enseña que el sacerdote está "casado con la Iglesia", y muchos fieles tienen sentimientos de posesividad con los sacerdotes. Por lo tanto, actúan como si tuvieran una especie de derecho divino a opinar sobre todos los sacerdotes, aunque en muchos casos no sepan realmente nada sobre ellos.

Es común escuchar a los católicos decir: "El padre Fulano de Tal es un excelente sacerdote", cuando en realidad no tienen ni idea de quién es la persona real que está debajo de la sotana. Tal como sucede con muchos seres humanos, los católicos romanos basan sus opiniones en simples suposiciones o apariencias.

Cuando la gente me decía: "Padre Alberto, usted es un santo o un ángel", yo les respondía, "Ruega por mí, porque soy humano igual que tú, y todavía no estamos en el cielo". En las entrevistas de radio y televisión, siempre he hablado con honestidad sobre mis esfuerzos por llevar una vida más espiritual.

Una vez recibí una llamada telefónica de un católico

con "mentalidad tradicional", quien se quejó: "Padre, usted no debe reconocer que tiene defectos. Usted debe de tener todas las virtudes".

Y parecía muy convencido de eso. Él y otros católicos conservadores radicales son los más propensos a sentirse heridos y decepcionados cuando un sacerdote comete un error porque les han enseñado a creer en un mundo idealizado, alejado de la realidad o de las consecuencias que tiene el hecho de vivir en esta época. Tienen una idea casi "romántica" del sacerdocio, como quizás alguna vez la tuve yo.

Varios meses después de casarme, recibí una tarjeta de Navidad de una familia con la que siempre tuve una gran relación y con quien compartí muchos altibajos, pero que no apoyó mi deseo de casarme y continuar sirviendo a Dios en una iglesia diferente a la de ellos. La tarjeta, de una sola línea, resume con mucha elocuencia lo que sentían: "Siempre te recordaremos con cariño, aunque hayas abandonado a tu rebaño".

En otras palabras, no había la más mínima señal de interés o preocupación en mí como ser humano. Mis actos fueron simplemente demasiado difíciles de aceptar para ellos, o para tratar incluso de comprenderlos. Con frecuencia me hicieron sentir como si hubiera cometido el peor de los crímenes. Pensé para mis adentros: si supieran las cosas que hacen muchos de los sacerdotes a los cuales acuden y admiran todavía…

AUN MESES DESPUÉS DE QUE las fotos se hubieran publicado, y sin importar qué tipo de escándalo de los sacerdotes llegara a los medios, siempre parecía haber una referencia a mi caso, incluso en aquellos donde no cabía la más mínima comparación. Uno de los más difíciles de asimilar fue la historia de una bailarina de *striptease* que acusó a un sacerdote de buscarla en clubes nocturnos y dejarla embarazada. Las pruebas de ADN demostraron que el sacerdote era el padre de su hijo. Las investigaciones revelaron que varios años antes las autoridades de la Iglesia habían llegado a un acuerdo legal por 100.000 dólares con la mujer. La bailarina también alegó que ella había estado casada y que el sacerdote había pagado su divorcio. La historia siguió y siguió, pero los líderes de la Iglesia *no dijeron una sola palabra*; su silencio fue total.

Era triste ver a un sacerdote, que sabía que era un ser humano muy bondadoso, atrapado en una situación como esa. Lo único que podía hacer era tener compasión y tratar de entender el profundo nivel de soledad que seguramente estaba sintiendo este sacerdote. En su vida supuestamente célibe, se debió sentir tan solo y deprimido que su único alivio provino buscando "intimidad" con una bailarina de *striptease*, a quien tuvo que pagarle para satisfacer su anhelo de compañía.

Este es uno de los escándalos que nadie quiere ver en la Iglesia: la gente buena, sobre todo los hombres buenos, se sienten tan solos por dentro que muchas veces se ven impulsados a satisfacer sus necesidades básicas, emocionales y físicas de las formas equivocadas. ¿Cómo es posible que tengamos una institución en el siglo XXI con reglas que prohíben amar y hacer el amor con otro ser humano a quienes han sido llamados por Dios, cuando esas reglas hacen que tantas personas tengan comportamientos destructivos?

En el mejor de los casos, los sacerdotes tienen una pareja adulta que acepta la relación. Otras veces, reemplazan ese tipo de intimidad con el alcohol, las mascotas, la comida, la pornografía, el abuso sexual de menores o con un deseo exagerado de objetos materiales. Es común ver a sacerdotes —y creo que son hombres de bien— comprar un sinnúmero de objetos para no tener que lidiar con el vacío que sienten en su interior.

Recuerdo un sacerdote al que nunca podían transferir a otra parroquia porque tenía una habitación llena de películas VHS que había comprado y no tenía otro lugar donde guardarlas. Algunos sacerdotes gastan incluso al punto de hundirse profundamente en las deudas sin poder salir de esa situación, ya que la mayoría realmente no gana mucho dinero.

En última instancia, el sistema del celibato promueve el miedo, y no la libertad. Obliga a todos los que sienten un auténtico llamado a servir a Dios como sacerdotes católicos a pensar que están equivocados si sienten deseos de amar a otro ser humano.

Lo verdaderamente asombroso es que, a pesar de todos los escándalos de los sacerdotes que aparecen en las noticias, un número significativo de jóvenes idealistas todavía se sienten inspirados a seguir el camino del sacerdocio o entrar al noviciado para ser monjas, pues creen firmemente que Dios les ha trazado este camino. Sé exactamente cómo se sienten porque a mí me sucedió lo mismo. Yo también era un idealista romántico que soñó con pertenecer a una Iglesia y a una fraternidad que finalmente descubrí que realmente no existe.

Tengo que confesar que me preocupan esos jóvenes. ¿Qué pasará con ellos cuando se den cuenta que el sistema del celibato tiene tantas disfunciones y tan poco apoyo emocional verdadero por parte de los miembros de la Iglesia? ¿Qué van a hacer si se encuentran en la misma situación en la que yo me encontré? ¿Qué comportamientos destructivos podrían adoptar con el fin de hacer frente al sistema que están aceptando?

¿Y qué pasa si descubren, como yo, que un amor no excluye necesariamente al otro?

CAPÍTULO TRECE

SACERDOTES DESECHABLES

Muchas veces pienso en el momento exacto de mi ordenación, cuando el arzobispo nos llamó a una sala especial de conferencias con nuestras familias y dijo: "Vamos a cuidar muy bien de ellos".

Nunca olvidaré esa frase ni la expresión en el rostro del arzobispo mientras pronunciaba lo que me pareció ser un deseo sincero de su parte y de la Iglesia: cuidar a sus sacerdotes. Tal vez él piense que lo hizo. Si eso es cierto, entonces él y yo tenemos una idea muy diferente de lo que significa "cuidar muy bien" a alguien.

Para mí, esas palabras tan significativas representan la promesa de que demostrarás tu preocupación personal por las personas a las que sirves, especialmente cuando las pones en situaciones difíciles que tú mismo has creado y en última instancia eres responsable de resolver. Pero la verdad es que son muchísimos los sacerdotes que he conocido y que creían sinceramente que la Iglesia los cuidaría, que la institución a la que le habían dado todas sus vidas debería al menos mostrar en algunos casos una compasión básica y ofrecer una mano amiga cuando pasaron necesidades. Estos hombres se sintieron tristes y decepcionados. En realidad, los funcionarios de la Iglesia muchas veces los arrojan a la "boca del lobo" cuando se enfrentan con obstáculos en el camino, y hay pocos indicios de que el miembro de mayor jerarquía se haya preocupado por ellos en lo más mínimo. Sí, ha habido algunas excepciones, pero la norma parece ser que, mientras más asciendan los sacerdotes en la jerarquía de la Iglesia Católica Romana, más interesados estarán en promover y mantener sus propias carreras e imágenes. Muy pocos en las altas esferas sacrifican por nadie ni por nada su deseo de subir.

Uno de los hábitos sacerdotales más destructivos es caer en la cultura de la ambición, que conduce a un desprecio por los demás seres humanos en su competencia por el poder. Algunos sacerdotes le pagan incluso al Vaticano por títulos honoríficos y posiciones de prestigio; en última instancia, veo esto como el mismo deseo de satisfacer sus necesidades de intimidad de una forma muy poco saludable. Recuerdo el caso de un sacerdote al que nombraron "monseñor" honorario mientras trabajaba fuera de su diócesis y al que le dieron el título honorario en la institución donde estaba sirviendo en ese momento. Cuando llegó el momento de enviar el cheque a Roma, su obispo le dijo, "Pero yo no te nombré, yo no lo pago…" Entonces él mismo fue quien tuvo que pagar su nuevo título.

Estas personas frustradas utilizan a la Iglesia para alcanzar un estatus tan alto como sea posible. Esto a su vez les da control sobre los demás. Tiene poco que ver con el servicio, el ministerio, la vocación o el Evangelio de Jesucristo, y mucho con "ser exitosos" en la Iglesia. La cultura de la ambición es parcialmente responsable de la destrucción de las vidas de muchos sacerdotes buenos y dedicados.

Probablemente el ejemplo más claro en este sentido sea el caso de mi propio pastor de Cayo Hueso, Florida, donde trabajé como diácono interno. Este pastor era un hombre generoso y trabajador, en cuya sexualidad realmente no pensé mucho porque me parecía asexual. Nunca supe si le atraían los hombres o las mujeres, ya que, obviamente, no me educaron para hacerme preguntas como esa. Yo tenía otras cosas de las cuales ocuparme, sobre todo porque mi pastor me animó a involucrarme en la crisis de los refugiados cubanos que llegaban a las costas de la Florida en una pobreza extrema.

Varios años más tarde, cuando los escándalos de abuso sexual por parte de la Iglesia estallaron en Boston y brotaron rápidamente en toda la nación, los medios de comunicación comenzaron a ejercer presión sobre las autoridades eclesiásticas para que examinaran los expedientes de su personal y limpiaran toda la suciedad. Los obispos sintieron miedo, y la consecuencia directa fue que llamaron a muchos sacerdotes y les pidieron la renuncia, la dimisión o la jubilación, casi siempre en contra de su voluntad, y muchas veces en cuestión de horas. Durante ese período inicial, tres años después del impactante escándalo de pederastia, más de 700 sacerdotes fueron destituidos en los Estados Unidos.

Aquellos que habían estado implicados en casos de abuso vagos hacía varias décadas fueron destituídos de sus cargos en todo el país. Mi pastor de Cayo Hueso fue uno de ellos: fue retirado de su parroquia en gran parte debido a las acusaciones relativas a una situación inapropiada con un menor muchos años atrás. Nadie sabía los detalles de esta acusación, a pesar de que Cayo Hueso es una ciudad pequeña y el tipo de lugar donde es difícil guardar un secreto. Todo lo que supe fue que a mi pastor le "pidieron retirarse", una manera agradable de decir que lo habían destituido. Situaciones como la suya causaron un dolor profundo en mi alma. No es fácil ver a las personas que más admiras y respetas desaparecer del ministerio debido a un escándalo que ha sido mantenido en secreto. Y él no fue mi único mentor en abandonar el ministerio activo en esos términos.

Años más tarde, asistí a su 50 aniversario como sacerdote. Celebramos su aniversario de oro en la pequeña capilla de un asilo de ancianos, porque casi todos los sacerdotes destituidos por situaciones relacionadas con el abuso sexual estaban escondidos y nunca más se les permitió celebrar misas en las parroquias. Muchos no podían hacerlo siquiera públicamente, pero el arzobispo apreciaba a este pastor e hizo una excepción.

Fue desgarrador ver cómo la institución eclesiástica trató a este hombre y a muchos de sus soldados más veteranos. Si hay alguna verdad detrás del concepto de las señales de alarma y de cómo sirven para alertarnos en la vida, este aniversario fue una alarma muy importante para mí: allí estaba un sacerdote que yo respetaba, un hombre que había servido a la Iglesia durante medio siglo, y ni siquiera podía decir una misa especial en una iglesia, capilla o parroquia. Es la peor clase de castigo para un sacerdote, pensé.

A lo largo de aquella misa sobria, no pude dejar de recordar toda la buena labor que yo le había visto hacer a este hombre con mis propios ojos, y todas las lecciones sobre la vida parroquial que había aprendido de él como diácono interno. Recordé que este pastor había hecho todo lo posible para crear una parroquia que fuera un lugar cálido y acogedor para todos. Había conseguido dinero para renovar a Santa María Estrella del Mar, devolviéndole su antigua gloria a esta iglesia en ruinas. Había abierto de nuevo un convento que estaba cerrado, y gracias a esto las monjas pudieron volver a Cayo Hueso y enseñar a los niños en la escuela parroquial.

Pensé en todos los programas, proyectos y energía que este hombre —quien tenía más de setenta años en ese momento— dedicó a una parroquia que sus predecesores habían hecho caer en la ruina por su mala gestión. Ahora, pocos años más tarde, allí estaba él, celebrando su 50 aniversario en la capilla pequeña e incómoda de un hogar para ancianos, con menos de veinte asientos. De todos modos, nos apretujamos unas treinta personas. Como no había coro, dirigí los cantos ese día, tratando de celebrar una misa que fuera tan alegre y reverente como fuera posible, y también cantamos himnos tradicionales y las partes principales de la Eucaristía.

Justo después de esa misa de aniversario, uno de los amigos de este sacerdote se acercó y me dijo:

—Soy uno más de los sacerdotes fletados.

—¿Sacerdotes fletados? —respondí confundido, pues no sabía qué quería decir.

—Sí —respondió el sacerdote—. Yo fui uno de los que sacaron del ministerio con el Dallas Charter.

Comprendí lo que estaba diciendo. Mediante el Dallas Charter de 2002, los obispos de Estados Unidos hicieron algo que el público aplaudió como una política de "cero tolerancia" para el abuso sexual infantil. Aunque su intención pudo ser buena, el problema con el Dallas Charter es que también incluía la eliminación casi completa del debido proceso y otros procedimientos del Derecho Canónico destinados a proteger a los sacerdotes y a las personas de las injusticias que a menudo suceden en la Iglesia y en nuestra sociedad.

El aniversario de mi ex-pastor fue un día agradable, pero un poco triste para mí, porque fue uno de los muchos casos en que un sacerdote que había hecho un trabajo tan bueno a favor de la Iglesia, fue condenado a vivir casi escondido. Fue otra prueba más de que la institución eclesiástica estaba más preocupada por su imagen que por practicar un ministerio de misericordia y compasión.

Muchos sacerdotes viven situaciones totalmente ambiguas después de haber sido separados de sus parroquias porque sus obispos no quieren verse empañados al tener relación con sacerdotes destituidos. Esto es así en todas partes del mundo. ¿Qué pasó con el concepto de un pastor que no abandona a sus ovejas?

Hoy en día, vivimos en la era de los "obispos CEO", que actúan como presidentes ejecutivos de grandes compañías. Hay muy poca consideración por el individuo y demasiada preocupación por la institución; recaudar dinero suele ser la prioridad. Yo detestaba esta falta de preocupación de la Iglesia por su propio clero. Ni siquiera estoy hablando de brindarles ayuda material a estos sacerdotes caídos en desgracia; simplemente, de una llamada telefónica o una carta que demostrara un poco de gratitud por los servicios prestados y los años de dedicación.

Quién sabe de qué fueron acusados mi pastor y otros sacerdotes, o qué tan ciertas eran las denuncias. No hubo forma de averiguarlo, a pesar de que vivimos en un país donde todos somos inocentes hasta que no se demuestre la culpabilidad en un tribunal de justicia.

Al final, no importaba realmente. Mi pastor fue retirado para siempre del ministerio y de la obra de toda su vida. El sistema jurídico puede tardar años en aclarar la verdad a pesar de los acuerdos legales que ascienden a millones de dólares. Muchos sacerdotes que dicen ser inocentes se sienten traicionados por estos acuerdos, pues ven que el dinero de la Iglesia es desperdiciado para borrar lo que pueden ser falsas acusaciones. Los laicos también se sienten traicionados por sus obispos, porque mientras han cerrado iglesias y servicios esenciales por falta de fondos, al mismo tiempo pagan enormes cantidades de dinero para resolver casos de abuso que pueden o no tener credibilidad.

Además de todo esto, a nivel personal, muy pocos en la Iglesia, tanto clérigos como laicos, hacen un intento por llegar a esos hombres que fueron sacerdotes durante varias décadas, y que muchas veces hicieron una buena labor. Me molestó particularmente cuando un sacerdote a quien reemplacé tras ser acusado de abuso sexual, nunca escuchó una sola palabra de los jóvenes sacerdotes de los que había sido mentor y apoyado incluso económicamente. Se trataba de individuos que recibieron cálices y ornamentos costosos para su primera misa gracias a este sacerdote "caído". ¿No nos enseñaron acaso que el mandato evangélico es socorrer a los más necesitados? ¿Por qué esto era tan difícil para mis hermanos sacerdotes?

Desafortunadamente, este es un comportamiento común entre los sacerdotes, que aparentemente imitan a la institución de la Iglesia y marchan al ritmo de su tambor. Yo llamé personalmente a cada uno de ellos y les pedí que llamaran a su mentor, pero sólo la mitad lo hizo. Fue triste. La lección aquí es clara: cuando la Iglesia se deshace de ti, no hay nada más que hacer.

LOS SACERDOTES DE MÁS EDAD parecen más hábiles para hacerle frente a la Iglesia como institución. Son más tolerantes con los sacerdotes que tienen todo tipo de hábitos, que llevan una vida doble, tienen disfunciones y parecen estar en mejores condiciones para aceptar el estilo dictatorial tan frecuente en la jerarquía eclesiástica.

Admiro a los sacerdotes ancianos de la actualidad porque muchos de ellos poseen una libertad que no sienten quienes están atrapados en la ambición de ascender en la jerarquía institucional. Los sacerdotes mayores ya no compiten por posiciones de poder ni por cargos. Y quizás por eso mismo parecen estar abiertos a todo. Sus experiencias los hacen más flexibles en su aproximación a la vida y a la debilidad humana. No están tan atrapados en la caja. Incluso a nivel público, cuando se muestran muy respetuosos en este sentido, muchos saben que deben hacerlo para sobrevivir.

La razón por la cual algunos sacerdotes mayores no se retiran es porque su vida tendría poco sentido sin su trabajo. Para otros, la posibilidad de no "ser el jefe" o de no "estar al mando" sería muy difícil de soportar. Otro factor importante es que en muchos países no existen planes de retiro ni seguros de salud adecuados para los sacerdotes jubilados, y por eso siguen ejerciendo el sacerdocio.

Gran parte de lo que acabo de mencionar sobre los sacerdotes mayores también se aplica a un gran número de monjas y religiosas de la misma edad. Hay mujeres verdaderamente "heroicas" dentro de la iglesia actual, y su credibilidad sigue siendo muy alta a pesar de todos los escándalos. Tal vez esto se deba a que no suelen hacer parte de la institución burocrática y se mantienen cerca de las personas a las que sirven. Estas mujeres son generosas, abnegadas y muy dedicadas y, sin embargo, tienen poco reconocimiento.

De hecho, las mujeres de las órdenes y congregaciones

religiosas que valoran la educación suelen estar mejor preparadas para predicar y enseñar Teología que la mayoría de los
sacerdotes y obispos. Sin embargo, el Vaticano encargó recientemente una "investigación" sobre las mujeres religiosas en los
Estados Unidos, simplemente porque cualquier grupo dentro de la institución que la jerarquía considere que esté yendo
más allá de la "caja" prescrita, es sospechoso según el liderazgo
actual.

Esto es vergonzoso. Imagínense el nivel de inseguridad
que debe existir dentro del Vaticano si tienen que "investigar"
a uno de los grupos más dedicados de su propia organización,
especialmente en un momento en que los obispos y otros funcionarios de la Iglesia (incluso dentro de la curia romana) necesitan ser investigados de un modo mucho más exhaustivo,
teniendo en cuenta los numerosos problemas causados por su
mala gestión y falta de responsabilidad tan evidentes. Alguien
debería decirle al Vaticano que las monjas no tienen que ser
investigadas; más bien, deberían ser felicitadas por su dedicación de toda una vida y por soportar una organización muchas
veces misógina que con frecuencia las ha tratado como mano
de obra barata. ¡Siempre consideré que las monjas y hermanas
religiosas son uno de los mayores tesoros de la Iglesia!

Una monja muy trabajadora y dedicada que ha servido a la
Iglesia durante varias décadas, fue notificada recientemente de
que había sido excomulgada por un obispo de Estados Unidos
(en realidad, alguien que conocí cuando él era sacerdote y yo
un joven seminarista), por permitir que una joven interrum-
piera su embarazo en un hospital católico romano para salvar
su vida. ¿Alguien en la institución se molestó en conocer los
detalles o en comprender el terrible dilema al que se enfrentó la
monja? Estos son los hechos: una mujer de veintisiete años de

edad, madre de cuatro hijos, sufría de hipertensión pulmonar y aceptó la recomendación de sus médicos de "interrumpir" el embarazo sólo después de quedar en claro que moriría si no lo hacía. La hermana religiosa, como jefe del comité de ética y administradora del hospital durante varios años, participó en la discusión con los médicos, la paciente y su familia. Obviamente, esta monja era "provida" y no "abortista". Pero en la Iglesia Romana Católica de hoy no existen los grises, siempre es como la institución ordene y nada más. No es necesario en absoluto que utilices la razón que te ha dado Dios; simplemente cumple las reglas y te irá bien. Parece que nadie en la Iglesia considera que la forma en que fue tratada esta monja haya sido "escandalosa", pero realmente es el peor tipo de escándalo. Muchas personas dedicadas —clérigos y laicos— son marginadas e irrespetadas por la jerarquía de la Iglesia sin la más mínima consideración.

De hecho, uno de los escándalos internos a los que la Iglesia nunca se refiere en público es la forma en que trata a sus propios sacerdotes y trabajadores que llevan muchos años dedicados a su labor. Aunque no todos los sacerdotes han sido destituídos o se han "retirado" de la misma manera y no todos los obispos actuan como gerentes de negocios, hay juegos canónicos (ley y protocolo de la Iglesia oficial) que practican para mover a los sacerdotes de un lado a otro cuando les da la gana o para expulsarlos cuando les plazca.

El mayor crimen es lo que les hacen con frecuencia a muchos sacerdotes ancianos —e incluso a algunos obispos— al final de su carrera. La norma universal es que cada uno debe retirarse con una renuncia por escrito a los setenta y cinco años, incluso los obispos. Sin embargo, Roma hace sus excepciones a esta regla a menudo, especialmente con aquellos que han sido útiles para la Iglesia en términos financieros.

Esto es lo que he observado: si un obispo llega a los setenta y cinco y no ha sido un miembro "100 por ciento leal" a la ideología vaticana del momento, es reemplazado de inmediato, o envían a un coadjutor (alguien que comparte sus responsabilidades) antes de retirarse. Por otra parte, los obispos que han dejado en claro que son leales a Roma y marchan a su ritmo, siguen ejerciendo casi hasta que tienen ochenta años o incluso más.

Ese modelo también es seguido por los obispos locales con sus pastores ancianos. Algunos son como "reyes" en su propio reino: de por vida. Otros son transferidos por medio de normas que ciertamente no se aplican a todos por igual.

Para los fieles, el tratamiento de los pastores es a veces confuso y triste, incluso frustrante. Pero los fieles que pagan las cuentas y sostienen sus iglesias, no tienen voz ni voto para elegir a su párroco, ni decidir el tiempo que estará en la parroquia. De hecho, a las personas laicas raramente se les consulta sobre cualquier decisión, aunque sean las más afectadas por las decisiones que se toman con relación a sus comunidades parroquiales.

En países donde la democracia no es valorada, seguramente esto no es ninguna sorpresa. Sin embargo, en países democráticos como Estados Unidos, marca una gran diferencia. Muchas veces, los fieles simplemente se van: abandonan su hogar espiritual y buscan una nueva iglesia si se sienten particularmente afectados por la eliminación inexplicable de un pastor (o si al pastor se le permite seguir, a pesar de ser totalmente ineficaz e incapaz de dirigir una parroquia). Los fieles pueden abandonar incluso la fe por completo y retirarse para siempre de la religión organizada.

Mi punto es que muchos de los sacerdotes mayores —y en

estos días son muchos, siendo la edad promedio de sesenta años para los del mundo desarrollado— son tratados de una forma indigna e injusta. Mientras la Iglesia habla de proteger la "dignidad de los seres humanos", rara vez lo hace con los suyos, sin importar su soledad o sus escasos recursos. He sido testigo de cómo los sacerdotes mayores soportan humillaciones debido a la falta de competencias básicas y de sensibilidad mostrada por los superiores. Incluso para los que nunca se han visto involucrados en un solo escándalo, toda una vida de servicio puede pasar desapercibida, y sus ministerios activos pueden ser terminados de manera abrupta, muchas veces con muy poco agradecimiento.

Recuerdo la historia de un sacerdote, quien descubrió que iba a ser retirado de su parroquia sólo cuando su reemplazo fue a echar un vistazo "simplemente para ver el lugar". El sacerdote llevaba más de treinta años allí: era su casa. Era muy querido y admirado por toda su congregación, la cual no tenía ni idea de lo que sucedía.

El joven sacerdote entró y anunció que sería el nuevo pastor, y ningún funcionario de la Iglesia llamó al sacerdote depuesto para decirle que lo habían jubilado oficialmente, o para informarle que otro sacerdote había sido asignado para ocupar su lugar. Imagínense el efecto que tiene en la moral de un hombre mayor de setenta años ser tratado como un empleado sin ningún respeto después de servir como sacerdote durante medio siglo.

Esto sucede con mucha frecuencia y la mayoría de las personas no saben qué ocurre dentro de su propia parroquia, un lugar donde esperamos oír hablar de justicia y de amarnos unos a otros. Desgraciadamente, para mí la Iglesia se convirtió en una institución que con demasiada frecuencia parece carecer del más mínimo sentido de humanidad.

Los fieles también tienen cierta responsabilidad por el maltrato de los sacerdotes. La mayoría de los que son transferidos rara vez vuelven a ver o a saber de sus fieles, aunque los hayan ayudado con sus necesidades y hayan servido a sus familias. La institución fomenta ese tipo de "desconexión" para no interponerse en el camino del nuevo sacerdote, dándole un nuevo giro a la frase, "fuera de mi vista, fuera de mi mente". Esta forma de manejar las transiciones dentro de la Iglesia hace que la mayoría de los sacerdotes se sientan como cajeros automáticos sacramentales siendo sustituidos por nuevos modelos según el capricho de la institución. La mayoría de estos hombres buenos mueren poco después de su retiro, cuando tienen que abandonar los lugares donde han trabajado durante varias décadas.

Los fieles dirán: "Me pregunto si el padre Fulano de Tal está vivo", pero son muy pocos los que averiguan qué sucedió con él después de su retiro. Creo que esto es tan devastador para los fieles como para los sacerdotes.

Al ver la falta absoluta de humanidad y de preocupación mostrada por muchos dentro de la Iglesia —incluso por los sacerdotes—, me sentía triste y desilusionado. ¿Cómo es posible que prediquemos sobre la compasión, la justicia social y promovamos la dignidad de todo ser humano sino practicamos estos mismos principios con el prójimo?

Muchos sacerdotes dirán con claridad: "Si no fuera sacerdote, no sé qué haría". Esto puede parecerles romántico o dramático a algunos, pero a mí me parece triste y disfuncional. Una vez un sacerdote tradicional y de edad avanzada que estaba decepcionado con el estado del clero, me dijo: "Un hombre que no tiene la opción de convertirse en un buen padre de familia y un trabajador, nunca debería ser sacerdote".

Su argumento era sólido y tenía mucho sentido: el sacerdocio no debe ser un lugar para ocultar disfunciones o evitar la realidad; más bien, debe ser una vocación libremente elegida por un grupo de personas espiritual e intelectualmente motivadas para una gran misión.

Como sucede con cualquier otro grupo profesional, la calidad y autenticidad de la vida de tus compañeros influye directamente en tu trabajo y en tu compromiso personal con todo lo que esto implica. Hoy en día, me temo que hay una gran cantidad de personas que se vuelven sacerdotes simplemente por usar sotana, decir misa y hacer lo mínimo posible. Un gran número de sacerdotes realmente no tienen un verdadero sentido de la misión y la pasión por el trabajo sacerdotal.

OTRO PROBLEMA QUE TARDÉ MUCHO tiempo en aceptar son los celos, la envidia y la competencia negativa que hay en el clero masculino. Los chismes —casi siempre destructivos— abundan entre los sacerdotes.

Cuando yo era un sacerdote muy joven, el obispo organizó una cena para establecer una fraternidad entre algunos sacerdotes de una zona geográfica determinada. Al salir de la cena, nos dijo: "Bueno, ahora me voy, así que ya pueden hablar y contar chismes sobre mí".

Lo que él decía era verdad, ya que lo que a muchos sacerdotes les gusta hacer más que cualquier otra cosa es hablar e inventar chismes sobre sus obispos. Rara vez están contentos con los que tienen, y siempre esperan que el próximo sea mejor.

Existen algunas expectativas básicas que cada sacerdote tiene de su obispo. En su mayoría, los sacerdotes quieren que los dejen solos y les permitan trabajar. Tanto el clero como los laicos esperan que su obispo sea algo más que un funcionario que actúa como un presidente ejecutivo y cree que su mayor obligación es proteger y defender la imagen de una institución. Los obispos están llamados a actuar como pastores y padres espirituales —ese es su papel específico en la Iglesia—, especialmente con los párrocos que sirven como soldados de a pie, haciendo el trabajo de cada día.

Al igual que todas las organizaciones y empresas, la Iglesia tiene una estructura y un sistema de controles y equilibrios. El obispo es el pastor y el guía de una zona geográfica en la que hay muchas parroquias a cargo de pastores. Así como el sacerdote es el pastor de su pueblo, el obispo debería ser el verdadero pastor de sus pastores. Por desgracia, esto es algo que rara vez ocurre en la Iglesia de hoy, donde los sistemas de apoyo son casi inexistentes.

Como me dijo una vez un sacerdote ya mayor, "los hombres célibes pasan mucho tiempo mirándose el ombligo". En ese momento, pensé que era una persona negativa, y su comentario me pareció una señal de amargura hacia sus colegas.

Más adelante comprendí la verdad que había en sus palabras. En lugar de concentrarse en los demás y en el servicio a Dios, el celibato hace que muchos hombres sean egoístas y egocéntricos. Y toda la institución se mira el ombligo, pues la Iglesia pasa demasiado tiempo centrada en sí misma y no tiene tiempo de entender al mundo que la rodea. Esto les crea varios problemas a los sacerdotes, pero especialmente, la ausencia de un verdadero sentido de "fraternidad" entre ellos.

A veces, había momentos en los cuales yo quería hablar abiertamente con alguien, sobre todo cuando los escándalos de abuso sexual cada vez llamaban más la atención de los medios, y me pedían respuestas tanto en público como en la parroquia. Los sacerdotes suelen estar demasiado aislados unos de otros, entre otras cosas por nuestros horarios diferentes y trabajo tan demandante. Siempre tuve la fortuna de tener dos o tres buenos amigos sacerdotes, y otros que me apoyaron, especialmente entre los sacerdotes mayores. Sin embargo, cada día estaba mas consciente de un profundo vacío emocional dentro de mí.

Como un joven que había entrado a un seminario romano, tuve la impresión de haber entrado a un tipo especial de fraternidad a la que podía ayudar a lo largo de mi vida y ministerio. Aunque conocí a algunos sacerdotes que se convirtieron en mis amigos, muchos más parecieron renunciar a la fraternidad en el ministerio y pasaban más tiempo con sus perros, gatos, o computadoras que con otros sacerdotes. Yo sabía que muchos no tenían amigos de verdad. Parecían utilizar su condición y el celibato como herramientas para el aislamiento, y nunca desarrollaron muchas habilidades como personas normales.

Por ejemplo, tuve un compañero de clase a quien siempre llamé o le enviaba correos electrónicos en su día de cumpleaños y en el aniversario de nuestra ordenación. Era lo único que podía hacer, pues él nunca sacaba tiempo para vernos, sin importar cuántas veces se lo pidiera. Recuerdo que cuando salimos del seminario, cada vez que él necesitaba hablar con alguien, yo iba a visitarlo, sin importar la distancia ni la hora que fuera. De repente, él se alejó por completo. Después de enviarle correos electrónicos y mensajes por unos pocos años sin recibir nunca respuesta, un día decidí imprimir todos mis mensajes y enviárselos por correo en un sobre grande con esta breve nota: "Estoy realmente preocupado por ti. Me interesa tu bienestar. ¿Alguna vez recibiste alguno de estos mensajes?".

Su respuesta —la primera palabra que sabía de él en varios años— fue breve: "Mis verdaderos amigos tienen mi correo electrónico y mi número telefónico correctos. Ellos no me molestan con mensajes inútiles".

Su reacción me dolió muchísimo. Después de todo, yo me había ordenado con él. Lo consideraba no sólo un compañero de clase y amigo, sino también un hermano sacerdote. Nunca más volví a saber de él.

Con el paso del tiempo, sin embargo, conocí a muchos más sacerdotes durante mis viajes de trabajo en los medios, y me di cuenta de que la actitud desagradable y de aislamiento era muy común. Supe de sacerdotes jóvenes que fueron ignorados por los mismos pastores a quienes habían servido varios años como asistentes. Un joven sacerdote me contó que entró en la oficina de su jefe el último día de su misión para darle las gracias por todas las cosas buenas que había aprendido de él y para agradecerle por su orientación. El sacerdote se limitó a responder: "Está bien", y continuó con su trabajo como si no le hubieran dicho nada en absoluto. Hasta el día de hoy, no han vuelto a tener contacto. Trabajaron dos años juntos, pero eso no pareció importar. ¿No es eso algo completamente extraño? Mi punto es que muchos sacerdotes parecen estar casi emocionalmente muertos, o al menos, no son capaces de recibir y comunicar el afecto de una manera saludable. No importa lo mucho que yo valorara la fraternidad y tratara de practicarla, recibí muy poca de algunos sacerdotes, y no sé qué otra cosa pueda existir en su mundo que pudiera reemplazarla.

Hasta el día de hoy, muchos hermanos sacerdotes y seminaristas a quienes ayudé y apoyé con verdadera fraternidad, no me han hecho una sola llamada ni me han enviado una nota demostrado preocupación o interés por mi situación. Ya sea que hayan aprobado mis decisiones o no, creo que ese sería el gesto más humano, especialmente con alguien que les ofreció un apoyo incondicional cuando ellos lo necesitaron. Pero creo que todo se reduce a esto: si los obispos —los jefes de la Iglesia oficial— no se comportan como padres espirituales y los sacerdotes no se comportan como hermanos, ¿puede la Iglesia afirmar realmente que existe la fraternidad sacerdotal?

LAS COMUNICACIONES, Y TODO LO relacionado con los medios, es otra área donde la Iglesia tiene un verdadero problema. Como un sacerdote convencido de que mi misión era difundir la palabra de Dios, fue muy frustrante para mí observar que la Iglesia de hoy agota más recursos tratando de limpiar su imagen pública con acuerdos legales que difundiendo el mensaje de Dios.

Mi frustración llegó a su límite con todo el tiempo dedicado a este asunto por el Comité de Comunicaciones para la Conferencia de Obispos Católicos de los Estados Unidos. Fue una experiencia decepcionante, no por los obispos —que eran muy trabajadores y cordiales en su mayoría—, sino porque pasamos muchas horas hablando sobre la forma de difundir un mensaje de fe a los ciudadanos de nuestro país con un ridículo presupuesto de unos cuatro millones anuales. Mientras tanto, los obispos habían destinado fácilmente 400 millones de dólares ese mismo año para resolver las demandas de abuso sexual.

La pequeña emisora que dirigí en Miami tenía un presupuesto de funcionamiento más grande que todo el departamento de medios de la Iglesia Católica Romama en los Estados Unidos. No es de extrañar, entonces, que los funcionarios de la Iglesia Católica no parezcan tener una verdadera voz audible en la sociedad norteamericana.

Cualquier número de pequeñas iglesias fundamentalistas —en cualquier lugar del país— tiene un presupuesto de radio y televisión mayor que el de toda la Iglesia Católica, así como mucho más entusiasmo. Nunca tuvo sentido para mí que la mayor denominación cristiana de América no pudiera hacer lo que necesitaba para comunicarse en un mundo regido precisamente por las comunicaciones.

Para entender esto, sólo hay que ver cómo está organizada la Iglesia, su autoridad y poder centralizado tan entremezclado con la forma en que realiza su misión. Sería ideal que la Iglesia Católica Romana tuviera a alguien —o incluso a varias personas— que ofrecieran una perspectiva espiritual sobre las cuestiones que realmente afectan la vida de los seres humanos, pero la institución no está interesada en esto.

Cada vez que el Vaticano o la iglesia americana se refieren a los medios de comunicación, es para acusarlos de atacar a la Iglesia. Lo que no parecen comprender es que la Iglesia realmente no está siendo atacada, sino desafiada a ser lo que dice ser.

La Iglesia Católica Romana ha gastado muchos millones de dólares en otras cosas, pero nunca en hacer llegar su mensaje al mundo. Aparte de los que realmente van a la iglesia —sólo una fracción de los cuales dicen ser católicos bautizados— nadie escucha lo que la Iglesia tiene que decir sobre una multitud de temas importantes. De hecho, los católicos romanos casi siempre votan en contra de las políticas y perspectivas de su propia Iglesia. Hay una desconexión total y parece que los obispos no la ven.

Como me dijo una vez un obispo muy familiarizado con las comunicaciones dentro de la institución eclesiástica: "Casi todo el trabajo realizado por un comité sobre el tema de los medios de comunicación de la Iglesia está en un archivador en la oficina principal en Washington, D.C.".

Muchos países pobres de América Latina tienen sus propios canales de televisión católicos, pero por desgracia, tienen muy pocos programas de calidad. Hay que aplaudir a los obispos en los países del tercer mundo por hablar directamente con su pueblo y no evitar a los medios de comunicación, como lo hacen con tanta frecuencia en los Estados Unidos. En esos países hay pocas comodidades y aun menos recursos, pero al menos la fe no parece estar relegada a un segundo plano en materia de presupuestos.

Algunos dicen que a la Iglesia le va mal con los medios de comunicación porque estos no suelen estar bajo el control de una autoridad central.

He escuchado incluso a obispos quejarse y preguntarse: "¿Quién controla el mensaje que están recibiendo las personas de mi diócesis?".

El mensaje implícito en esas palabras es que, en última instancia, sólo el obispo puede enseñar en nombre de la Iglesia, y que las personas que no están bajo su autoridad y jurisdicción podrían ser un problema. Las figuras carismáticas casi siempre son vistas como una amenaza para una organización que siente que debe tener el control absoluto de todo y de todos. ¿Cómo puede una institución como ésta sobrevivir en este mundo globalizado y mediático?

Lo importante aquí es que la Iglesia gasta dinero en todo tipo de cosas, pero muy pocas tienen que ver con su misión fundamental de hacer llegar el mensaje de la salvación. Ya no es un secreto que la inversión realizada en la solución de pleitos relacionados con el abuso sexual de menores —y el número de las diócesis que han tenido que declararse en quiebra o bancarrota como consecuencia de ello— es sólo un ejemplo de la enfermedad institucional que padece la Iglesia Católica Romana.

Esto continuará a menos que haya una verdadera reforma. La Iglesia ha hecho un trabajo muy deficiente en proyectar una buena imagen al mundo y un trabajo aun peor al encubrir sus errores, aunque haya invertido muchos recursos para hacer precisamente eso. El fruto de la mayoría de las inversiones de la Iglesia para comprar el silencio de las personas ha sido nulo. Incluso muchos individuos que recibieron grandes sumas de dinero para guardar silencio aparecieron años más tarde y divulgaron sus terribles historias. Son demasiados los obispos que han llegado incluso a mentir, diciendo que "el seguro cubre todo los gastos de estos acuerdos", cuando el pueblo sabe que los seguros no lo cubren todo.

DESPUÉS DE VARIOS AÑOS EN el ministerio, llegué a entender que la mayoría de los sacerdotes que yo conocía —con muy pocas excepciones—, se dividen en tres categorías básicas, y algunos clasifican en dos, o incluso en las tres:

1. Los expulsados de la Iglesia.
2. Los acusados de delitos sexuales o de otro tipo.
3. Los que se sentían descontentos y/o aislados.

Durante los escándalos de abuso sexual entre 2001 y 2002, la comunidad católica de los Estados Unidos comenzó a ver que varios de sus sacerdotes más talentosos y dinámicos fueron expulsados con rapidez, casi sin el debido proceso. Hubo mucha presión de los medios y la prensa de Boston fue particularmente responsable de promover la renuncia del cardenal Bernard Law, quien sin duda alguna fue el chivo expiatorio de los cientos de obispos que han estado implicados de manera más directa en la crisis.

En aquella época, era común ver todos los días a un sacerdote diferente en el periódico, con historias terribles en torno a su caso (o casos) de abuso cometido hacía varios años. En términos generales, los casos involucraban adolescentes masculinos que eran menores de edad. Muy pocos obispos sufrían alguna repercusión directa, lo que no hace más que confirmar que existe una protección especial para los rangos superiores.

Muchos de los sacerdotes retirados —sin importar el motivo— fueron notificados de su situación por vía telefónica. Algunos nunca recibieron noticias directas de sus obispos, y otros funcionarios de la Iglesia hicieron el trabajo sucio de informarles. Otros desaparecieron en medio de la noche, dejando simplemente ambiguas notas de despedida a los fieles, y rara vez explicaron los motivos de su partida repentina. En algunos casos y hasta el día de hoy, los fieles no saben por qué desaparecieron sus líderes espirituales.

La forma en que fueron tratados la mayoría de los sacerdotes dejó mucho que decir sobre la institución a la que le había dado mi vida; fue algo asustador. Esta es la otra cara de la historia que nunca escucharemos en los medios de comunicación: el maltrato que reciben los sacerdotes acusados aunque dichas acusaciones hechas en su contra no tengan credibilidad.

Mientras sucedía toda esa locura, empecé a ver el verdadero *modus operandi* de la Iglesia, especialmente con respecto a la forma en que la institución trata a sus sacerdotes. No tuve más remedio que examinar los métodos de la Iglesia, pues yo me había visto afectado directamente, ya que muchas veces me pidieron sustituir a algunos de los sacerdotes que fueron retirados. Yo también conocía y respetaba a varios sacerdotes expulsados de sus parroquias. Es más, mi trabajo con los medios de comunicación me llevó a tener que responder preguntas sobre esos escándalos en la televisión hispana y a veces en inglés.

En última instancia, llegué a entender que la Iglesia es una institución que muchas veces habla de la importancia de los derechos humanos y del respeto a la dignidad de todo ser humano, pero no practica muy bien sus propias enseñanzas. Por supuesto, los comportamientos más notorios por parte del clero son verdaderos crímenes contra los niños, pero esto no es lo único de lo que se ocupa la Iglesia en relación con los sacerdotes. Aunque las acusaciones contra un sacerdote sean graves, debe realizarse sin embargo un proceso legal y justo para descubrir la verdad. ¿Qué pasó con el mensaje de mi arzobispo de que la Iglesia es tu familia y de que "vamos a cuidar de ellos"?

Tratar como mano de obra barata a las personas que trabajan y se desempeñan en el ministerio durante varias décadas es una injusticia terrible. Sin embargo, eso es lo que hace la Iglesia con los suyos. En mi caso, y a pesar de que Ruhama y yo éramos dos adultos solteros con consentimiento mutuo, y que no cometimos ningún delito, la Iglesia me suspendió de inmediato de toda actividad y me sacó de la nómina antes que concluyera mi proceso de transición —fue algo casi inmediato. Es más, mi seguro médico fue cancelado dos semanas después, algo que sólo descubrí cuando estaba en el consultorio médico y la secretaria me dijo: "Padre, ya no está en el sistema; usted no tiene seguro".

Más triste aun son los funerales de los sacerdotes. Es cierto que todos los funerales son tristes, pero el dolor que yo asocio con el funeral de un sacerdote tiene poco que ver con la muerte y mucho que ver con la vida. En el caso de un sacerdote fallecido, el individuo enterrado es una persona que ha dedicado toda su vida a bautizar bebés, a celebrar bodas, a predicar, a consolar a los enfermos y a hacer muchas obras importantes en la comunidad. Sin embargo, cuando llega el momento de decirle adiós, pocas personas asisten a su funeral. Esto es más verdadero aun después que los sacerdotes se retiran y ya no están activos o encargados de una parroquia. La mayoría de ellos desaparecen y quedan completamente solos.

Es evidente que un sacerdote pueda tener familia biológica, pero ¿dónde está la familia espiritual a la que dedicó toda su vida?

CAPÍTULO CATORCE

LA IGLESIA QUE
EL TIEMPO OLVIDÓ

Al igual que la mayoría de los niños de mi generación, yo era un gran admirador de *Plaza Sésamo*, el programa de televisión. El impacto de este programa entretenido y educativo en el desarrollo infantil es bien conocido. Recientemente, vi una referencia a este programa mientras leía un artículo interesante que destacaba las nuevas tendencias en la televisión infantil.

En ese artículo, la autora, Lisa Guernsey, afirma: "*Plaza Sésamo* ya no está cambiando tanto al mundo, sino tratando de mantenerse al día con los cambios del mundo". No pude dejar de hacer la conexión entre *Plaza Sésamo* y la Iglesia Católica Romana. La Iglesia también es una institución importante en nuestra sociedad, y tampoco está tratando de cambiar el mundo

—al menos no de la forma en que Jesús lo esperaba— porque no está logrando seguir el ritmo tan rápido con que cambia el mundo. Hoy la Iglesia parece estar "reaccionando" a todo lo que ocurre a su alrededor.

Muchas veces, cuando hablo con sacerdotes en varias partes del mundo o escucho sus sermones, siento una gran separación entre lo que la Iglesia trata de enseñar y la realidad de la vida de casi todas las personas. Pocos líderes de la Iglesia son conscientes de que los clérigos que están confinados a una sacristía o detrás del altar realmente no pueden marcar una diferencia en la sociedad. Cualquier organización que no acepte a la sociedad contemporánea y no hable en un idioma comprensible con el mundo tal como lo conocemos, es una organización en proceso de extinción. No basta con que la Iglesia suba videos a YouTube y tenga una página web del Vaticano. La Iglesia de hoy debería estar preparada para hablarle al mundo con la misma transparencia y voz profética que vemos en el Evangelio.

En las parábolas y enseñanzas de Jesús encontramos cosas básicas: semillas, árboles, montañas, ovejas y las expresiones humanas más esenciales. ¿Por qué no pueden los líderes religiosos actuales comunicar y conectarse con la misma efectividad? Creo que es la única manera que tiene el establecimiento religioso actual para empezar a cerrar esa gran brecha que hay entre la Iglesia y el pueblo.

Hoy en día, la institución trata de perpetuarse en los países desarrollados como los Estados Unidos trayendo sacerdotes del tercer mundo. Son pocos los que pueden hacerse entender cuando predican los domingos, no solo porque el inglés no es su lengua materna, sino porque vienen de otras culturas y no saben casi nada sobre la vida americana. Esto hace que la Iglesia sea ineficaz en la difusión de la Buena Nueva de Dios, algo que debe ser su misión primordial. Los fieles los soportan —principalmente los de edad avanzada— porque se sienten emocionalmente unidos a sus iglesias. Pero los jóvenes se levantan y se van a otra parte. Lo triste es que están desertando en gran número, hasta el punto de desconectarse totalmente de la religión en la cual crecieron.

Las autoridades de la Iglesia parecen estar más preocupadas por exponer sus verdades aunque esto signifique desconectarse del mundo tal y como es y de los problemas reales que afectan la vida actual. Uno de los principales ejemplos en este sentido es la sexualidad humana. Todo el mundo lo sabe —en todos los niveles de la Iglesia— pero nadie quiere abrir la caja de Pandora, porque enfrentarse a la moral sexual en sus dimensiones más profundas no es políticamente correcto. Algunos fieles —especialmente los más educados—, hablan de ello, pero sus opiniones no significan casi nada para la jerarquía eclesiástica.

Cuando se trata de la sexualidad y de otras doctrinas de la Iglesia, hay una regla no escrita de que "los curas" siempre saben qué es lo mejor, independientemente de su formación personal o profesional. La Iglesia Católica Romana de hoy ya no escucha a la gente, lo cual supone un marcado contraste con la Iglesia primitiva, que era mucho más democrática y tenía un gran interés en las opiniones de todos y era menos dictatorial.

Tuve dificultades en aceptar muchas de las posiciones rígidas de la Iglesia, y especialmente para transmitírselas a quienes yo servía como sacerdote. Mientras cumplía con el ministerio a mi manera, comencé a observar que la Iglesia dedicaba una gran cantidad de energía a defender sus posiciones y a condenar las prácticas actuales, y muy poco tiempo para evaluar estrategias y ser más eficiente en su verdadera misión. La jerarquía eclesiástica siempre veía al enemigo "allá afuera" en lugar de analizar sus propios defectos.

Un ejemplo clásico de esta actitud fue el sacerdote que celebró la Eucaristía en la Primera Comunión de mi sobrina. Era la iglesia en la que yo había crecido, recibido todos los sacramentos y donde celebré mi primera misa. Los fieles fueron muy acogedores y cariñosos y no hicieron escándalo alguno con mi presencia porque sabían que Ruhama y yo estábamos allí en un día especial para mi familia. Sin embargo, el sacerdote que estaba en el púlpito frente a cincuenta niños de siete años que hacían su Primera Comunión, pasó casi veinticinco minutos predicando sobre el mal presente en el mundo y sobre "esas personas terribles que abandonan nuestra Iglesia", refiriéndose claramente a mi esposa y a mí. No pude creer lo que escuchaba, y me limité a ser paciente y permanecer allí con mi madre, mi esposa y mi familia. El sacerdote no les habló a los niños; simplemente se refirió a los adultos para darles a conocer una parte de sus pensamientos. No me sorprendió. Fue simplemente otra oportunidad desperdiciada, algo que yo había vivido muchas veces durante mi sacerdocio.

El nivel de arrogancia institucional dentro de la Iglesia Católica Romana es tan alto que hay muchos temas que la jerarquía considera como "no discutibles", o incluso como tabúes. Cualquier cosa que parezca cuestionar el sistema actual se considera una forma de disidencia, aun en asuntos que poco o nada tienen que ver con las doctrinas básicas.

El debate sobre el celibato en el clero es sólo un ejemplo de un problema mucho más profundo: la incapacidad por parte de la institución para examinar la validez de sus posiciones en el mundo actual. Si el celibato es verdaderamente un don que viene de Dios, ¿cómo puede ser un requisito para todos los que se sienten llamados por Dios a ser sacerdotes en la Iglesia de Occidente? ¿Puede un regalo de Dios ser negado por una institución que reconoce el celibato no como una ley divina sino humana? ¿Hay alguien en la institución que se atreva a cuestionar o a pensar que quizás ese requisito tiene mucho que ver con el motivo por el cual el celibato es un problema para tantos sacerdotes, y no el "regalo" que se supone que es? ¿Realmente se les tiene consideración a los jóvenes que se sentirían motivados a servir a Dios si se les permitiera casarse y tener una familia?

La respuesta a todo lo anterior es: "no".

EN VARIAS OCASIONES PEDÍ DISCULPAS en público por romper mi promesa del celibato, tanto en declaraciones escritas como en entrevistas. Aun así, muchas personas dijeron que yo no estaba lo suficientemente "contrito", o insistieron incluso en que yo no había pedido disculpas. Me pregunté cuántas veces necesitaba decir "lo siento".

Puedo entender el dolor que se siente al saber que un sacerdote ha incumplido su promesa. Sin embargo, la hostilidad extrema hizo que me preguntara cómo habrían reaccionado si yo hubiera estado involucrado en un escándalo diferente. Nunca había oído una crítica tan severa contra los sacerdotes acusados de violar niños, contratar prostitutas o solicitar sexo en los parques.

Tal como bromeó una noche el comediante David Letterman: "Encontraron al padre Cutié con una dama en una playa de Miami, y le están haciendo pasar un mal rato. Si hubiera estado con un monaguillo, simplemente lo hubieran transferido a otra parroquia".

Es una broma cruda, pero basada en muchas historias reales. Los casos de abuso sexual que más difusión tienen son de una naturaleza abrumadoramente homosexual, y causan un gran daño a la imagen y credibilidad de la Iglesia debido a las demandas y a un sinnúmero de atención negativa y casi constante por parte de los medios de comunicación sobre los "pederastas" que hay dentro de la institución.

Varios líderes de la Iglesia y otros expertos de la sociedad comenzaron a preguntarse si los escándalos de abuso sexual tenían una relación directa con la actividad homosexual entre los sacerdotes, pero se demostró que no era así. Los homosexuales no son más propensos a ser abusadores de niños que los heterosexuales.

Por otra parte, el estudio que encargó la Conferencia Estadounidense de Obispos Católicos Romanos —conocido como el Estudio John Jay— casi veinte años después, concluyó enfáticamente que el 81 por ciento de las víctimas de abuso infantil eran de sexo masculino, pero que la mayoría tenían más de quince años de edad. En abril de 2010, el secretario de estado del Vaticano culpó a los sacerdotes homosexuales por el problema de pedofilia en una conferencia de prensa en Santiago de Chile, pero el Vaticano se retractó rápidamente, admitiendo que el 90 por ciento de los casos de abuso sexual involucraban a sacerdotes con varones adolescentes. Dentro de la Iglesia Católica Romana, la pedofilia no ha sido el problema principal; más bien, la mayoría de los abusadores han sido hombres homosexuales que se sienten atraídos por adolescentes.

Incluso después de todo el dinero invertido en estudios científicos y del asesoramiento de expertos en las áreas de desarrollo humano y las disfunciones sexuales reales entre el clero, la homofobia y la ignorancia siguen reinando. En 2005, cuando el cardenal Joseph Ratzinger fue nombrado papa, publicó un documento sobre los sacerdotes homosexuales, que una vez más consideraba la homosexualidad como "objetivamente desordenada", y añadió que los hombres gays serían permitidos en el seminario sólo después de un período de abstinencia y si no mostraban "profundas tendencias homosexuales". ¿Qué tan objetivo puede ser eso? No me imagino una prueba o evaluación que pueda determinar si alguien tiene "profundas tendencias" con respecto a algo.

Obviamente, no hay manera de saber con exactitud cuántos sacerdotes homosexuales hay en todo el mundo o cuántos observan realmente el celibato. En su libro, *El rostro cambiante del sacerdocio*, el padre Donald Cozzens sugiere que al menos el 60 por ciento de todos los sacerdotes católicos estadounidenses son homosexuales. Cualquiera que sea el porcentaje exacto, un número significativo de sacerdotes homosexuales activos sigue siendo ordenado pero se les obliga a ser cautos, reprimidos y, en su mayoría, homosexuales en el clóset, a menos que, por supuesto, vivan en el Vaticano. Un reciente artículo publicado en *Panorama*, una revista italiana semanal, señala que ver a los sacerdotes cortejando no es una anomalía. Para ese artículo específico, un periodista se hizo pasar por el novio de un hombre que se movía en los círculos clericales homosexuales, y filmó las aventuras sexuales de varios sacerdotes. También descubrió que los hombres y los transexuales que se dedican a la prostitución en Roma tienen en los sacerdotes entre sus clientes habituales.

Los católicos romanos que se niegan a reconocer y aceptar que hay muchos sacerdotes homosexuales trabajando en su iglesia están muy atrasados o simplemente no leen las noticias. Hay tantos homosexuales activos y célibes en todos los niveles del clero y de la jerarquía eclesiástica que la Iglesia no podría funcionar si los expulsaran del ministerio. Como solía decir en broma uno de los pastores más prominentes de una parroquia cerca de donde crecí: "Si se deshacen de nosotras las reinas, no tendrán muchas personas que hagan el trabajo".

El seminario St. Mary de Baltimore, el más antiguo del país, fue llamado "El Palacio Rosado" por varios sacerdotes, seminaristas y laicos asociados a él. En la década de los ochenta, la actividad homosexual promiscua era bastante habitual en los seminarios, cuando supuestamente debían ser para hombres célibes (o que se preparan para ser célibes).

En mi seminario, al menos uno de los rectores y un número de sacerdotes del seminario se involucraron con seminaristas en relaciones totalmente inadecuadas, pero muchos de ellos fueron asignados a parroquias grandes y ricas, a altas posiciones en la curia o nombrados profesores. Todos ellos siguieron en el ministerio, y su conocido comportamiento promiscuo y confuso tuvo pocas repercusiones. Un grupo de laicos escribió un libro donde revelaban las actividades de su pastor y de otros miembros de la jerarquía, pero esos sacerdotes estaban muy bien protegidos por los poderes eclesiásticos.

La pregunta sigue siendo: ¿Cómo puede la Iglesia condenar tanto la homosexualidad en público, y seguir encubriéndola cuando implica a sus propios líderes? ¿Cómo puede la Iglesia hacer que muchos de los fieles sentados en las bancas no se sientan bienvenidos a recibir la Sagrada Comunión, simplemente porque son homosexuales o por cualquier situación, cuando al mismo tiempo les asignan líderes religiosos que ocultan su orientación sexual (y con mucha frecuencia sus actos promiscuos)?

Irónicamente, con el número de homosexuales que hay en la Iglesia, es justo decir que en muchos casos han sido los seminaristas, sacerdotes y religiosos heterosexuales quienes se han sentido excluidos de muchos seminarios, órdenes religiosas y diócesis católicas. Un joven fraile franciscano con quien trabajé una vez (y que no era homofóbico ni iba en contra de nada), me dijo: "Vivo con un grupo de hombres homosexuales que en realidad no me entienden".

No estoy diciendo que la Iglesia no deba aceptar a los homosexuales. Lejos de ello. Sólo estoy señalando que la Iglesia habla por ambos lados de su boca. La misma institución que considera la actividad homosexual "intrínsecamente desordenada" y que promueve con frecuencia una agenda homofóbica en público, es la misma que ordena, promueve y nombra a homosexuales que no han salido del clóset a altos cargos. Esto no es ningún secreto para quienes hemos tratado con la institución en todos los niveles, desde las parroquias locales hasta el Vaticano.

Sin embargo, cuando un seminarista o un sacerdote sostiene una relación consensual con una mujer adulta, suele ser causa de despido inmediato y de un "escándalo grave", como en muchos casos que he visto. Conocí a un joven seminarista de América Latina que fue llamado a la oficina del cardenal porque pasaba "mucho tiempo" hablando con una joven novicia (una hermana religiosa en formación); su comportamiento era considerado sospechoso por algunos de sus compañeros y sacerdotes.

Cuando el joven explicó que sólo eran amigos, el cardenal le dijo: "Si usted tuviera ese tipo de relación con un hombre, sería más fácil pasar desapercibido y podríamos evitar las críticas, pero no podemos protegerlo si se involucra con una mujer".

Un sacerdote me llamó recientemente y me dijo que su

obispo lo destituyó de su parroquia cuando descubrió su relación con una mujer adulta. El obispo subió al púlpito de su parroquia y anunció que el sacerdote había sido destituido, pero no por cometer una fechoría con un niño. El sacerdote casi se rió cuando me dijo que le habría gustado subir al púlpito y decir: "Y mi obispo es un homosexual activo, tiene novio y todos lo sabemos".

El Estudio John Jay, así como mis experiencias anecdóticas, me llevan a creer que muchos de los sacerdotes acusados de ser violadores de niños realmente eran homosexuales que no habían salido del clóset. La gran mayoría de sus "abusos" tuvieron una orientación homosexual, con jóvenes al final de su adolescencia y no con niños. ¿Qué tal si a esos sacerdotes les hubieran permitido desarrollarse afectivamente de una forma sana? ¿Se habrían presentado estos casos?

No hay manera de saberlo. Pero creo que, independientemente de que sean homosexuales o heterosexuales, las personas que tienen relaciones sexuales monógamas y comprometidas al margen de su orientación sexual, tienen mayores probabilidades de ser más saludables en términos sociales. Ciertamente, pedirles a todos los sacerdotes —ya sean heterosexuales o sean homosexuales— que se mantengan célibes y se abstengan de la sexualidad en un 100 por ciento, es algo que no está funcionando para la mayoría.

En los años noventa, el presidente Bill Clinton propuso la política de "No preguntes, no digas" ("Don't Ask, Don't Tell") a los integrantes de las Fuerzas Armadas. Esto se convirtió en un gran debate público y su derogación es objeto de un debate igualmente apasionado en la actualidad.

Muchas personas no se dan cuenta que la política del "No preguntes, no digas" ha estado en vigor en el clero católico romano durante mucho tiempo. Estoy convencido de que esta política controvertida no fue inventada por los militares de Estados Unidos, sino por el Vaticano. Siempre habrá obispos que afirmen que ordenarán homosexuales siempre y cuando estén comprometidos con el celibato, y otros que digan que "nunca" los ordenarán. Muchos declaran una política en público, pero hacen otra cosa en la práctica.

CNN transmitió una entrevista con dos cardenales, uno de la costa Oeste de los Estados Unidos y el otro de la costa Este. Ellos ofrecieron puntos de vista opuestos sobre lo que la Iglesia considera como un "buen" candidato para el ministerio. Uno de ellos dijo que él ordenaba homosexuales que fueran célibes. El otro dijo que no podía ordenar homosexuales. El hecho es que ambos estaban ordenando homosexuales, pero la mayoría de los seminaristas no tenían libertad para hablar de su orientación sexual o de cómo pensaban llevar una vida célibe.

Los sacerdotes que ven las cosas con honestidad en la Iglesia Católica Romana reconocen que hay una especie de "mafia rosada", un término utilizado para describir el importante número de homosexuales que viven en el clóset dentro de la Iglesia y que ocupan todos los niveles de la jerarquía eclesiástica. Los miembros de la "mafia rosada" promueven activamente su propia agenda, independientemente de su capacidad o credenciales, aunque muchos han demostrado ser muy ingeniosos y saben cómo sortear el sistema. Irónicamente, éstas suelen ser las mismas personas que manifiestan tendencias homofóbicas en público y en el confesionario. Yo sabía de un sacerdote que llevaba una doble vida, tenía novio, y él era el que muchas veces les negaba la absolución (las palabras oficiales de perdón) a los homosexuales que se confesaban con él.

¿Cómo es posible semejante cosa? Porque nadie dentro de la Iglesia habla de estas cosas en público, y éstos sacerdotes son muy conscientes de que deben ocultarles su verdad a los laicos, pero no siempre a sus colegas sacerdotes que comparten su orientación.

Allí donde la "mafia rosada" tiene el control, sus sacerdotes amigos reciben las mejores parroquias, son nombrados "monseñores" y asignados a ciertas posiciones, no por su cualificación ni por su labor destacada, sino por su afiliación y fidelidad a la mafia. Es una especie de club "protector" y son muy solidarios entre sí.

Sé de una diócesis particular donde el obispo era conocido por sus propios colegas como "La Reina del Sur". La mala gestión de la "mafia rosada" era evidente en esa diócesis, pero rara vez se hablaba de ello o llamaba la atención de los medios de comunicación. Se escribieron innumerables novelas, blogs y comentarios al respecto, pero nadie en Roma parecía prestar atención, y aun en caso afirmativo, no se hizo nada en casi veinte años. Se comentó incluso entre el clero local, que Bill O'Reilly, un periodista de Fox News, comenzó a realizar una investigación sobre la corrupción de ciertos individuos en posiciones de liderazgo en esta esfera. Él estaba muy familiarizado con las personas involucradas porque había sido maestro en una escuela católica de esa comunidad. Por alguna misteriosa razón, la historia, muy bien documentada, nunca salió al aire. ¡Imagínense poder silenciar a O'Reilly! Eso es grave.

Confrontar la sexualidad de manera abierta y honesta no es una opción en un sistema que prefiere ignorar el sexo. La Iglesia simplemente no permite este tipo de apertura. El resultado es perjudicial tanto para los hombres homosexuales como heterosexuales que necesitan una mayor orientación sobre la decisión de aceptar el celibato. Los individuos que se ven obligados a mantenerse en el clóset nunca tienen la oportunidad de desarrollarse como personas sexualmente bien adaptadas y maduras.

Bien sea que la institución quiera reconocerlo o no, un buen número de sus sacerdotes más talentosos y dotados son homosexuales, y un buen número no son muy discretos en este sentido. Al mismo tiempo, hay incontables sacerdotes que tienen relaciones ocultas con mujeres, y muchos tienen hijos. En la mayoría de los países latinoamericanos, la gente en zonas rurales está acostumbrada a saber que el sacerdote tiene una esposa escondida y ha tenido a varios niños que lo llaman "tío".

La Iglesia haría mejor en reconocer abiertamente quiénes son sus sacerdotes y obispos, así como la presencia de un número significativo de personas sexualmente activas en todos sus niveles, en vez de cubrirlo todo con una fachada falsa de que el clero está compuesto por hombres célibes que escogieron entre el matrimonio y el estado de celibato, optando "por el Reino de Dios".

El dicho tradicional de que "el silencio es oro" debe ser "el silencio es caro" cuando se trata de la Iglesia Católica Romana, que ha gastado miles de millones de dólares tratando de silenciar a acusadores y acusados. El silencio también es caro por otra razón: ¿Cómo puede la Iglesia tener alguna credibilidad cuando no expresa y condena lo que es condenable mientras hay personas que siguen siendo lastimadas?

HAY MUCHAS TEORÍAS DE CONSPIRACIÓN en relación con la institución eclesiástica, de ahí la popularidad de las novelas de Dan Brown y de otros escritores similares. Luego está lo que sucede en la realidad y parece tan indignante que uno no quiere creerlo.

Por ejemplo, varios autores han afirmado que Juan Pablo I no murió de causas naturales, sino que fue silenciado intencionalmente. La Iglesia nos quiere hacer creer que todo aquel que sugiera que el Papa fue sido asesinado es enemigo de ella. Sin embargo, quienes creen en esta teoría no odian necesariamente a la Iglesia; algunos realmente viven y trabajan en ella, entre ellos un sacerdote español que ha escrito varios libros bien documentados sobre el tema. Durante una visita a Roma, un jesuita que trabajaba en el Vaticano también me contó esta teoría y estaba convencido que Juan Pablo I fue eliminado por aquellos que se oponían a una verdadera reforma en la Iglesia.

Tengo que confesar que yo estaba entre las personas que creían que eso de que mataron al Papa era producto del sensacionalismo. Sin embargo, tras leer tantas opiniones bien documentadas, empecé a considerar la posibilidad. Después de todo, el papa Juan Pablo I fue un reformador, y tal vez estaba muy adelantado a una Iglesia que no estaba preparada para el cambio. Quizás no fue asesinado por agentes del Vaticano o por miembros de la jerarquía relacionados con la mafia italiana, pero es muy evidente que muchas de sus posiciones honestas y espontáneas eran una molestia para una institución que se resiste al cambio en casi todos los niveles.

Los papas progresistas no son los únicos que perturban la institución. Casi cualquier persona que se oponga libremente a una variedad de posiciones oficiales a nivel teológico, pastoral, moral, científico o incluso socioeconómico, es silenciada, despedida o excluida. Nadie tiene el monopolio de la verdad. Sin embargo, la lista de los silenciados es cada vez más larga. Una serie de intelectuales honestos han sido silenciados porque sus opiniones amenazan las posiciones de la Iglesia, incluyendo a Teilhard de Chardin, Anthony de Mello, Hans Kung y muchos otros. Quizás algún día estos grandes pensadores sean considerados "proféticos". ¿Quién sabe? Es posible incluso que sean canonizados. Mientras tanto, la Iglesia condena su teología porque está en desacuerdo con la jerarquía eclesiástica.

Luego están los hombres y las mujeres que no son precisamente disidentes en materia teológica ni están en desacuerdo doctrinal con la Iglesia, pero causan problemas porque se atreven a expresar su indignación por la magnitud de la corrupción y la disfunción que hay dentro de la institución. Tal es el caso del padre Thomas Doyle, un sacerdote de la orden dominica, un abogado canónico que trabajó en la embajada del Vaticano en Washington, D.C., ofició como capellán de la Fuerza Aérea y fue uno de los primeros en despertar una conciencia sobre el abuso sexual de menores en los años ochenta. Doyle fue el coautor de un extenso informe sobre abusos y habló sobre lo que estaba sucediendo con quienes ocupaban los niveles más altos de la jerarquía.

¿La Iglesia lo escuchó? No, para desgracia de tantas víctimas y sus familias. Doyle fue básicamente ignorado y le dijeron que guardara silencio. Cuando trabajaba en los niveles más altos de la institución, Doyle predijo que la Iglesia sufriría mucho, incluso en términos financieros, a raíz de los escándalos que se presentarían.

Aunque es un héroe para las víctimas y personas laicas que entienden la magnitud del problema, el padre Doyle sigue siendo considerado una *persona non grata* para muchos en el Vaticano, y han hecho todo lo posible para aislarlo de la comunidad católica romana.

• • •

UNO DE LOS SECRETOS MEJOR guardados de la Iglesia es la labor de las monjas, de las religiosas y de las mujeres en general. Muchas veces son las trabajadoras más dedicadas, y también constituyen la mayor parte de las congregaciones eclesiásticas.

Una de estas mujeres excepcionales, que pertenece a las monjas Clarisas [3]; es famosa en todo el mundo y conocida para la mayoría de los católicos como la Madre Angélica. Ella fundó EWTN (Eternal Word Television Network), el único canal católico internacional por cable y satelital, el cual tiene una gran influencia y transmite programas en varios idiomas alrededor del mundo. Exceptuando al Papa, la Madre Angélica es probablemente la líder religiosa católica más reconocida en el mundo.

Su obra tiene un mérito increíble, aunque muchas personas rechazan las opiniones extremadamente conservadoras que adoptó al final de su carrera. La Madre Angélica fue líder en los primeros días de la renovación carismática, en una época en la que muchos funcionarios de la Iglesia oficial consideraban "sospechosa" la espiritualidad carismática. En unos veinte años ella y sus monjas fueron de las prácticas pentecostales de hablar en lenguas y agitar sus brazos en el aire a una espiritualidad casi opuesta, de himnos en latín y nada que se pudiera asociar con el Vaticano II ni con renovación eclesiástica de cualqueir tipo. Comenzó su mega operación en el garaje de su convento con una pequeña donación, un espíritu incansable y la determinación de no dejarse intimidar por la institución a la que servía. A pesar de sus logros, muchos miembros de la jerarquía católica de todo

---

3 Las hermanas clarisas fueron fundadas por Santa Clara de Asís (son monjas de clausura que se dedican a la oración).

el mundo no gustan de ella, o incluso la desprecian. Aunque no lo digan en público, muchos líderes de la Iglesia preferirían que la Madre Angélica y su operación mediática desaparecieran de la faz de la Tierra. Algunos de los líderes más prestigiosos de la jerarquía han hecho todo lo posible para sacarla del aire en sus zonas geográficas, pero ella ha perseverado. Hasta el día de hoy, la red que fundó sigue creciendo.

Poco después de empezar a trabajar en la televisión secular, tuve una audiencia privada de casi dos horas con la Madre Angélica. ¡Qué experiencia! Salí convencido de que era una mujer con una fe profunda aunque había sufrido mucho en la vida. Sin embargo, estaba radiante de alegría y en paz. Si había alguna amargura en ella, realmente no pude percibirla.

¿Cuál era la causa de su sufrimiento? Muchos obispos y otras autoridades se sentían amenazados por su gran influencia; algunas personas poderosas en el Vaticano creían que era una monja rebelde y fuera de control. La Madre Angélica tenía una extraordinaria capacidad para recaudar fondos y llegar a la gente con un lenguaje sencillo. También era mucho más independiente en la operación de su canal televisivo internacional de lo que la Iglesia imaginaba —o quería imaginar— que pudiera ser una monja. Lo que realmente irritó a los funcionarios es que la Madre Angélica siempre hablaba con sinceridad, ya fuera que estuviera de acuerdo con la jerarquía de la Iglesia o no.

Me sentí muy afortunado de poder transmitir en su canal. Nunca cobré un centavo, sin importar cuántas horas o días trabajara. Consideré que era parte de una misión especial y un intento por llevar un mensaje de fe al mundo. Yo sabía que lo que ella hacía no era agradable para la jerarquía, pero los fieles lo apreciaban mucho, sobre todo en los países más pobres de América Latina y el Caribe.

Una tarde, me encontraba en los jardines del Vaticano grabando una serie sobre las raíces del cristianismo y la historia de la Iglesia primitiva. El programa era una coproducción de EWTN y una productora de documentales del Perú. El equipo estaba integrado básicamente por jóvenes laicos que nunca habían visto el Vaticano y los jardines privados tan de cerca. Pasamos muchas horas allí, escoltados muy cuidadosamente por un policía del Vaticano.

A última hora de la tarde, el cardenal y secretario de estado pasó por allí. Estábamos en los jardines del Vaticano, pero para él, realmente era su patio trasero.

—¿Qué están haciendo? —nos preguntó cuando se nos acercó para saludar.

Le explicamos que estábamos grabando un documental que sería transmitido por el canal de la Madre Angélica. Su rostro casi palideció con la sola mención del nombre de la controvertida monja, y dijo:

—Padre, me alegro de que tengamos jóvenes que puedan hacer esas cosas ahora…

Luego se dio vuelta y continuó su paseo. Resulta que el cardenal estaba familiarizado con mi trabajo y había visto mis programas en la televisión hispana porque había servido como nuncio apostólico en Chile y conocía bien a América Latina. Pero, en aquel momento, lo único que pude pensar fue en la expresión de su rostro ante la sola mención de la monja más popular de los Estados Unidos. Anteriormente, yo nunca habría creído que la Madre Angélica fuera en realidad *persona non grata* para muchos en el Vaticano; sin embargo, el segundo al mando lo había confirmado.

En otra ocasión, yo estaba en una reunión de sacerdotes; debían haber 300 o más. Un obispo estaba dando —o leyendo—

una charla larga y aburrida. Peor aun, eran las 3:30 de la tarde, cuando toda persona sensata debería estar haciendo la siesta, especialmente si tienes unos días libres. Casi la mitad de los sacerdotes estaban profundamente dormidos, y no eran los pocos los que se escuchaban roncar con un buen volúmen.

Al final de la conferencia, todos aplaudieron en agradecimiento a Dios que aquello había terminado, y el obispo comenzó la sesión de preguntas y respuestas. Me prometí que por una vez sería políticamente correcto y no diría una sola palabra. Pero las preguntas fueron dirigidas a los medios de comunicación. Me sentí obligado a romper mi promesa cuando el obispo hizo un comentario desagradable sobre la influencia de la Madre Angélica en "nuestro pueblo", diciendo algo en un tono despectivo en el sentido de que, "No queremos que nuestro pueblo aprenda teología de la Madre Angélica".

Entonces, saludé con todo respeto a Su Excelencia y le pregunté:

—¿Por qué los obispos critican a la Madre Angélica, que ha hecho tanto con tan poco, cuando nuestros obispos han hecho tan poco con tanto?

Me refería a la cantidad exorbitante de dinero que gastaban los obispos en proyectos en medios de comunicación pobremente ejecutados que nunca arrancaban, y muchos otros, a la vez que mostraban poco interés en tener una verdadera presencia en los medios de comunicación.

Me sorprendí gratamente cuando el obispo se disculpó por criticar a la Madre. Luego reconoció que él mismo había estado a cargo del Comité de Comunicaciones de la Conferencia Episcopal, y que en realidad, había logrado hacer muy pocas cosas.

Cito el ejemplo de la Madre Angélica porque ella se sacrificó y su vida de clausura fue un verdadero "marketing de la fe". Su intención era llegar a los hogares con la palabra de Dios. Mientras que muchos integrantes de su misma Iglesia no estaban de acuerdo con sus puntos de vista teológicos, nadie puede negar que ella hizo lo que su corazón le decía que era lo correcto. Sin embargo, muchas veces fue una víctima de la institución que promovió y defendió con tanto ímpetu debido a las constantes luchas por el poder que hay dentro de la Iglesia.

No es exagerado decir que la Madre Angélica fue perseguida. Tal vez su confrontación más pública fue con el cardenal Roger Mahoney de Los Ángeles, quien armó un verdadero escándalo. La Madre dijo que una de las cartas pastorales del cardenal excluía un elemento básico de la fe católica —la presencia real de Cristo en la Eucaristía—, y ella lo desafió abiertamente. A él no le gustó eso, ni tampoco a los funcionarios de Roma.

Yo siempre admiraré a la Madre Angélica por su gran valentía y actitud sensata. Pero me temo que en mi antigua Iglesia —y en nuestro mundo— hay muy pocas personas como ella, dispuestas a hacer lo que su corazón les pide que hagan, sin importar las consecuencias.

Luego de conocerla a ella y a tantas otras mujeres valientes y bien preparadas, comencé a pensar en por qué las mujeres eran excluidas del ministerio. El argumento que tiene la mayoría en la jerarquía eclesiástica en su contra es que Jesús escogió apóstoles varones, y se supone que los sacerdotes deben imitar a Jesús en el altar. La Iglesia oficial también ha insistido en que no está autorizada a modificar una costumbre creada por Jesús; sin embargo, la ha adaptado y cambiado de muchas maneras a lo largo de los siglos. El hecho es que Dios creó a los hombres y a las mujeres a su imagen y semejanza; por lo tanto, ambos pueden reflejar Su imagen. ¿Por qué entonces no hemos de ver a una mujer en el altar? ¿Qué pasa con la diaconisa del Nuevo Testamento (Romanos 16:1)? ¿Acaso la evidencia bíblica no tiene un poco de peso?

OTRO GRAN PROMOTOR DE LA fe en nuestra época fue el difunto arzobispo Fulton J. Sheen, el primer sacerdote en tener un programa en la televisión secular nacional. Aunque era un verdadero "hombre de la institución", también tuvo experiencias desagradables. Cuando su popularidad se disparó, alcanzando una audiencia tan alta como la de su competidor Milton Berle, fue víctima de los celos de varios líderes de la Iglesia no sólo por su talento y su reconocimiento, sino también por su capacidad para recaudar fondos. El cardenal de Nueva York y otros funcionarios de la Iglesia hicieron todo lo posible para sacarlo del centro de la Gran Manzana, incluso de su famosa presentación de las Siete Palabras el Viernes Santo, que tenía lugar originalmente en la Catedral de San Patricio y que luego hizo en la pequeña Iglesia de Santa Inés.

Al igual que la Madre Angélica, el obispo Sheen también sufrió mucho, básicamente en silencio, y sólo habló con unos pocos aliados de confianza en el Vaticano, todo esto por ser un promotor extraordinario de la fe. Después de su muerte, nadie estuvo dispuesto a ocupar su lugar, el cual quedó vacío. Los obispos de los Estados Unidos perdieron a su mejor comunicador, y su talento no fue valorado por la institución. Debido a esa falta de visión, hasta el día de hoy, la Iglesia en Estados Unidos tiene grandes dificultades al tratar de transmitir su mensaje a la sociedad que les rodea.

• • •

EN LA ACTUALIDAD, casi toda la humanidad sabe del vergonzoso silencio de los funcionarios del Vaticano, especialmente del papa Pío XII, durante el Holocausto. Este es un tema que la institución quisiera que desapareciera, pero eso no sucederá mientras la Iglesia permanezca en silencio. Seis millones de judíos fueron exterminados por los nazis, y ahora, varias décadas después, el Vaticano sigue intentando aparentar que la institución eclesiástica condenó esta tragedia humana tan horrible.

La evidencia de una condena real de esta atrocidad por parte de la Iglesia es casi inexistente; las declaraciones que hicieron fueron vagas y débiles. El lenguaje diplomático puede sonar elegante cuando se trata de funcionarios políticos, pero cuando se trata de una institución que supuestamente habla por los que no tienen voz, suena ineficaz e irresponsable.

Según mi propia experiencia, puedo decir honestamente que la diplomacia del Vaticano es una de las cosas más difíciles de entender; a veces es casi imposible saber si están aliados con los buenos o los malos. El pueblo católico de Polonia lo sabe muy bien; el Papa, los obispos y los diplomáticos del Vaticano permanecieron en silencio cuando cerca de 3.000 sacerdotes fueron asesinados por los nazis que invadieron su tierra natal en 1939.

Veinte años después, en 1959, otro régimen totalitario tomó el poder en la patria de mis padres. Como cubanoamericano, experimenté un nivel similar de frustración por la forma en que los diplomáticos del Vaticano y las autoridades locales de la Iglesia manejaron públicamente las violaciones a los derechos humanos y muchos otros males cometidos por la dictadura comunista en Cuba. Demasiadas veces tuve que ver a dignatarios del Vaticano y a otros líderes de la Iglesia visitar al dictador y sonreír a su lado, al mismo tiempo que Castro cometía terribles violaciones a los derechos humanos.

Como conductor de programas de radio y televisión, muchas veces pasaba varias horas al aire escuchando el dolor de la comunidad exiliada que llamaba a preguntar: "¿Por qué la Iglesia no hace o dice algo?".

Siempre parecía haber una excusa para no condenar lo que claramente era condenable. (La mayoría de las veces, esa excusa era el temor a perder alguna concesión que le habían suplicado al régimen cubano). Ahí estaba yo, tratando de convencer a mis oyentes de que ser un verdadero cristiano significa defender la dignidad de todo ser humano, hablar en nombre de los que no tienen voz y trabajar para construir un mundo mejor. ¿Cómo iba a defender el liderazgo de una Iglesia que parecía estar tan alejada de esa misión tan importante?

Personalmente hice lo que pude, y lo mismo sucedió con muchos sacerdotes. Por ejemplo, un sacerdote ya mayor que durante varios años envió medicinas a Cuba con la colaboración de personas que las entraban de contrabando en su equipaje, vino a verme después de haber sido diagnosticado con cáncer terminal porque quería que su obra continuara después de su muerte. Estaba dolido porque, después de prestar dicho servicio durante tantos años, su arzobispo no mostró interés en su ministerio. Me partió el corazón ver cómo sus ojos se llenaron de lágrimas mientras me hablaba de la indiferencia de su propio obispo.

Muchas personas no saben que es casi imposible encontrar los medicamentos más básicos en Cuba, especialmente por falta de dólares americanos. Después de la muerte de este sacerdote, un grupo de laicos continuó su labor, la cual pudimos apoyar con fondos recaudados por la emisora que yo dirijía luego de sensibilizar al público sobre esta causa.

En 2006, Fidel Castro se encontraba en mal estado de salud y necesitaba una operación. El pueblo cubano comenzaba a preguntarse qué pasaría, y en un régimen sin libertad de expresión ni de prensa, los rumores de la calle eran la mejor fuente de noticias. Muchas personas en Cuba y en otras partes del mundo comenzaron a vislumbrar la posibilidad de un cambio, quizás incluso el final de una dictadura culpable por la separación de muchas familias, la muerte de disidentes políticos ante paredones de fusilamiento, el arresto de un sinnúmero de presos políticos y tantas otras injusticias.

Sin embargo, la Conferencia Episcopal de Cuba emitió un comunicado de prensa pidiéndoles a los ciudadanos cubanos que rezaran por el bienestar de Castro. El texto decía lo siguiente: "Los obispos de Cuba pedimos a todas nuestras comunidades que ofrezcan oraciones para que Dios acompañe en su enfermedad al presidente Fidel Castro".

A las personas de fe siempre se les pide que oren por sus enemigos y traten de hacer el bien incluso a quienes nos hacen daño. Pedirles a las personas que oren por un hombre enfermo, así sea un dictador, no fue algo malo en sí. Pero la Iglesia ignoró a cientos de personas que murieron en busca de la libertad, a miles de presos políticos y a millones de exiliados políticos. Esos mismos obispos no emitieron un solo comunicado de prensa pidiendo orar por las víctimas de ese mismo dictador por el que ahora pedían orar.

Nunca olvidaré lo molesto que fue eso para mí y para tantas personas que anhelaban que Cuba se liberara de la tiranía. Deliberado o no, ese comunicado de prensa hizo que la Iglesia pareciera alinearse con el poder, y no con aquellos que sufrían.

Por medio de un correo electrónico que envié a algunos amigos, me quejé abiertamente del comunicado de prensa emitido por los obispos cubanos. Dije que el Vaticano tenía muchos diplomáticos, pero que yo tenía la impresión de que los obispos eran pastores que debían estar del lado de su pueblo. Ese mensaje fue reenviado rápidamente a muchos destinatarios. Como pueden imaginar, mi posición fue considerada un insulto terrible hacia algunos obispos dentro y fuera de Cuba.

Casi de inmediato, recibí varias cartas de obispos y de un arzobispo de Cuba, quienes estaban profundamente ofendidos por mis palabras. Era inaudito que un sacerdote expresara su opinión sobre aquello que el grupo de obispos no había mencionado y la insuficiencia en su comunicado. Mi arzobispo local reaccionó grabando un mensaje para su diócesis que debía ser transmitido todos los días por la emisora que yo dirigía —varias veces al día y durante dos semanas— defendiendo el comunicado de los obispos en gran detalle y ofreciendo "aclaraciones" a quienes (como yo) no estaban de acuerdo con él. Se me revolvía el estómago cada vez que oía ese mensaje porque sonaba aun más insensible con nuestra comunidad que la declaración original de La Habana.

Hasta el día de hoy, el mundo sigue esperando que los obispos de Cuba —y los demás líderes religiosos de la isla— condenen pública y claramente los horrores que se cometen contra el pueblo cubano, especialmente contra quienes luchan por la libertad de expresión y por otros derechos humanos básicos. Siempre que hablan los líderes religiosos de Cuba, hacen lo posible para evitar una condena clara de la dictadura. Esto se aplica a los líderes religiosos de casi todas las denominaciones, incluyendo a mi nueva Iglesia, que no se queda atrás. Los diplomáticos del Vaticano pueden estar hablando a puerta cerrada, pero el mundo necesita que ellos y otros les den una voz a quienes no la tienen, y que digan lo que hay que decir sin tanto miedo ni tanta diplomacia. En 2010, el régimen de Castro encontró otra manera de involucrar a la Iglesia en el trabajo diplomático convirtiéndola en una especie de intermediaria para liberar a prisioneros políticos, después de mucha presión internacional. Sin embargo, todavía no hay claras condenas del régimen totalitario con todas sus injusticias.

Al menos eso es lo que muchas personas de buena voluntad esperan de la Iglesia. Sin embargo, después de una dosis considerable de reflexión, he llegado a la conclusión de que debe ser muy difícil que una dictadura condene a otra. Cuando el Vaticano deje de guardar silencio, de condenar y eliminar a quienes disienten de determinadas prácticas pastorales arcaicas e incluso de algunas de sus imposiciones teológicas, sólo entonces comenzarán a tener la autoridad moral necesaria para desafiar a las dictaduras a que hagan cambios profundos. Imaginen a un régimen totalitario diciéndole a otro: "¡Oye, tienes que escuchar a tu pueblo!". Eso simplemente no funciona.

EN MI LABOR COMO SACERDOTE romano siempre les di la bienvenida a todos. Traté de llegar a todos los fieles y de ser un hermano para todos los sacerdotes. Creía en la unión del sacerdocio y en el hecho de que estábamos juntos en este ministerio, más allá de lo que cada hombre hiciera en su vida personal.

Todo el mundo sabe que hay santos y pecadores en todas las organizaciones, personas que son abiertas y otras que son cautelosas y reservadas. Con todas ellas intenté ser un hermano y un amigo, pero la institución y el nivel de represión que existe dentro de la Iglesia crean un distanciamiento extraño que no permite que las personas sean realmente ellas mismas, y en última instancia las deshumaniza. Es por eso que muchos clérigos tienen secretos y guardan silencio en lugar de tener el valor de actuar como agentes de cambio en el mundo.

Después de unirme a la Iglesia Episcopal, fue alarmante ver cómo un número de líderes católicos romanos, tanto en los Estados Unidos como en el Vaticano, trataron de impedir que yo continuara participando en organizaciones que ni siquiera estaban bajo su jurisdicción. Yo había estado en juntas directivas de varias organizaciones católicas romanas sin ánimo de lucro, que eran ecuménicas y no sectarias por naturaleza. Obviamente, fui obligado a renunciar a las que estaban directamente afiliadas a la Iglesia y eso lo acepté, pero me sorprendió recibir una llamada telefónica para sugerirme que renunciara a la Sociedad Bíblica Americana, una de las organizaciones más antiguas de los Estados Unidos, que no está afiliada a ninguna Iglesia y que es autónoma. No había duda en mi mente de que algunos líderes de la Iglesia romana, tanto laicos como del clero, los habían presionado para que me sacaran de la junta directiva, aunque no fuera una organización dirigida o que funcionara según los parámetros católicos romanos.

Algo extraño parece ocurrirles a las personas que trabajan, viven y respiran la Iglesia las veinticuatro horas del día: comienza a prevalecer en ellas una sensación de entumecimiento. Sin importar el nivel de corrupción, mal funcionamiento o mezquindad política que se experimente dentro del sistema institucional, todos queremos creer que las cosas realmente no son tan malas. Preferimos pensar en la Iglesia como algo sagrado, como una institución divina que no se ve afectada por la corrupción de los mortales. Y por eso mismo no es fácil aceptar y sufrir sus inconsistencias.

Muchas personas desestiman los defectos de la Iglesia, diciendo que son "la condición humana de la Iglesia". Pero el problema no es la condición humana de la Iglesia, sino sus prácticas inhumanas que son más fieles a la institución que al mensaje de amor del Evangelio. Son estas prácticas las que hacen que esta institución, amada por muchos, cada vez tenga una menor credibilidad como autoridad espiritual en el mundo.

La mayoría de nosotros podemos aceptar los errores humanos y el pecado. Lo que no podemos aceptar es una institución que se presenta como "más santa que tú" y tiene muchos más "esqueletos en el armario" de los que está dispuesta a admitir.

CAPÍTULO QUINCE

MI RECORRIDO:
DE ROMA A CANTERBURY

"El espíritu anglicano… uno que reusa separar

- lo sagrado de lo secular
- la cabeza del corazón
- el individuo de la comunidad
- lo Protestante de lo Católico
- la palabra del sacramento".

—Obispo Gordon Mursell, en su obra,
La historia de la espiritualidad cristiana

Allí estaban; aproximadamente cincuenta parejas pulcras, casadas, jóvenes en su mayoría, y sentadas frente a mí. Era un sábado por la mañana y yo daba una conferencia sobre mi libro de autoayuda, *Ama de verdad, vive de verdad*, donde describo las dificultades en relaciones de todo tipo, especialmente en el matrimonio.

El grupo al que me dirigía es lo que llamo el típico grupo de "devotos" católicos romanos en su mayoría que dan dinero a la Iglesia, rezan y obedecen. Al menos a nivel externo, todos parecían estables y felices. Estaba seguro de que todos tenían por lo menos dos hijos y un perro.

Les hablé sobre mi libro. Y cuando terminamos la discusión, tuve que admitir lo que sentí: que no era el sacerdote adecuado para ellos.

Con esto quería darles a entender que ellos no me necesitaban *a mí* particularmente. Siempre he sentido que Dios me había llamado a ser el sacerdote de lo que muchos en la sociedad piensan que son las "ovejas descarriadas", diferentes a quienes asisten normalmente a la iglesia. Todos tenemos un poco de ovejas descarriadas en nuestro interior, pero creo que entendemos que algunos nos sentimos más perdidos que otros: menos religiosos y capaces de entender el valor de practicar cualquier forma de fe religiosa. Esas son las personas a las que Dios me llevaba siempre.

En este grupo en particular, yo estaba seguro de que cada una de estas parejas tenía un sacerdote bueno que cuidaba de ellos. Seguramente escuchaban sermones tradicionales todos los domingos y se sentían bien al respecto. Estaban alimentados espiritualmente y eran aceptablemente felices con su alimento.

Ellos no me necesitaban. Los que más me necesitaban eran las multitudes rebeldes que no eran "tan devotas" y necesitaban que primero las convencieran de poner un pie en la iglesia. O sea, los que no seguían las instrucciones al pie de la letra y pensaban que la Iglesia no estaba conectada con sus vidas (y es triste decir que muchas veces tenían razón).

Por eso es que siempre he creído que el espacio de la misión era, y sigue siendo, los medios de comunicación. Allí puedes encontrar todo tipo de personas que realmente buscan ayuda, tanto si comparten o no tus convicciones religiosas. Eso siempre me ha parecido bien. Aprender a llevar paz a los corazones y a las mentes de todo tipo de personas es lo que siempre he creído que era mi labor en los medios.

Creo que todos somos "estudiantes de toda una vida"; por lo menos, así me considero yo. Y hay formas innumerables de aprender a ir adonde necesitas, ya que no todos podemos ir exactamente por el mismo camino. Muy pocas cosas instruyen y moldean tanto la mente humana como el contacto diario con personas de carne y hueso y con sus dilemas individuales. Aquí es donde el sistema religioso ha fallado: no le prestamos suficiente atención a lo que realmente viven las personas, ni valoramos tampoco lo que sienten. Hay una gran desconexión entre la religión organizada y las personas en general.

Cuando haces un compromiso serio para aprender de la gente y prestarle atención a sus anhelos más profundos y dificultades más sentidas, el aprendizaje que ocurre en uno mismo es incomparable. Te encuentras conectando la teoría con la realidad, y creando un puente entre una institución antigua, con ideas tradicionales, y un mundo con un ritmo rápido, incierto y cambiante.

La mayoría de los cristianos contemporáneos —tanto católicos y fieles de otras denominaciones tradicionales predominantes— son mucho más abiertos que las instituciones religiosas a las que pertenecen, pero permanecen en ellas especialmente a causa de un apego a las tradiciones culturales, lazos familiares, e incluso a una cierta dosis de culpa asociada con "¿Qué pensará la gente?".

Con frecuencia, la compatibilidad ideológica tiene muy poco que ver con las personas que están sentadas en las bancas de una iglesia. Muchos sólo quieren sentirse bien por dentro y acogidos. Quieren una buena prédica y buena música, pero en última instancia, quieren sentirse inspirados. En lo más profundo de sus corazones, estoy seguro de que la mayoría de las personas quieren que su iglesia evolucione y comience a aceptar el mundo contemporáneo, aunque los cambios sacudan sus cimientos (cosa que siempre sucede).

Como estudiante de Filosofía y de Teología durante varios años, una de mis actividades preferidas ha sido leer diferentes perspectivas teológicas y analizar los diferentes conceptos sobre Dios y la fe. Tenía la convicción de que la verdadera religión no es algo que pueda aprenderse fácilmente en los libros o en las declaraciones oficiales. En realidad, consiste básicamente en la experiencia que tienen las personas de carne y hueso que tratan con Dios y que luchan con su vida espiritual.

Si le prestamos atención a la Biblia, veremos que básicamente consiste en eso: la historia del pueblo de Israel desarrollando su identidad a medida que crece, y las luchas en su relación con Dios. Posteriormente, los seguidores de Jesús hacen otra vez lo mismo. Si llegas a ser un estudiante destacado de la condición humana, serás un mejor estudiante de los asuntos de Dios. Si lo piensas bien, Dios es fácil de identificar: es constante y está lleno de amor, compasión y comprensión. Somos los seres humanos los que a veces no somos tan fáciles de entender.

Todos los seres humanos fallamos, y sé que yo también lo hice. Pero todos tenemos ese anhelo profundo de vivir en paz y alcanzar esa realización definitiva que la mayoría de nosotros llama el cielo. En última instancia, la pregunta que tienen casi todas las personas es: ¿Voy a entrar? ¿Quién se quedará fuera, y por qué?

EN PRIMER LUGAR, COMENCÉ A leer una serie de autores anglicanos y a meditar en asuntos relacionados con la Iglesia Episcopal en 2006, unos tres años antes de unirme oficialmente a ella. Como católico de nacimiento, yo estaba interesado en

saber más sobre una iglesia que disfruta las tradiciones refor-
madas (protestantes) y las tradiciones católicas. Pronto descubrí
que los anglicanos profesan los mismos credos y la misma fe
católica con los que crecí, pero con una interpretación un poco
menos "rígida". También vi que la forma en que está dirigida la
Iglesia y se ejerce la autoridad (lo que se conoce como nuestro
sistema de gobierno) es radicalmente diferente. Comprendí rápidamente que la modalidad eclesiástica de la Iglesia Episcopal
(Anglicana) se acercaba más al Evangelio y a mi forma de pensar
que la Iglesia en la que yo había crecido, donde la autoridad está
totalmente centralizada.

En la Comunión Anglicana —como también es el caso
en la Iglesia Católica Romana— hay grandes controversias y
asuntos que se consideran explosivos y que causan divisiones,
sobre todo en el ámbito de la sexualidad humana. Estos asuntos me hicieron luchar con muchas de mis ideas. Sin embargo,
mi interés en la tradición episcopal y anglicana tenía que ver
mucho más con la dirección de la Iglesia, la práctica pastoral
y con algunas interpretaciones de la teología contemporánea.
Me sentí muy atraído por aspectos como la libertad intelectual
y la manera en que todas las personas participan en el nombramiento de los líderes de la Iglesia, especialmente de su clero
local y obispos. Así fue durante varios siglos en los primeros
tiempos cristianos.

Comencé a percibir que cada vez pensaba más como un
anglicano. Es verdaderamente una iglesia para el siglo XXI, que
no sólo habla de amar y de aceptar a todos, sino que en realidad
lo practica y sufre las consecuencias por hacerlo. Fue refrescante para mí ver que la controversia en la Iglesia Episcopal
tenía mucho más que ver con quién *incluir* y menos con quién
excluir.

Esto fue muy importante para mí, después de tratar durante varias décadas con lo que parecía una dictadura ideológica en la Iglesia Católica Romana, donde el sistema era tan controlador que muchas veces me sentí castigado por tratar de llegar a todos y de servir a mi comunidad, realizando una buena labor pastoral. Viví tantos casos de ese tipo de opresión que empecé a sentirme como esclavo de un sistema religioso y no como un siervo de Dios.

El día en que fui recibido oficialmente en la Iglesia Episcopal fue uno de los más felices de mi vida, pero no fue en absoluto una transición fácil de hacer. Nací y crecí católico romano y sentía un gran amor por lo único que yo había conocido como "Iglesia". Sin embargo, evolucioné ideológicamente y más adelante en mi vida me disgustaron muchas de las prácticas de la Iglesia Católica Romana.

Por lo menos dos o tres años antes de ser recibido como episcopal, yo leía mucho, no sólo sobre las tradiciones y perspectivas teológicas anglicanas, sino también sobre muchas controversias relacionadas con congregaciones episcopales y sobre problemas en diversas regiones de la Comunión Anglicana, incluyendo a los Estados Unidos. No fue fácil unirme a algo que muchos consideraban un "barco que se estaba hundiendo". Estaba muy consciente de que se trataba de un momento de gran debate y controversia dentro de esta Iglesia.

Sin embargo, en el interior de la Iglesia Episcopal también descubrí un profundo sentido de libertad ideológica y de sinceridad que están totalmente ausentes en el catolicismo romano. Pasé un tiempo considerable hablando con sacerdotes (un buen número de ellos ex sacerdotes católicos como yo) y obispos de la Iglesia Episcopal, quienes me brindaron su amistad sincera. A través de ellos, tuve la oportunidad de empezar a hacer la transición a mi nueva familia espiritual: intercambié correos electrónicos, cartas, libros y notas, ¡de todo! Yo quería estar seguro antes de dar ese paso crucial.

Escuché muchas cosas negativas y falsas sobre la Iglesia Episcopal en aquellos días, incluso algunas provenientes de personalidades de la televisión católica romana. Por ejemplo, uno señaló que "los episcopales no creen en la presencia real de Jesús en la Eucaristía", y otro dijo que "sus sacramentos no son válidos". Era como la Inquisición de nuevo, sólo que ahora estamos en el siglo XXI. Sin embargo, yo sabía que había encontrado la Iglesia correcta para mí y para mi trabajo en el ministerio.

Aunque no era necesario que Ruhama fuera recibida ese día, ella decidió dar el paso conmigo. Estábamos en paz con nuestra decisión, y nos sentimos humildemente agradecidos de recibir una cantidad tan increíble de amor y de apoyo por parte de los miembros de nuestra nueva Iglesia.

LA CEREMONIA TUVO LUGAR EN la Catedral de la Santisima Trinidad, una de las iglesias más hermosas del sureste de Estados Unidos, y la más antigua de Miami. Es una de esas iglesias verdaderamente majestuosas, de las que uno mira hacia arriba, como una especie de rascacielos sagrado y dice "¡guau!". Se encuentra a pocos metros de la Bahía de Biscayne, sus grandes ventanales y columnas de color rosa te dan la impresión de encontrarte en una antigua catedral europea a pesar de estar en el corazón del Miami moderno. Durante la ceremonia, un número de sacerdotes sentados detrás de nosotros —tres de ellos ex católicos romanos— susurraron: "Hace varios años pasamos por esto. Ahora sabrás quiénes son tus verdaderos amigos".

Yo no sabía lo mucho que significarían para mí esas palabras en los meses siguientes, pero me alegré de escucharlas.

El obispo habló de la importancia del cambio en nuestras vidas, y luego dijo: "El camino entre Roma y Canterbury recibe una gran cantidad de tráfico". También citó a un famoso teólogo que comenzó su viaje en Canterbury y terminó en Roma, John Henry Newman, quien dijo: "Vivir es cambiar y ser perfecto es haber cambiado a menudo".

El obispo se refería concretamente al número de sacerdotes romanos que han sido recibidos como episcopales (anglicanos) y en el número de sacerdotes episcopales (anglicanos) que han sido recibidos y "reordenados" en la Iglesia Romana en años recientes. En ambos casos, hablar de una "conversión" sería inexacto, pues ambas iglesias profesan el mismo Credo de Nicea, el cual contiene los principios fundamentales del cristianismo, y nuestros estilos litúrgicos son casi idénticos.

Aunque la Iglesia Episcopal no está bajo la dirección del papa, profesa y enseña la fe católica, la misma que proviene de los apóstoles. Uno podría decir que es una reforma de la Iglesia Católica que posee elementos tanto de las ramas *católica* como *reformada* del cristianismo. Pero esto no siempre es fácil de transmitir en los medios de comunicación, especialmente en una zona con fuerte presencia hispana, donde tantos católicos están convencidos de que la suya es la única iglesia "verdadera" y la única "católica".

Además, muchos católicos piensan en su Iglesia como en un club de por vida; te conviertes en una especie de "miembro con tarjeta" en el bautismo, y realmente no tienes que hacer mucho más el resto de tu vida. Muchos se toman esto tan en serio que nunca más regresan, a menos que sea Navidad, Semana Santa o para una boda familiar.

Cuando tomé la decisión de unirme a la Iglesia Episcopal y, lo que es más, de continuar mi ministerio dentro de esta nueva familia espiritual, lo que más me sorprendió fue cómo se escandalizaron los medios de comunicación latinos. Se trataba de personas que muchas veces habían participado en grandes desacuerdos públicos con la institución eclesiástica a la que decían pertenecer, así que oírlos defender a la Iglesia Católica Romana tradicional —a sabiendas de sus perfiles particulares y su amargura con la Iglesia— me pareció al mismo tiempo irónico y divertido. ¡Realmente quedé boquiabierto cuando escuché a algunas de ellas!

Sin importar la escuela católica, la educación religiosa y la instrucción que reciba un católico romano durante su vida, la mayoría de los miembros adultos de la Iglesia no saben mucho sobre los fundamentos de la Biblia, la doctrina eclesiástica ni las prácticas fundamentales. Se sienten cómodos con algo de lo que saben muy poco y, sin embargo, muchas veces parecen en paz con su ignorancia de los fundamentos.

¿Parece extraño? En realidad no. Para muchas personas, su fe es parte de su cultura familiar, antes que una ideología. No me malinterpreten: entre las personas que van a la iglesia casi todos los domingos (generalmente casi una cuarta parte de quienes dicen ser "católicos"), muchos tratan de entender a la Iglesia y hacen algún intento por seguir su larga lista de reglas. Sin embargo, la gran mayoría no lo hace ni está interesada siquiera en adaptar realmente su vida cotidiana a estas normas.

Muchos de los temas más problemáticos y controvertidos dentro de la Iglesia no tienen ningún fundamento bíblico real y ni siquiera son "religiosos" por naturaleza. Lo que exaspera y frustra más a las personas son las reglas y prácticas implementadas por el hombre, y definidas y promulgadas por la institución, tales como:

- Las personas laicas no tienen una voz real en la elección de los líderes de la Iglesia, ni siquiera en la selección de sus propios párrocos;
- La prohibición de la contracepción artificial en la planificación familiar y cualquier otra técnica para evitar tener más hijos;
- Casarse luego de un primer matrimonio simplemente no es posible: está prohibido;
- Los sacerdotes y obispos no tienen ninguna posibilidad de casarse;
- La discriminación de las personas homosexuales en general;
- La prohibición de las mujeres en el ministerio ordenado.

A PESAR DE MIS DIFERENCIAS ideológicas con la Iglesia Católica Romana, el motivo principal por el cual di el paso para convertirme en un sacerdote episcopal después de haber dado mi vida a Dios como un sacerdote católico romano, no fue una diferencia en la filosofía, sino el acto de escuchar a otras personas. A través de mi trabajo pastoral y en los medios de comunicación, oigo con frecuencia a personas de todas las denominaciones —e incluso a ateos— hablar de sus problemas con la Iglesia y la religión organizada. A pesar de que soy sacerdote, la gran mayoría de ellas no me preguntan por asuntos celestiales y más bien hablan de sus problemas cotidianos y terrenales.

Recuerdo que miré a mi congregación uno de los últimos domingos que oficié misa como sacerdote romano, y pensé, *¿Cuántas de estas personas realmente encajan en la descripción de lo que la Iglesia oficial —y no Dios— espera de ellas?*

Yo sabía que ya no encajaba, pero me pregunté cuántos de esos cientos y cientos de personas que entraban y salían de mi iglesia todos los domingos entendían que no eran totalmente bienvenidos por la Iglesia oficial a la que pertenecían. Por ejemplo, vi a un hombre y a una mujer casados por lo civil desde hacía más de 25 años, y sin embargo, nunca recibieron la comunión porque ambos habían estado casados anteriormente y la Iglesia decía que estaban "viviendo en pecado". Cada vez que pensaba en eso se me partía el corazón. Ellos no pidieron la anulación matrimonial (o una declaración de nulidad) porque estaban convencidos de que esto haría que sus hijos fueran "ilegítimos" —y eso es algo que es muy difícil de explicar a algunas parejas.

Cerca de ellos había una mujer de unos cuarenta y cinco años, que al igual que casi todas las parejas, tomaba pastillas anticonceptivas para evitar el embarazo, pues ya tenía cinco hijos. Un sacerdote de una parroquia cercana le dijo que estaba cometiendo un pecado mortal y que no podía recibir la comunión hasta que se "abriera a la vida" y dejara de tomar la píldora. Ella venía a la iglesia sin su esposo —a excepción de Navidad y Semana Santa— porque él no soportaba la mayoría de las normas de la Iglesia.

Además, yo había oído confesiones en mi parroquia de un sinnúmero de personas —hombres y mujeres— que luchaban con matrimonios violentos, relaciones extramaritales y la falta de satisfacción y de compatibilidad en general en sus relaciones. Muchas personas permanecían en esos matrimonios

—que nunca habían sido agradables—, simplemente porque la Iglesia les había enseñado que el matrimonio debía ser para siempre, sin importar lo mucho que dos personas cambiaran con el tiempo. El sentimiento de culpa que experimentaban era horrendo. Mucha gente está convencida de que tiene que vivir una vida llena de amargura porque eso es lo que la Iglesia dice que hay que hacer.

También vi en los bancos de la Iglesia Romana a homosexuales —tanto en pareja como solos—, que querían crecer espiritualmente, pero tenían que enfrentar el estigma de su orientación sexual. En este grupo de personas estaban algunos de los más generosos y comprometidos trabajadores de la Iglesia, colaboradores y constructores de la comunidad de muchas parroquias. Pero muchas veces eran discriminados por personas "religiosas" que estaban convencidas de que la Biblia (de la cual realmente saben muy poco) los condenaba a ellos y a su forma de ser.

Con tantos desacuerdos ideológicos que tenía con la misma institución que yo representaba, en más de una ocasión mientras predicaba me pregunté qué hacía yo allí.

Es muy difícil defender posiciones y normas que tienen muy poco sentido en la cultura y en la sociedad actual. Es aun más difícil sentir que eres un policía doctrinal, y tienes que aplicar las enseñanzas y prácticas que ya no crees que sean pertinentes o ciertas, especialmente cuando tienes que hacerlo bajo el ojo público.

La mayoría de los sacerdotes tienen dificultades con estas cosas y muchas veces hablan de ellas con algunos colegas de confianza y laicos maduros, pero rara vez confrontan a los líderes de la Iglesia sobre estos asuntos porque en el catolicismo romano no extiste ningún tipo de avenida de comunicación por medio de la cual pueda haber discusión o debate acerca de temas teológicos. Las personas simplemente viven su vida y piensan: "Algún día, tal vez las cosas cambien". El problema, por supuesto, es que ya estamos en el siglo XXI, y la Iglesia Católica Romana sigue sin cambiar; de hecho, parece ir hacia atrás en algunos casos.

Mi camino hacia el anglicanismo no fue fácil, ni rápido. A mí también me enseñaron durante gran parte de mi vida que sólo había "una verdadera Iglesia" y que yo era un "miembro con tarjeta" de ese grupo. Sin embargo, mientras más oré y pensé en el mensaje de Jesús, más comprendí que el suyo es un mensaje de inclusión, y no de exclusión; un mensaje de amor, y no de rechazo, un mensaje de salvación y no de condena. A medida que la sociedad evoluciona, creo que nuestras mentes y corazones también tendrán que evolucionar y abrirse al mensaje de un verdadero Dios de amor.

Mi dilema se resolvió cuando empecé a comprender que Dios me dio la vida para ser libre para amar. Decidí alejarme de las muchas limitaciones que yo mismo le había puesto a mi propia vida al negarme a seguir dentro de esa especie de dictadura espiritual. Se trataba de una caja en la que ya no me sentía en paz.

Al final del día, todos terminamos por darnos cuenta de que Dios *es* amor. Cuando descubrimos eso y realmente comenzamos a vivir bajo este precepto, el poder del amor orientará nuestras vidas. Hay una gran libertad en saber que Dios nos envió a la Tierra para amar y ser amados. Cumplir con ese plan divino, independientemente de cuál sea tu tradición religiosa, consiste en descubrir el poder del amor en tu vida.

"Ahora, pues, permanecen estas tres virtudes: la fe, la esperanza y el amor. Pero la más excelente de ellas es el amor".

(1 Corintios 13:13)

La Iglesia que sueño...

Sueño con una Iglesia que camina cerca de la humanidad, y a la que conduce Dios.

Sueño con una Iglesia que tiene los brazos abiertos al mundo, no a la defensiva y escondida en la sacristía.

Sueño con una Iglesia que tiene al amor como su regla, su objetivo y su motivación.

Sueño con una Iglesia que no tiene miedo de trabajar por la justicia ni de ser profética cuando tenga que serlo.

Sueño con una Iglesia que predica el cielo, sin desconectarse de la tierra.

Sueño con una Iglesia donde todos los seres humanos sean acogidos como hijos de Dios, sin excepciones.

Sueño con una Iglesia que se preocupa más por la compasión que por el cumplimiento de las leyes humanas.

Sueño con una Iglesia que escucha más, y hace menos declaraciones oficiales.

Sueño con una Iglesia que no está motivada por el miedo, sino dirigida por la confianza en Dios.

Sueño con una Iglesia menos preocupada por su propia imagen y más preocupada por la Verdad.

Sueño con una Iglesia que entiende que no todos los seres humanos entran en la misma caja y que hay una razón muy válida para que la diversidad sea parte de la creación de Dios.

Sueño con una Iglesia, que ya se había soñado hace 2.000 años, cuando Jesús la reunió por primera vez como una comunidad de amor.

E P Í L O G O

Realmente el tiempo cura todas las heridas, o al menos la mayoría, si le añades un poco de oración para ayudarte en el camino.

A medida que pasaban los días, las semanas y los meses, las personas nos seguían parando en la calle a Ruhama y a mí, y nos decían: "¡Estamos con ustedes!", y "¡Dios los bendiga!".

Ayer, de hecho, entramos a una farmacia, y cuando la empleada nos vio, empezó a saltar y nos dijo, "¡Mi sueño se ha hecho realidad! ¡Siempre he querido conocerlo, padre Alberto! ¡Y usted es tan bella, Ruhama! ¡Tendrán un hermoso bebé! Padre Alberto; Dios mío, siempre lo he admirado y ahora lo admiro más".

A pesar de las historias sensacionalistas y ridículas de la prensa negativa, y de algunos amigos que se alejaron de nosotros, somos felices. Tenemos una nueva familia en la iglesia, un hogar juntos y un segundo hijo en camino. Hemos sido bendecidos con una cantidad abrumadora de apoyo y afecto, que a veces nos llegan de lugares inesperados.

Mi esposa, que todavía es tímida a pesar de ser ya una celebridad experimentada, muchas veces se siente abrumada por el número de personas que quieren conocerla o incluso tocarla. Nunca olvidaré el momento en que estábamos juntos en un supermercado y una mujer me miró y me dijo:

—Hola, padre Alberto.

Sin embargo, cuando vio a mi esposa a mi lado, la mujer gritó:

—¡Ruhaaaaaaaama! ¡Sólo quiero tocarte y asegurarme de que eres real!

Ruhama no sabía cómo manejar este tipo de entusiasmo al principio, pero pronto se dio cuenta de que las personas sólo querían conocernos como seres de carne y hueso. Los comentarios de felicitaciones de tantas personas comunes y corrientes marcaron una diferencia enorme para nosotros; nos sentimos a bordo de una nube de buena voluntad, gracias a estos ángeles de la vida real que Dios nos envió para asegurarnos que todo iba a estar bien. Así ha sido.

Aunque fui ordenado como sacerdote romano y recibí la formación necesaria para el ministerio, en el paso a mi nueva Iglesia estaba obligado a servir por un año como pastor laico en mi pequeña parroquia antes de ser aceptado como un sacerdote con funciones completas, después de pasar todos los exámenes necesarios y entrevistas requeridas por la Iglesia. Hemos recibido mucho amor y apoyo de los laicos, los obispos y del clero de la Iglesia Episcopal en este período tan especial de cambio en nuestras vidas. Hemos recibido la bendición de conocer a pastores y sus esposas de todo tipo de denominaciones y gente de varias tradiciones de fe que nos han ofrecido su amor y su apoyo incondicional. Nos han dado apoyo y amistad como nunca antes había recibido en mi vida.

Apenas un año y un día después de convertirme en miembro oficial de la Iglesia Episcopal, fui recibido (y no reordenado, ya que la ordenación es como el bautismo; sólo puedes recibirla una vez en tu vida) como sacerdote de mi nueva familia eclesiástica durante una ceremonia llena de alegría. El obispo Leo Frade estuvo a cargo de la ceremonia, y mis amigos, el obispo Julio Holguín de la República Dominicana y el obispo Onell Soto, el obispo retirado de Venezuela, estuvieron en el altar. Muchos hombres y mujeres de nuestro clero también asistieron. Me emocionó ver a cientos de personas en la congregación apoyándome en este momento tan importante; muchos de ellos amigos de toda la vida y miembros de parroquias en las que serví durante quince años como diácono y sacerdote de la Iglesia Romana. El obispo Frade me dijo: "Alberto, ya no eres romano, pero sigues siendo un sacerdote en la iglesia de Cristo, que es una, santa, católica y apostólica". ¡Fue un día muy alegre!

Celebramos el evento con una misa bilingüe en la Iglesia de la Resurrección, a la que mi obispo me asignó cuando le pedí que me diera la misión más pequeña y difícil que tuviera. El año pasado trabajamos mucho, y nuestra congregación, que sólo era de treinta personas, ahora tiene más de doscientos cincuenta miembros; al mismo tiempo, recaudamos fondos e hicimos mejoras en el edificio y en los alrededores. Con el fin de atraer más personas a esta nueva parroquia, comencé a escuchar los deseos de la comunidad en una reunión abierta o *town meeting*. Luego de identificar las necesidades más urgentes, intenté reforzar el servicio en inglés con música, y ofreciendo actividades durante la semana; luego añadí una misa en español y escuela dominical para los niños.

Estoy muy satisfecho con esta labor de construcción, sobre todo porque mi congregación es culturalmente diversa y los intereses de tantas personas que habían estado alejadas de una vida espiritual la están haciendo crecer rápidamente. Ruhama y yo visitamos a los miembros de nuestra parroquia que están solos, ancianos o enfermos; tan sólo anoche, fuimos a un hospital para rezar con una familia cuyo hijo tiene una infección horrible. Estamos trabajando para implementar un nuevo programa de divulgación, así como otro de alimentación para los más necesitados. Es un programa fundamental para esta zona, donde muchas familias tienen dificultades para conseguir los alimentos más básicos. Espero que gracias a nuestro programa, puedan recibir al menos una bolsa con alimentos cada semana.

Nuestra extensión comunitaria es activa y constante. Además de la educación en asuntos de fe para los niños, nuestra Iglesia les ofrece a las personas de la tercera edad un lugar para reunirse todas las semanas y cantar acompañados por un piano, así como un lugar donde los adultos pueden tomar varios cursos que se dictan en español y en inglés, ofrecidos por nuestro college local.

También doy una clase semanal para adultos en nuestra Iglesia, llamada "Noche para mantener la fe", donde trato de animar a la gente para que profundice en la fe que aprendimos de niños y puedan vivirla como adultos. Hablamos de conceptos teológicos fundamentales y los aplicamos a nuestras vidas, porque creo que mi misión tiene el objetivo de hacer que las personas reflexionen sobre lo que es realmente importante mientras leen y estudian la Biblia. Tenemos una opción en la vida: profundizar en lo que creemos y tener un mayor sentido de lo que eso significa para nosotros, o caer en la ignorancia religiosa y arrastrarnos para siempre.

He tomado decisiones basadas en lo que siento que es bueno y verdadero en mi corazón, aunque reconozco que la forma en que estas decisiones se hicieron públicas causó una gran controversia. Afortunadamente, después de la tormenta, todavía puedo seguir haciendo el trabajo que más me ha gustado siempre: ser sacerdote de parroquia, que intenta hacer del mundo un lugar mejor.

Para mí, la alegría, la riqueza y las experiencias de la vida matrimonial son muy superiores a los beneficios de la vida célibe. Estoy seguro de que haberme casado me ha ayudado a ser un mejor sacerdote, pues me siento más conectado con las personas, y los sacerdotes más eficaces son los que están más cerca del rebaño.

Dios es amor, y tengo amor en abundancia para compartir.

AGRADECIMIENTOS

Quiero dar las gracias a Dios, que ha bendecido mi vida de mil maneras con su amor incondicional y siempre ha sido mi luz de guía en todo lo que he realizado, incluso en los giros inesperados de la vida. Siento una gran paz al saber que mi vida siempre ha estado en las manos amorosas de Dios en todo momento.

Mi bella esposa Ruhama, nuestro hijo Christian (alias CINO) y Camila, nuestra bebé, han sido una gran fuente de alegría y apoyo en todo lo que hago dentro y fuera de la Iglesia. Su amor y su presencia en mi vida es sólo un signo más y la confirmación de Dios de que la vida es definitivamente más completa cuando un hombre de Dios es también un hombre de familia. ¡Los amo y les agradezco!

Una de las bendiciones más grandes que he recibido en toda mi trayectoria de vida es el amor de mi madre y de mi padre, de mis abuelos, mis hermanas y de mi familia entera. Siempre he contado con su apoyo y cariño y estoy realmente agradecido por ello.

A mi familia de la iglesia, a aquellos en las parroquias y en las comunidades donde serví tantos años como seminarista, diácono y sacerdote romano, y a quienes tengo el privilegio de servir ahora como sacerdote episcopal de la Diócesis del Sudeste de la Florida, especialmente en la Iglesia de la Resurrección en Biscayne Park. Sus palabras de aliento, su apoyo y su fe, han sido una inspiración para mí a lo largo de los años. Ustedes siempre están presentes en mis oraciones, y especialmente en el altar de Dios.

A mi muy entusiasta y dedicado agente Eric Rovner: tus ideas y tu orientación son apreciadas. A Raymond García y a todo su equipo en Penguin, expreso mi gratitud por su dedicación e interés en este proyecto.

Por último, a los innumerables individuos que he conocido y a los que no he tenido el placer de conocer personalmente, quienes, independientemente de su tradición religiosa, cultura o denominación, me han ofrecido a mí y a mi familia sus oraciones, su apoyo y comprensión. Quiero darles las gracias por su gran humanidad. Su compasión y capacidad de ver más allá de los prejuicios y límites típicos que a menudo separan a las personas, realmente me han inspirado. Es bueno recordar la promesa de que un día, todos estaremos sentados en el mismo banquete para toda la eternidad.

—*Padre Alberto*